新型城镇化建设工程系列丛书

建设工程质量保险制度基础

李慧民　马海骋　盛金喜　编著

科学出版社

北　京

内 容 简 介

　　本书从我国工程质量的现状和原因分析入手，在借鉴国内外工程质量保险制度实施经验的基础上，结合我国国情进行本土化设计，提出了我国建设工程质量保险制度的基本架构、具体内容与操作方法。全书共 5 章，分别介绍建设工程质量的内涵和现状、阐述建设工程质量保险制度的探索、构建建设工程质量保险制度的架构、提出运用建设工程质量保险技术进行风险管理的思路，并运用定性与定量的方法对建设工程质量保险制度进行论证。

　　本书适合于土木工程、工程管理、保险学等专业的学生使用，也可作为工程建设和保险领域专业人员的参考资料。

图书在版编目（CIP）数据

建设工程质量保险制度基础/李慧民，马海骋，盛金喜编著. —北京：科学出版社，2017.1

（新型城镇化建设工程系列丛书）

ISBN 978-7-03-051197-3

Ⅰ. ①建… Ⅱ. ①李… ②马… ③盛… Ⅲ. ①建筑工程–工程质量–保险制度–中国 Ⅳ. ①F842.681

中国版本图书馆 CIP 数据核字（2016）第 311963 号

责任编辑：匡　敏　李　清/责任校对：桂伟利
责任印制：张　伟/封面设计：迷底书装

科 学 出 版 社 出版
北京东黄城根北街 16 号
邮政编码：100717
http://www.sciencep.com

北京建宏印刷有限公司 印刷
科学出版社发行　各地新华书店经销
*

2017 年 1 月第 一 版　　开本：787×1092　1/16
2017 年 7 月第三次印刷　　印张：13
字数：307 000

定价：69.00 元

（如有印装质量问题，我社负责调换）

《建设工程质量保险制度基础》编写（调研）组

组　长：李慧民

副组长：马海骋　盛金喜

成　员：陈正光　王鑫晔　孟　海　陈　旭　武　乾

　　　　李建新　张　勇　刘慧军　张硕玉　王春雨

　　　　闫瑞琦　田　卫　张广敏　吴思美　郭海东

　　　　张　扬　裴兴旺　刘　庆　华　珊　陈雅斌

　　　　万婷婷　谭　啸　谭菲雪

前　言

　　根据《中共中央国务院关于进一步加强城市规划建设管理工作的若干意见》《关于加快发展现代保险服务业的若干意见》《住房和城乡建设部关于推进建筑业发展和改革的若干意见》等文件精神，在当前深入推进改革发展的大背景下，大力拓展建设工程质量保险十分重要。

　　近年来，国内学术界从不同角度对工程质量保险进行了大量研究，对推动我国工程质量保险制度的发展起到了巨大作用，成为我国工程质量保险制度逐渐形成的重要基础。同时，我国部分地区积极开展工程质量保险制度的研究试点工作，如北京于 2015 年 9 月通过《北京市建设工程质量条例》，明确推行建设工程质量保险制度；上海于 2016 年 7 月出台《关于本市推进商品住宅和保障性住宅工程质量潜在缺陷保险的实施意见》，在住宅领域工程中正式建立了建设工程质量潜在缺陷保险制度；此外，浙江、江苏、重庆、湖南、广东等地均在积极研究实施方案。

　　本书在已有研究成果和试点经验的基础上，进行梳理完善及系统性研究，旨在为我国目前的建设工程质量保险领域提供基础理论与技术支持。全书共分 5 章，分别介绍建设工程质量的内涵和现状、阐述国内外对建设工程质量保险制度的探索、构建建设工程质量保险制度的架构、提出运用建设工程质量保险技术进行风险管理的思路，并运用定性与定量的方法对建设工程质量保险制度进行论证。

　　本书在编著过程中得到了我国住房和城乡建设部（专项课题"建立我国工程质量保证保险制度的研究"，项目编号：ZLAQ(2015)-ZL-1）的资助，得到了政府主管部门、建筑行业、保险行业、高等院校、科研机构等多个单位的大力支持，还得到了很多专家、老师、同学的诚恳帮助，同时在编著过程中还参考了许多专家学者的有关研究成果和文献资料，在此一并向他们表示衷心的感谢！

　　由于作者水平有限，书中不足之处，敬请广大读者批评指正。

作　者

2016 年 10 月

目　　录

第1章　建设工程质量的内涵和现状

1.1　建设工程质量的内涵

1.1.1　建设工程质量的概念和特征

按照 2000 年 1 月 30 日国务院令第 279 号发布的《建设工程质量管理条例》规定，建设工程，是指土木工程、建筑工程、线路管道和设备安装工程及装修工程。

（1）建设工程质量的概念

建设工程质量，是指土木工程、建筑工程、线路管道和设备安装工程及装修工程的新建、扩建、迁建、改建和恢复性建设满足国家现行的有关法律、法规、技术标准、设计文件及工程合同中对工程的安全、使用、经济、美观等特性的综合要求的能力之总和。具体地讲，指通过建设过程所形成的工程，应满足用户从事生产、生活所需的功能和使用价值，应符合设计要求和合同规定的质量标准。

（2）建设工程质量的特性

建设工程作为一种特殊商品，除了具有一般产品共有的质量特性，如性能、寿命、可靠性、安全性、经济性等满足社会需要的使用价值及其属性，还具有安全性、适用性、耐久性、可靠性、经济性与环境的协调性等特定内涵。

一是安全性，是指工程建成后在使用过程中保证结构安全、保证人身和环境免受危害的程度。

二是适用性，即功能，是指工程满足使用目的的各种性能，包括理化性能、结构性能、使用性能、外观性能等。

三是耐久性，即寿命，是指工程在规定的条件下，满足规定功能要求使用的年限，也就是工程竣工后的合理使用寿命周期。

四是可靠性，是指工程在规定的时间和规定的条件下完成规定功能的能力。

五是经济性，是指工程从规划、勘察、设计、施工到整个产品使用寿命周期内的成本和消耗的费用。

六是环境的协调性，是指工程与其周围生态环境协调，与所在地区经济环境协调以及与周围已建工程相协调，以适应可持续发展的要求。

1.1.2　建设工程质量的形成过程

建设工程质量的形成过程是从设想、选择、评估、决策、设计、施工到竣工验收、投入生产的整个过程。按照国家的规定，我国现行的基本建设程序一般分为以下阶段，即编制和报批项目建议书及批准立项阶段、编制和报批可行性研究报告阶段、编制和报批设计文件阶段、建设施工准备阶段、项目实施阶段、竣工验收阶段等工作环节。

（1）编制和报批项目建议书及批准立项阶段

项目建议书是请求建设某一具体建设工程的建议文件，是投资决策前对拟建项目的轮廓设想。项目建议书的编制是根据国民经济和社会发展长远规划结合行业和地区发展规划的要求提出和编制的。项目建议书编制好后，要及时报送政府行政主管部门和投资主管部门审批。大中型新建项目和限额以上的大型扩建项目，在上报项目建议书时必须附上初步可行性研究报告。项目建议书审查论证通过后，即可批准该项目立项。

项目建议书的主要内容如下。

1）项目法人；

2）建设这个项目的原因，其建设的必要性和依据；

3）建设条件是否成熟；

4）建设内容及规模，包括产品方案的设想；

5）投资估算和资金筹措方案；

6）简单经济评价和分析。

（2）编制和报批可行性研究报告阶段

建设工程立项后，建设单位可委托原编报项目建议书的设计院或咨询公司进行可行性研究，编制可行性研究报告，为建设工程的投资决策提供科学依据。可行性研究报告编制好后，要及时报送投资主管部门进行评估论证和审查。一经批准后，不得随意修改和变更。

可行性研究报告的主要内容如下。

1）总论，包括项目建设的背景、建设的必要性和依据等，技改项目还要分析说明企业现状和技改的原因等；

2）建设条件；

3）市场预测；

4）建设地址选择方案；

5）主要建设内容及规模和产品方案、技术方案等；

6）环境保护；

7）劳动定员及培训计划；

8）投资估算及资金来源和构成；

9）财务评价和国民经济评价；

10）结论及建议。

（3）编制和报批设计文件阶段

可行性研究报告批准后，根据可行性研究报告及其批准文件编制项目初步设计文件及设计概算书。一般建设工程可采用初步设计和施工图设计等两阶段设计；对于大型、复杂的项目，可以进行初步设计、技术设计和施工图设计等三阶段设计；小型项目也可直接进行施工图设计。

政府投资的工程建设项目的初步设计及概算由行业行政主管部门会同发展改革部门审批。初步设计文件一经批准后，项目总平面布置、主要工艺流程、主要设备、建设规模、建筑结构和总概算不得随意修改和变更，如确需修改和变更，则必须征得原设计单位和原批准单位的同意，并编制修正概算书上报审批。其中涉及可行性研究报告、投资计划等主要内容的调整，还需原审批机关重新审查批准。经审批的初步设计图纸和批文为施工图审查的重要依据。

（4）建设施工准备阶段

建设工程的初步设计或技术设计批准后，进入实施前的准备工作：组建筹建机构；征地和拆迁；开展三通（水、电、路）一平（场地平整）工作；资金筹措和落实到位；组织设备和特殊材料的订货，落实材料供应；准备必要的施工图纸；办理环境影响评价等相关手续；组织施工招标、投标，择优选定施工单位，签订承包合同，确定合同价；办理开工报告的审批工作；按规定聘请具有相应资质的工程监理公司对建设工程进行监理。

（5）项目实施阶段

建设工程批准开工后，按批准后的初步设计或技术设计、施工图设计和批准的投资计划要求组织实施。同时需要做好生产性项目生产前的一切准备工作，如原材料、动力供应、员工培训等。

该阶段的特点如下。

1）实施主体多元化。施工阶段主体包括施工承包商、分包商、设备材料供应商、监理单位，还涉及设计单位的现场施工配合及业主对重大施工问题的审核与决策等。

2）施工目标的明确性。施工阶段的目标是合同中约定的工期、质量和造价，该目标对业主、监理单位、施工承包商都是明确的，也是各个主体协同工作、相互约束的基础。

3）施工的复杂性。工程施工周期长、时间紧、任务重，涉及生产要素多、关系复杂，协调管理工作量大、难度大。

4）施工的现场性。施工现场是工程项目的落脚点，是综合反映工程项目管理水平的窗口，各方管理主体都不可忽视施工现场，要面向现场、深入现场、服务现场。

（6）竣工验收阶段

竣工验收是工程建设过程中的最后一道环节，是全面考核项目建设或技术改造的成果、检验设计和工程质量的重要步骤，也是工程转入生产和使用的标志。

建设单位收到建设工程竣工报告后，应当组织设计、施工、工程监理等有关单位进行竣工验收，经验收合格的，方可交付使用。建设工程竣工验收应当具备下列条件。

1）完成建设工程设计和合同约定的各项内容；

2）有完整的技术档案和施工管理资料；

3）有工程使用的主要建筑材料、建筑构配件和设备的进场试验报告；

4）有勘察、设计、施工、监理等单位分别签署的质量合格文件；

5）有施工单位签署的工程保修书。

建设单位应当严格按照国家有关档案管理的规定，及时收集、整理建设项目各环节的文件资料，建立、健全建设项目档案，并在建设工程竣工验收后，及时向建设行政主管部门或者其他有关部门移交建设项目档案。

1.1.3　建设工程质量的影响因素

建设工程质量的影响因素，主要是指在建设工程项目质量目标策划、决策和实现过程中影响质量形成的各种客观因素和主观因素，包括人的因素、技术因素、管理因素、环境因素和社会因素等。

（1）人的因素

人的因素对建设工程质量形成的影响，取决于两个方面：一是指直接履行建设工程项目质量职能的决策者、管理者和作业者个人的质量意识及质量活动能力；二是指承担建设工程项目策划、决策或实施的建设单位、勘察设计单位、咨询服务机构、工程承包企业等实体组织的质量管理体系及其管理能力。我国实行建筑业企业经营资质管理制度、市场准入制度、执业资格注册制度、作业及管理人员持证上岗制度等，从本质上说，都是对从事建设工程活动的人的素质和能力进行必要的控制。此外，《中华人民共和国建筑法》（简称《建筑法》）和《建设工程质量管理条例》还对建设工程的质量责任制度作出明确规定，从根本上说也是为了防止因人的因素而导致质量活动能力和质量管理能力失控。

（2）技术因素

影响建设工程质量的技术因素涉及的内容十分广泛，包括直接的工程技术和辅助的生产技术，前者如工程勘察技术、设计技术、施工技术、材料技术等，后者如工程检测检验技术、试验技术等。建设工程技术的先进性程度，从总体上说取决于国家一定时期的经济发展和科技水平，取决于建筑业及相关行业的技术进步。对于具体的建设工程项目，主要通过技术工作的组织与管理，优化技术方案，发挥技术因素对建设工程项目质量的保证作用。

（3）管理因素

影响建设工程质量的管理因素，主要是决策因素和组织因素。其中，决策因素首先是业主方的建设工程项目决策；其次是建设工程项目实施过程中，实施主体的各项技术决策和管理决策。实践证明，没有经过资源论证、市场需求预测，盲目建设，重复建设，建成后不能投入生产或使用，所形成的合格而无用途的建筑产品，从根本上说是社会资源的极大浪费，不具备质量的适用性特征。同样，盲目追求高标准，缺乏质量经济性考虑的决策，也将对工程质量的形成产生不利的影响。

管理因素中的组织因素，包括建设工程项目实施的管理组织和任务组织。管理组织指建设工程项目管理的组织架构、管理制度及其运行机制，三者的有机联系构成了一定的组织管理模式，其各项管理职能的运行情况，直接影响着建设工程项目质量目标的实现。任务组织是指对建设工程项目实施的任务及其目标进行分解、发包、委托，以及对实施任务所进行的计划、指挥、协调、检查和监督等一系列工作过程。从建设工程项目质量控制的角度看，建设工程项目管理组织系统是否健全、实施任务的组织方式是否科学合理，无疑将对质量目标控制产生重要的影响。

（4）环境因素

一个建设项目的决策、立项和实施，受到经济、政治、社会、技术等多方面因素的影响。这些因素就是建设项目可行性研究、风险识别与管理所必须考虑的环境因素。直接影响建设工程质量的环境因素，一般是指建设工程项目所在地的水文、地质和气象等自然环境；施工现场的通风、照明、安全卫生防护设施等劳动作业环境；以及由多单位、多专业交叉协同施工的管理关系、组织协调方式、质量控制系统等构成的管理环境。对这些环境条件的认识与把握，是保证建设工程质量的重要工作环节。

（5）社会因素

影响建设工程质量的社会因素，表现在建设领域法律法规的健全程度及其执法力度；建设工程项目法人或业主的理性化程度以及建设工程经营者的经营理念；建筑市场（包括建设工程交易市场和建筑生产要素市场）的发育程度及交易行为的规范程度；政府的工程质量监督及行业管理成熟程度；建设咨询服务业的发展程度及其服务水准的高低；廉政建设及行风建设的状况等。

1.2　我国建设工程质量管理的现状和问题

1.2.1　建设工程质量管理现状

改革开放 30 多年来，我国城市建设取得了巨大成就。建筑工程质量水平稳步提升，工程质量事故总体上得到有效遏制，一大批"高、深、大、难"等重大工程在质量方面取得大的突破，工程质量管理工作取得显著成效。

（1）管理体系逐步完备

1）法律体系不断健全。各级住房和城乡建设主管部门高度重视工程质量管理建章立制工作，建立健全了以《建筑法》《建设工程质量管理条例》《建设工程勘察设计管理条例》等法律法规为核心，以《建设工程勘察质量管理办法》《房屋建筑和市政基础设施工程施工图设计文件审查管理办法》《房屋建筑和市政基础设施工程质量监督管理规定》《房屋建筑和市政基础设施工程竣工验收备案管理办法》等部门规章及地方性法规为主干，以各类工程质量标准、规范、技术规程等规范性文件为重要组成部分的工程质量法律法规体系，使工程质量监督管理工作逐步纳入有法可依、有章可循的法制化轨道。

2）制度体系不断完善。围绕严格规范工程建设各方质量行为、落实工程建设各方质量责任，我国已经建立了以施工图设计文件审查制度、施工许可制度、工程质量监督制度、工程质量检测制度、分户验收制度、工程竣工验收备案制度、永久性标牌制度、工程质量保修制度、工程质量事故质量问题查处督办通报等为核心的，多层次的、内容比较全面的工程质量管理制度体系，为工程质量管理提供了有效的制度保障。

3）标准体系不断丰富。截至 2009 年，在工程质量技术标准方面，我国共制定有关工程建设的国家标准 498 个、行业标准 279 个、产品标准 868 个，涉及城乡规划、工程勘察设计、建筑施工、城市轨道交通、工程防灾等 19 个领域，其中部分条文为强制性条文，必须严格遵照执行。

4）监管能力不断加强。截止到 2015 年我国建设工程质量监督力量逐渐加强，区域基本覆盖全国（港澳台除外），共有机构总数 3025 个，人员 48808 人，其中，高级职称 7412 人，中级职称 15184 人，初级职称 11629 人。监督总面积 815614.45 万 m^2，人均监督面积 22.92 万 m^2，具体情况如表 1.1 所示。

表 1.1　建设工程质量监督机构情况调查表

序号	省（直辖市、自治区）、兵团	机构总数/个	人员情况				监督总面积/万 m^2	监督人员人均监督面积/万 m^2	质监、安监合署机构数/个	质监、安监合署机构人员数/人
			机构人员数/人	质量监督人员						
				高级职称/人	中级职称/人	初级职称/人				
1	北京	18	716	117	198	115	34426	59.98	7	464
2	天津	22	634	115	168	148	12830.62	29.36	22	634
3	河北	183	2513	328	789	825	45086.82	23.02	6	52
4	山西	156	2348	83	674	822	12149	7.13	61	610
5	内蒙古	125	1545	200	446	452	26134.6	20.63	50	543
6	辽宁	99	1840	202	671	736	59966	37.27	15	53
7	吉林	58	1383	247	357	252	12188	14.24	8	189
8	黑龙江	118	1263	363	401	232	12569	12.10	31	269
9	上海	23	919	143	398	177	17420	24.26	23	919
10	江苏	106	2228	646	628	428	64262.5	37.02	29	654
11	浙江	105	1842	590	446	211	43398	33.18	68	886
12	安徽	97	1719	186	563	486	35784	27.70	41	601
13	福建	90	1207	430	458	319	31105.9	25.77	68	886
14	江西	107	1417	147	393	536	16848	14.25	83	1077

续表

序号	省（直辖市、自治区）、兵团	机构总数/个	人员情况				监督总面积/万 m²	监督人员人均监督面积/万 m²	质监、安监合署机构数/个	质监、安监合署机构人员数/人
			机构人员数/人	质量监督人员						
				高级职称/人	中级职称/人	初级职称/人				
15	山东	169	3868	671	1294	900	53141.51	17.95	51	1331
16	河南	130	2700	241	1133	676	36843	17.97	21	642
17	湖北	114	1846	258	700	298	26650.5	21.02	67	783
18	湖南	117	2908	240	974	248	22015.53	14.28	86	2103
19	广东	151	3596	726	912	521	55852.73	24.80	84	1770
20	广西	105	1110	123	404	140	18311.91	27.45	93	1016
21	海南	20	457	101	115	111	6728	20.57	20	457
22	重庆	45	928	172	284	144	23810.6	39.10	8	138
23	四川	191	2375	183	746	771	42033.44	24.61	187	2375
24	贵州	113	884	84	294	352	20909	29.00	64	521
25	云南	156	1364	274	517	311	22282.5	19.46	78	670
26	西藏	8	79	12	17	26	1043	18.96	8	79
27	陕西	130	2610	125	522	736	17308	12.51	130	2610
28	甘肃	79	808	62	224	271	10964.56	16.82	68	710
29	青海	46	291	30	76	67	4732	21.71	36	216
30	宁夏	20	246	65	74	44	8628	46.14	0	126
31	新疆	110	1070	200	281	255	15688.73	18.35	67	585
32	兵团	14	94	48	27	19	4503	47.90	13	88
	合计	3025	48808	7412	15184	11629	815614.45	22.92	1593	24057

注：此表不包括港澳台数据。

（2）工程质量稳步提高

1）质量事故得到遏制。据统计，20 世纪 80 年代初全国每年发生的房屋倒塌事故约 100 多起（1980 年 118 起、1982 年 113 起），平均每 3 天就要发生一起倒塌事故，从 90 年代中期开始，每年房屋倒塌事故数量下降到个位数（1997 年 8 起，1998 年 6 起）。21 世纪以来，大中以上城市则杜绝了因工程质量问题导致的房屋垮塌事故。

2）质量通病治理见效。在质量通病防治工作中，通过强化住宅工程分户验收，切实抓好监督交底、成品和原辅材料的监督和抽查抽测、施工企业改进施工和安装工艺等工作，积极开展创建优质工程实施精品工程战略，抓重点、抓典型，发挥创新优质工程示范引领作用，使一般民用建筑工程质量始终处于受控状态，工程质量通病治理成效明显。

3）工程技术进步明显。各级住房和城乡建设主管部门高度重视工法管理工作，鼓励建筑企业及时总结施工经验，注重以工法开发增强技术创新能力，促进工法的推广应用，至今我国累计评出国家级工法 2715 项（表 1.2），不断地提高了我国建筑技术水平和工程质量水平。

表 1.2　1995～2014 年国家级工法数量

年度	国家级工法数量
1995～1996 年度	50 项
1997～1998 年度	62 项
1999～2000 年度	61 项
2001～2002 年度	83 项
2003～2004 年度	120 项
2005～2006 年度	348 项，其中一级工法 135 项，二级工法 213 项
2007～2008 年度	417 项，其中一级工法 108 项，二级工法 252 项，一级工法升级版 57 项
2009～2010 年度	589 项，其中一级工法 132 项，二级工法 364 项，二级工法升级版 93 项
2011～2012 年度	581 项，其中一级工法 122 项，二级工法 459 项
2013～2014 年度	404 项

4）重大工程突破。我国工程设计和建造能力不断提高，一大批"高、深、大、难"的工程在质量方面取得大的突破，在超高层大跨度房屋建筑设计施工技术、大跨径桥梁设计施工技术、水利水电枢纽工程、地下工程盾构施工技术等多项领域都达到或接近国际先进水平。例如，房屋建筑中，苏州中南中心、武汉绿地中心、上海中心大厦（上海塔）、天津高银 117 大厦、深圳平安国际金融大厦，高度均超过了 600m，属于世界前十高的建筑。桥梁工程中，全长 36.48km 的青岛胶州湾大桥和全长 36km 的杭州湾跨海大桥分别为世界第二、第三长的桥梁；重庆市石板坡长江复线桥主跨距 330m，为世界第一；虎门大桥副航道桥、苏通长江大桥辅桥、云南元江大桥、宁德下白石桥等跨度均达到 260m以上。水利工程中，世界上最大的三峡大坝共用 1800 多万 m³ 混凝土浇筑而成，从 1998年开始施工，1999～2001 年连续 3 年高强度浇筑，年浇筑量都在 400 万 m³ 以上，远超巴西伊泰普电站创造的混凝土施工强度世界纪录。三峡大坝同时还攻克了直立高边坡开挖边坡稳定的技术难题、截流和深水围堰施工的技术难题，建成世界上最大的双线 5 级船闸。地下工程中，扬州瘦西湖隧道全长 3.6km，是目前世界上最大直径单管双层盾构隧道。

1.2.2　建设工程质量管理问题

随着我国社会经济改革的不断深化和城镇化进程的快速发展，我国建筑业保持高速发展。随着工程规模越来越大，工程质量事故时有发生，如"楼脆脆""楼歪歪""楼倒倒"等事件不断报道，工程质量管理仍存在一些问题和不足，还不能完全适应经济社会发展的新要求和人民群众对工程质量的更高期盼。

（1）法律制度仍需完善

《建筑法》《建设工程质量管理条例》《建设工程勘察设计管理条例》《建设工程安全生产管理条例》均已颁布实施十几年，部分条款已经难以适应当前经济社会发展的需求，迫切需要修改完善。

1）范围太窄。《建筑法》涉及的范围太窄，仅是房屋建筑和市政基础设施，并且是计划经济背景下制定的，不适合现在市场经济背景下的要求。

2）法律责任追究处罚不到位。我国工程参建主体和从业人员诚信意识低的原因在于失信成本较低，其原因在于建设工程领域的法律法规缺乏与《中华人民共和国刑法》的有效对接，难以对社会的各种失信行为进行强有力的法律规范和约束。

3）责任主体责权利不匹配。建设单位处于发包的有利地位，权力大，但法律对其质量行为的约束少、义务少；监理单位义务多、权力小、责任大；政府被赋予的责任和义务过多。

4）最终用户缺乏法律责任意识。当前我国房屋的最终用户在购房后进行装修、改造的社会风气浓厚，为工程埋下质量隐患。从近年发生的几项倒楼事故的调查发现，最终用户的私拆乱建是发生工程质量安全事故的重要原因之一。当前的法律体系中缺乏对最终用户私拆乱建的责任追究，同时缺乏这方面的宣传，导致最终用户缺乏法律责任意识。

（2）市场秩序不规范

1）招投标未体现择优的原则。《中华人民共和国招标投标法》（简称《招标投标法》）的原则是"公开、公平、公正和诚实信用"，没有把"择优"作为重点来强调，使得在工程实际的招标过程中，招标人把公开作为招标的重点工作加以重视，政府的监督部门也是如此。"择优"没有充分体现在市场竞争的招投标中，政策的导向使得投标人不重视工程的质量管理，再加上市场秩序的失控，给工程质量留下极大的隐患。

2）围标、串标行为屡见不鲜。招投标中，围标、串标行为屡见不鲜。例如，投标人在投标前进行相互串通，整体抬高报价或压低报价，对潜在投标人进行排挤；建设单位在招标前，与投标人或者招标代理机构私下接触，相互勾结，进行内定，再利用围标、串标的方式，制造公开招标的假象，最终达到确定心目中的中标人的目的。这些行为严重影响了行业的持续健康发展。

3）招标人随意压价、缩短工期。由于法规制度的不完善，招标人依靠自身的强势地位，迫使承包商压价、垫资，随意缩短工期，从而引发施工过程中的偷工减料等问题，不仅损害承包商利益，更重要的是严重影响工程质量。

4）缺乏成本价鉴定办法。《招标投标法》第三十三条规定："投标人不得以低于成本的报价竞标"；以及中标人应当符合的条件之一"能够满足招标文件的实质性要求，并且经评审的投标价格最低；但是投标价格低于成本的除外"，均提到了成本价，可见低于成本价投标对于工程质量的危害。但实际操作过程中，对于如何鉴定成本价，缺乏科学合理的办法，造成实际操作中投标方由于利益驱动而出现一些远低于成本的报价，埋下了重大的质量安全隐患。

5）违法发包、转包、分包现象严重。建设单位的违法发包和施工单位的转包、违法分包等违法行为，一直是我国建筑市场中比较普遍的违法行为，需要法律法规重点进行调整和规范，但我国相关规定不明确、不具体，法条内容过于原则，缺乏操作性；对上述违法行为的表现形式和构成要件并无明确规定，对违法行为也没有统一的认定标准。

6）假借资质参与竞争。一些投标单位因资质不够，出钱购买营业执照和资质等级证书，或借用他人证件，挂靠某企业参与招投标活动。在实际报名和资格审查过程中，缺乏有效的制约措施，致使假借资质、以他人名义报名的现象时有发生。

7）招标代理机构管理混乱。招标代理机构从事工程建设项目招标代理业务，其资格由国务院或者省、自治区、直辖市人民政府的建设行政主管部门认定。但在实际操作中，招标代理机构管理混乱，主要表现在：具体法律法规尚未完善，对招标代理机构的行为约束机制薄弱，制度建设滞后，从业人员素质参差不齐。

8）地方保护主义盛行。一些地方或部门为了本地、本部门的利益或个人的私利，以种种方式设置障碍，排除或限制外地企业、非本系统企业参加投标；一些有着特殊权力的部门，凭借其职权，或是向建设单位"推荐"承包队伍，或是向总包企业"推荐"分包队伍，这种现象在工程招投标工作中仍然屡见不鲜。

9）诚信体系不健全。虽然目前已经提出完善建筑行业诚信体系建设，然而缺乏有效的奖惩措施，没有将市场和现场进行有效的联动，使得实际工作中填报了相关信息的反而吃亏，导致各地对于诚信信息的填报工作多采取"看""拖"的态度，建筑行业的诚信体系难以健全。

10）人员素质待提高。建筑业组织方式落后，建筑劳务用工管理制度有待完善。从业人员质量意识淡薄，业务能力及职业素质不高，缺乏技能培训和继续教育机制。注册执业人员"有证的干不了活、干活的考不上证"。项目经理不按规定到岗履职，现场技术、质量、管理人员配置不足。劳务人员操作技能水平低。监理人员管控不到位。

11）项目预售问题多。房地产行业商品住宅普遍采取预售制度，购房时业主并不能判断房屋质量优劣，交易时工程质量是购房人无法预测和控制的未知数。这种制度没有形成"优质优价"的买卖环境，使部分开发商更加关注进度和造价而不顾工程质量，造成大量质量纠纷，是导致中国房屋质量问题较多的根本原因之一，影响社会和谐稳定。

2005 年 8 月，中国人民银行房地产金融分析小组发表了《2004 年中国房地产金融报告》。报告中指出："很多市场风险和交易问题都源于商品房新房的预售制度，目前经营良好的房地产商已经积累了一定的实力，可以考虑取消现行的房屋预售制度，改期房销售为现房销售。"但是，开发商等既得利益者反对取消预售房制度，导致该项政策在具体实施过程中面临很大阻力。

1.3　工程参建单位问题分析

1.3.1　建设单位

（1）工程的建设单位和最终用户是不同的主体

由于多数工程的建设单位不是工程的最终使用者，这些建设单位在工程建设中首先考虑的是追求自身利益的最大化，而不是保障最终用户的权益。

对于社会投资工程，建设单位对消费者看不见的内在工程质量，包括防水、主体结构、隐蔽管道线路等方面使用的建筑材料，往往倾向于控制成本支出，导致一些伪劣建材在工程上使用。

对于财政投资类工程，政府部门通常既是投资者，又是工程质量验收的鉴定方，唯独不是使用者。而且，作为市政基础设施工程投资者的政府部门，实际上所用的钱来自纳税人，这种真正的业主不在场的情形，也容易导致政府部门在对市政基础设施工程的质量漫不经心。

特别是一些"政绩工程""形象工程"，由于工期紧张不能保证质量，于是，一个个"豆腐渣"工程被人为造就出来，表面光鲜，内在质量脆弱。随着时间的推移，随着特殊天气的出现，"优良工程"变身"豆腐渣"工程就成了意料之中的事情。

归根结底，工程的建设单位和最终用户是不同的主体，而真正的业主往往不在场，他们对工程招标、工程验收过程缺乏监督权与话语权。

（2）建设单位以"项目公司"模式运行

目前绝大多数的建设单位（开发商）以"项目公司"的形式进行投资建设，项目完成以后，项目公司随之撤销，导致了建设单位对承担工程质量意识的薄弱和缺少对其承担责任的约束。

根据《工程结构可靠性设计统一标准》（GB 50153—2008）：普通房屋建筑设计使用年限通常为 50 年，纪念性建筑和特别重要的建筑结构设计使用年限为 100 年。而 2013 年国家工商总局发布的《全国内资企业生存时间分析报告》指出，房地产开发企业平均寿命仅有 4.49 年，建筑业企业平均寿命仅有 5.32 年，如图 1.1 所示。当发生工程质量问题后，责任主体已经消失，致使责任无法追溯。

（3）建设单位强压施工单位垫资，拖欠工程款，任意压缩工期

我国施工行业本身利润微薄，而建设单位由于自身的强势地位，强压施工单位垫资，拖欠工程款。这种方式导致的必然后果是偷工减料，甚至滋生腐败。

此外，建设单位往往出于尽快出售房偿还贷款的压力，以及追求政绩工程的时间节点等原因，经常任意压缩勘察、设计、施工工期。明明要两年才能干完非要压缩到一年完工，"大干一百天""国庆完工放鞭炮"等，拼命抢工期。然而中国有句古话叫"欲

速则不达"，不合理的工期也是导致建筑工程质量问题的一个重要原因。

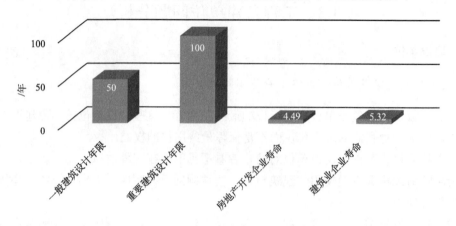

图 1.1　设计年限与企业寿命对比

（4）对建设单位的违规行为缺乏有效制约手段

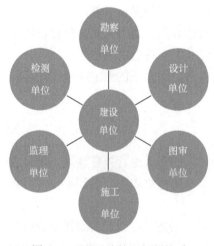

图 1.2　现行风险管理组织体系

现行模式下，建设单位是个特殊的责任主体，这是由于其作为工程的组织管理者，有权选择其他责任主体为其服务，也有权选择相关技术标准和设备、材料供应商为其服务。因此，建设单位在工程实施中处于中心地位，如图 1.2 所示。

这种模式下，工程建设各方主体均来自于建设单位的聘用，所以建设单位具有无上的权力，各方主体无法对建设单位的质量行为进行有效监督和约束，使得一些建设单位不按工程建设程序办事，严重扰乱了建筑市场秩序。虽然我国的《建设工程质量管理条例》第二章中共有 11 条对建设单位的质量责任和义务进行了明确规定，但是由于建设单位处于出资方的主导地位，加上政府对于建设单位的一些违规行为缺乏相应的监督和惩罚机制，建设单位影响工程的行为普遍存在，为工程埋下了一定的风险隐患。这是现行管理模式存在的最大缺陷。

1.3.2　施工单位

（1）质量保证金（保修金）被长期沉淀

目前，我国建设单位向施工单位预留工程造价总额 5% 左右的质量保证金（简称质保金），作为缺陷责任期内的维修费用。缺陷责任期一般为 6 个月、12 个月或 24 个月。然而在当前建筑市场产能严重过剩、招标人和投标人地位不对等的市场环境下，招标人利用其在招标过程中的强势地位，在招标文件中提出一些双方完全不对等的条款，超比例收取质保金、长期占用质保金的现象普遍存在。部分建设单位在缺陷责任期满后，千方百计找借口拖延退还质保金，甚至找各种理由不退还质保金，使得施工单位的利益根本无法得到保障。

在建筑业过度竞争、平均利润低的今天，5%的质保金远高于施工单位的平均利润，导致很多施工单位一方面需要从银行高息贷款，另一方面大量的质保金被闲置，极大地增加了施工单位的经济负担与资金周转难度，这不但制约了施工企业的技术和管理创新，也极大地增加了施工单位的财务成本与经营风险。因此，施工单位只能想尽办法从施工过程中"偷工减料"，"挤"出所谓的"利润"。

质保金被长期置留，这也是施工单位依靠制造"三角债"、拖欠材料款来维持生存的重要原因。拖欠材料款又导致了材料供货商的"以次充好"，为工程质量埋下重大隐患。这些由于质保金置留而产生的一系列行为，易引发建筑行业供应链和担保链的蝴蝶效应，使得行业风险边际逐渐叠加，严重影响了整个行业的发展。

（2）行业恶性竞争

近年来，建筑业增速放缓，加剧了建筑行业的恶性竞争，更加导致了施工单位的投机行为频发。截至 2015 年年底，我国已有建筑企业 80911 家，而截至 2015 年第四季度末我国建筑业总产值为 180757.47 亿元，平均每家建筑企业产值仅为 2.23 亿元。

此外，目前国内建筑业产业集中度低（产业集中度也称市场集中度，是指市场上的某种行业内少数企业的生产量、销售量、资产总额等方面对某一行业的支配程度，它一般用这几家企业的某一指标占该行业总量的百分比来表示），CR8 产业集中度从 2003～2010 年度增长至 20.4%峰值后，从 2011 年建筑业产业集中度逐年回落至 2013 年的 11.3%。套用日本著名产业经济学家植草益对市场结构的划分，我国的建筑业属于分散竞争型，处于过度竞争状态，极低的市场集中度和众多的企业，带来了我国建筑业的激烈竞争，导致了整体行业毛利水平持续偏低。这与我国建筑业企业长年来一直存在利润率低、劳动生产率较低、行业进入壁垒低但竞争激烈的现状是吻合的。近年来我国建筑业产业集中度情况如图 1.3 所示。

与此同时，一部分建设单位由于自身的强势地位，强压施工单位垫资，拖欠工程款，以及行业内充斥的各类保证金进一步蚕食着施工单位的生存空间，导致一部分施工单位在生存压力面前只能选择违背道德、围标串标、偷工减料、以次充好、拖欠分包商工程款、拖欠农民工工资、违法分包、违法转包等行为时有发生。

1.3.3　监理单位

（1）监理由建设单位聘任，导致独立性、公正性难以保证

监理工作是一项并非完全服务于建设单位的工作，更大程度上应当是服务于社会，体现其社会责任。然而，现行制度下因监理单位由建设单位聘任，监理单位对工程质量

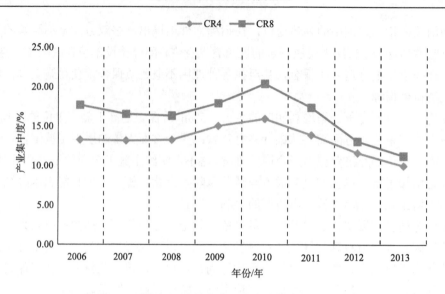

图 1.3　建筑业产业集中度情况

安全的监管工作受到干扰。其原因主要是大多数建设单位一般不具备工程管理能力，加上对监理制度又不真正了解，但又不愿放弃对工程的管理权。他们往往将监理单位派驻现场的项目监理机构视为其下属的一个部门，监理单位很难以独立公正的第三方开展工作，无法发挥其应有的监管作用，使得监理单位处于非常被动的地位。故监理单位为了自己的生存，不愿意得罪建设单位，致使监理的独立性、公正性、科学性无法保证。

（2）一次性合同关系，缺乏长效机制

由于建设单位与监理单位为一次性合同关系，没有形成长效机制，监理单位更多的是将工作放在"揽活"上，而不是放在提升服务品质上，导致监理工作中产生多种不规范行为，使得监理行业近年来的发展遇到"瓶颈"，无法满足人们的期望和社会的需求。

（3）监理行业取费低、待遇低、素质低、影响差的恶性循环

目前我国绝大多数监理单位呈现规模小、总体素质不高、经营模式单一、缺乏企业核心竞争力的状况。一些监理单位为抢占市场，不计成本，以绝对的低价介入，压低工程监理的费率。低价竞争往往会引发监理单位一系列不规范行为，进一步凸显监理服务低质问题，为监理行业的健康发展带来恶劣的影响。此外，市场不够成熟，建设单位违规压价的情况比比皆是，一些建设单位甚至与监理单位签订"阴阳合同"，致使监理单位得不到合理的监理报酬，对监理单位而言如同雪上加霜。

监理单位无法获取经营利润、形成资金的储备和积累，使得监理单位无力积累足够的人力资源，没有条件加强人员的法律、合同意识和工程技术知识更新，无法强化单位管控能力，加剧了监理单位职责缺失和履职不力，服务质量降低，使工程监理作用大打折扣。

此外，监理的低待遇，导致从业人员触碰职业道德底线，出现诸多违纪行为，影响

从业人员群体公信力。这些不良行为又成为建设单位压低监理费用的重要理由之一，形成取费低、待遇低、素质低、影响差的恶性循环，如图 1.4 所示。

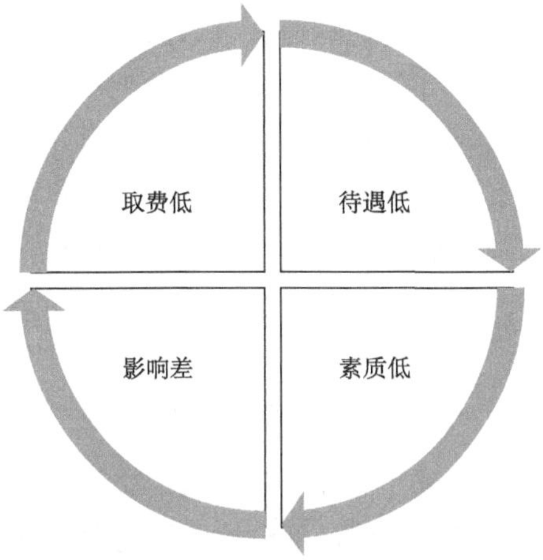

1.3.4　勘察、设计单位

（1）弄虚作假

相当部分工程勘察工作弄虚作假，存在错误分析或结论。例如，钻孔数量及深度不足，漏项、错项较多，勘察设计资料粗糙，内容缺项或评价不完整、不准确等。

图 1.4　监理单位恶性循环

另外，部分建设单位为了追求进度和节约成本，将相邻工程的勘察资料和设计图纸直接用于新建工程，为工程质量埋下重大隐患，一旦承载力不满足荷载需求，将发生重大质量安全事故。

（2）违规修改图纸

由于设计市场竞争激烈，一些设计单位一味迎合建设单位的需要，不负责任地修改图纸，造成部分设计图纸不符合法规和强制性标准的现象。例如，长风大桥开裂的一个重要原因是设计存在问题，应该采用的施工方案被放弃，而存在隐患的施工方案被采用。

（3）盲目追求设计速度

一些设计单位为了赶进度，放松对设计质量的要求，使得施工图设计深度、精度还达不到施工要求，忽视一些细部构造；设计文件参数提供不齐全；图纸"错、漏、碰、缺"较多等现象，造成施工过程中设计变更频频发生。

1.3.5　施工图审查机构

（1）当前施工图审查机构的职能定位不清

《房屋建筑和市政基础设施工程施工图设计文件审查管理办法》（简称《管理办法》）规定：施工图审查机构是不以营利为目的的独立法人。在宣贯时指出，审查工作是为了满足政府管理质量的需要，由政府强制推行的。由此看来，审查机构有准公共机构的色彩。但《管理办法》又规定：建设单位可以自主选择审查机构，施工图由审查机构进行审查并直接出具审查合格书，仅需在政府建设主管部门备案。因此，施工图审查失去了行政效力，削弱了施工图审查制度的权威性和制约力。

（2）高度市场化带来恶性竞争

部分地区的施工图审查机构作为中介技术服务机构，施工图审查变为完全的市场行为，甚至出现恶性竞争。部分业主一味追求价格低和速度快，有的审图机构迁就建设单位、设计单位的不合理要求，降低审查质量。施工图审查机构不按规定上报不良记录，主管部门不按规定实施处罚。部分设计单位过度依赖审查机构，将图审机构当作保姆、校核员，放松对设计成果的校对和审核，质量保证体系不健全，设计行为不规范，设计文件编制深度不够，甚至出现明显的低级错误和违反强条情况。

1.3.6　质量检测机构

（1）恶性竞争导致弄虚作假

检测行业准入门槛低，检测队伍数量多，素质参差不齐，检测市场僧多粥少，呈现恶性竞争态势，部分检测机构存在盲目压低检测费用、检测项目不齐全、操作不符合规范标准、检测报告造假等行为，这些行为导致检测工作失去了对工程质量的控制作用，也在一定程度上影响了检测市场的权威性、公正性。加上委托方只追求检测合格报告而忽视质量，造成虚假检测报告现象严重，给工程质量埋下隐患。按规定检测业务应由建设单位委托并支付检测费，实际普遍由施工单位委托并支付检测费，这种检测者与被检测者的委托关系是滋生大量虚假报告的重要诱因。检测报告仅对样品负责，检测过程难于追溯，检测责任难以界定，行业诚信体系不健全，监督管理难度大。

（2）质量检测内容较为狭窄

《建设工程质量检测管理办法》规定的质量检测业务内容由于受《建设工程质量管理条例》中关于"涉及结构安全性"要求的限制，只设置了地基基础工程、主体结构工程、建筑幕墙工程和钢结构工程等四个专项检测和建筑材料的见证取样检测。从这个角度来看，检测内容远无法保证建设工程质量。

（3）地方保护严重

检测市场地方保护和行业垄断严重，检测机构不仅跨省检测难，甚至在省内跨区域检测都难。

1.3.7　质量监管机构

（1）质量安全监督机构定位不明晰

质量安全监督机构作为受主管部门委托具体负责质量安全监督管理的事业单位，不具有执法主体资格和执法权，缺乏强有力的监督执法手段，现场发现违法违规行为必须报主管部门实施处罚，违法违规行为难以及时制止，工程质量安全隐患难以及时排除，导致质量安全监督工作的时效性、严肃性和权威性大打折扣。

（2）监督内容不明确

哪些工程必须政府监督？工程施工哪些环节必须监督？质量安全行为、实体质量监督具体包括哪些内容？未批先建等违法违规工程是否必须进行监督？目前，监督机构除了常规工程质量安全监管，还承担受理群众投诉、应急处理、政府工程建设单位职责等。

（3）政府监管力量不能满足实际需求

随着建筑业的快速发展，建筑业产值和施工面积均成倍增长，目前监督站人员编制和在职人员数量已不能满足对建筑工程实体监督管理的需求，同时，人员精简是政府机构改革的方向，使得政府监管部门无法保证对每个工程都实现全过程监管，只能采取随机抽查。这种方式本质上是合理的，但也在一定程度上助长了违法者的侥幸、投机心理，从而给工程质量安全埋下了隐患。

（4）监督工作经费得不到有效保障

2009 年停止征收建设工程质量监督费后，目前全国部分质量安全监督机构工作经费没有来源，还有 39%的质量监督机构、40%的安全监督机构没有纳入同级财政预算，无法保障正常工作需要，给监督队伍的稳定和工作开展带来一定影响。

（5）处理投诉问题占据了大量工作时间，影响正常监督工作

赔偿机制不健全，工程质量纠纷没有畅通的解决渠道，对出现的工程质量问题不能及时维修和处理，使得人民群众只能通过上访、投诉来请求自身权利被保护，这不仅仅给群众在经济、时间、精神上带来极大损害，也给政府部门的工作带来很大负担。尤其是日益上升的商品住宅的质量纠纷的投诉也由各地质量监督站负责，这种有问题找政府的做法受到传统计划经济的影响，是一种个人成本转嫁给社会成本的不合理现象，同时也占据了政府监督机构的大量时间，影响其正常的监管工作。

随着经济社会的发展，单单依靠加强政府质量监督的力量，依靠行政手段来实现对工程质量的监管，是不经济和低效率的，已经不再适应我国市场经济发展和政府职能转变的要求。因此，迫切需要探索做好工程质量管理的顶层设计，利用市场的力量和政府监管的力量，建立新的工程质量管控机制，是解决上述问题的新途径。

第2章 建设工程质量保险制度的探索

2.1 建设工程质量风险与保险的内涵

2.1.1 建设工程质量风险的概念

（1）风险

风险是指未来损失的不确定性。风险具有三个要素，分别是风险因素、风险事故和损失。其中，风险因素是指增加损失发生的频率或严重程度的条件，是损失发生的潜在原因。风险事故又称风险事件，是损失的直接原因，如火灾、地震、洪水等。损失是指价值的消灭或减少。风险三要素之间的关系如下：风险因素是损失发生的潜在原因，风险事故是损失发生的直接原因，风险事故的发生使得潜在的危险转化为现实的损失。

（2）建设工程质量风险

建设工程的构思、策划、目标设计、可行性研究、设计和施工计划是以对未来的政治、经济、环境、社会等情况的预测为基础的，技术、组织、管理等活动都是处于正常和理想的假定之上的，而在实际的工程建造及使用过程中，所有与建设工程相关的因素和环境都会发生各种各样的变化，一切都变得不确定，而这些变化和不确定会使原有计划受到干扰，影响原有目标的实现。这些事先无法准确预测的内、外部干扰因素即构成建设工程风险。

建设工程质量方面的风险属于其中影响最大的风险。工程质量风险从时间上来说包括工程建设期间的风险，也包括工程建完使用过程中的风险。本书从研究工程质量保险的角度出发，重点关注的是工程在使用期间面临的工程质量风险。工程质量风险的三要素包括工程质量缺陷（风险因素）、工程质量损害事件（风险事故）和工程质量损害事件造成的损失（损失）。

1）工程质量缺陷。

《中华人民共和国产品质量法》（简称《产品质量法》）第四十六条对产品缺陷进行了明确界定："本法所称缺陷，是指产品存在危及人身、他人财产安全的不合理的危险；产品有保障人体健康和人身、财产安全的国家标准、行业标准的，是指不符合该标准。"但该法第二条明确指出："建设工程不适用本法规定；但是，建设工程使用的建筑材料、建筑构配件和设备，属于前款规定的产品范围的，适用本法规定。"这主要是建设工程产品生产过程的特殊性决定的。

原建设部于2006年6月发布的《房屋建筑工程质量保修办法》第三条对质量缺陷下了定义："本办法所称质量缺陷，是指房屋建筑工程的质量不符合工程建设强制性标准以及合同的约定。"原建设部和财政部于 2005 年 1 月共同发布的《建设工程质量保证金管理暂行办法》第二条规定："缺陷是指建设工程质量不符合工程建设强制性标准、设计文件，以及承包合同的约定。"

工程在建设过程中形成的工程质量缺陷就是工程质量风险的风险因素，质量缺陷在工程使用期内一直存在着，但并不一定会造成工程质量损害事件，然而它的存在会增大工程质量损害事件的频率，或者会扩大工程质量损害事件造成的损失程度。

2）工程质量损害事件。

工程质量损害事件包括两种：一种是由于工程内在质量缺陷造成的建筑物整体或局部倒塌，地基产生超出设计规范允许的不均匀沉降，阳台、雨篷、挑檐等悬挑构件和外墙坍塌或出现影响使用安全的裂缝、破损、断裂，主体和承重结构部位出现影响结构安全的裂缝、变形、破损、断裂，维护结构和屋面漏水等风险事故；另一种是风险事故尚未发生，但发现了潜在威胁，使得建筑所有权人或第三方受到了现实的威胁。按照法律，当事人在受到现实威胁的情况下，可以请求停止侵害、消除危险、排除妨碍。

3）工程质量损害事件造成的损失。

损失通常包括财产损失、人身损失、精神损失等。为与工程质量保险相协调，可将工程质量损害事件造成的损失分为建筑物本身的损失和其他损失。

建筑物本身的损失指建筑物本身被破坏造成的建筑物本身维修或重建的费用，或者建筑物被发现存在工程质量缺陷而对建筑物本身进行必要的修复的费用。

其他损失是指除建筑物本身的损失之外的所有损失，包括其他财产损失、人身损失、间接损失、精神损失等。

2.1.2　建设工程质量风险与保险的关系

（1）建设工程质量风险防范

随着经济社会的发展和城镇化建设进程的加快，对建设工程的风险进行辨识、分类、分析、分担及转移等风险管理显得越来越重要。不少业内人士已将风险管理列为项目管理中继质量控制、进度控制、成本控制、职业健康安全与环境管理、合同管理、信息管理、组织协调等之后的第八方面工作。

建设工程质量风险的应对措施主要包括风险回避、风险自留、风险控制和风险转移。

风险回避是指中断风险源，遏制风险事件发生。主要通过主动放弃和终止承担某一任务，从而避免承担风险。在面临灾难性风险时，采用回避风险的方式处置风险是比较有效的。风险自留是指工程风险保留在风险管理主体内部，通过采取内部控制措施等来化解风险，或者对这些保留下来的工程风险不采取任何措施。风险控制是指通过制订周密、完整的损失控制计划减少或预防风险造成的损失。风险应对的第四种方式是风险转移，是指风险承担者通过一定的途径将风险转嫁给其他承担者。

目前国际上应用得比较广泛而且行之有效的建设工程质量风险转移方法就是建设工程质量保险。由于建设工程质量保险作为建设工程风险管理制度的一项重要手段，对其研究和深入探讨具有现实意义。

（2）建设工程质量风险与保险的关系

风险与保险存在密切的关系，所研究和关心的对象都是风险，两者相辅相成，主要表现在以下方面。

1）风险是保险产生和存在的前提。无风险就不会产生损失，保险也就没有存在的必要，风险是客观存在的，特别是工程建设过程中，处处存在风险，而风险的存在就会导致损失，因此就产生了人们对损失进行补偿的需要，保险也因此有了产生和存在的前提，风险的存在是保险关系确立的前提。

2）风险的发展是保险发展的依据。随着人类科学技术和管理水平的不断进步和提高，人们克服风险的能力也不断进步，但是，在人们不断克服旧风险的同时，新的风险也不断产生，对保险的发展也提出新的要求。因此，保险的发展就有了新的动力和客观依据。新的保险险种不断涌现，极大地推动了保险业的发展。

3）保险是应对风险的有效手段。在人们的经济活动中，可以通过各种风险控制手段来降低风险，但风险不可能完全消除。面对各种风险造成的损失，单靠自身的力量是不够的，特别是建设工程，涉及的风险因素众多、投资额巨大，一旦风险事件发生，损失是难以独立承受的。因此，风险转移就成为风险管理的重要方式，而保险长期以来都作为传统、有效的风险转移手段，通过保险，能以小额的固定支出换取对巨额风险的经济保障。

4）保险效益受风险管理水平的影响。保险的效益受到多种因素制约，风险管理的技术和水平对此有重大的影响。风险的识别是否全面，对风险的分析和评估是否准确，什么样的风险可以承保，保险的范围应该多大等都直接制约保险的成本收益。

由上可见，工程质量风险与工程质量保险是紧密相连、互为因果关系的。工程质量风险是工程质量保险发展的内在原因和需求，而工程质量保险是工程质量风险的有效分散途径之一。

2.2　国外建设工程质量保险的探索

工程质量保险制度起源于法国，之后西班牙、意大利、英国、瑞典、丹麦、芬兰、美国（新泽西州）、加拿大（不列颠哥伦比亚省）、澳大利亚、墨西哥、巴西、日本、沙特阿拉伯、阿联酋、卡塔尔、喀麦隆、刚果、摩洛哥、中非、突尼斯、阿尔及利亚、加蓬、毛里求斯等国家和地区均进行了实施。以下就主要几种国外的模式进行介绍。

2.2.1　法国

（1）法律强制

为了保证在建筑质量缺陷或内在缺陷显现后能够向有关责任方追偿，法国的《民法》

（Civil Code）就 10 年责任规定了一个建造者责任的法律体系，主要是《民法》第 1792 条和第 2270 条，该法律适用于各种类型的建筑工程，要求所有参建单位，包括业主、承包商、设计师、工程师、材料制造商和质量检查机构对工程承担自实际竣工起 10 年的质量责任，这 10 年中的第一年称为竣工保证期，在竣工保证期内，即自工程验收之日起 1 年内，承包人必须对业主提出的各种问题进行维修，业主提出的问题可以是验收时发现的问题，也可以是验收后新发现的问题。10 年保证期后，除非证明参建单位有欺诈行为，否则，参建单位的质量责任被解除，建筑工程所有者（即建筑工程的最终消费者）将对建筑工程负完全的责任。此外，参建单位从实际竣工起两年内对项目的建筑附属设备缺陷进行担保。

责任认定：举证责任不由原告（消费者）承担。

在质量责任期内，如果房屋所有人发生变更，上述责任方继续对新的房屋所有人承担相同的工程质量责任。

法国《民法》第 1792 条：工程的任何建设者理所当然地应对工程受到的以下损害向业主或购买人负责任，即这些损害是由内在缺陷引起的、可能危及工程的坚固性，或者可能危害其某一结构构件或者某一设备部件，这些损害影响了工程的使用功能，使得工程不再与其用途相适应。如果建设者能证明这些损害是由外部原因引起的，则他不承担这样的责任。

第 1792-1 条：以下人员可称为工程建设者：

由工程合同规定的、与工程业主有关的任何建筑师、承包人及其他有关的技术人员。

工程竣工之后，任何负责出售工程的人，工程可以是他自己本人建设的，或请他人负责建设的。

任何受工程业主委托的代理人。

第 1792-2 条：由第 1792 条规定的责任推定，同样可扩展到影响房屋构件坚固性的相应部位的损坏。可以进行这种推定的条件是，这些部位必须是工程主体不可分割的一部分，如管线道路等与基础、结构、外围护或崖顶的接口工程。

部件是指与条款中所列的、共同组成房屋主体的不可分离的部分，当部件就位、拆除或替换时不得不破坏或清除此部位的建筑材料。

第 1792-3 条：房屋设备的其他部件需保证自工程验收之日起最低两年的良好运行期限。

第 1792-4 条：工程、部分工程或设备部件的生产必须要满足设计要求和标准规范，生产者对第 1792 条、第 1792-2 条、第 1792-3 条规定的内容负有连带的责任与义务。实施本条款的下列人员可作为生产者：

进口工程或进口设备构件的国外的生产者；在提供的产品上标明的生产者以及提供生产标志或其他明显标识的人。

第 1792-5 条：如果合同的某条款是为了免除或限定第 1792 条、第 1792-1 条、第 1792-2 条中所规定的责任，或者是为了免除与第 1792-3 条相关的第 1792-6 条中确定的担保内容，或者限定这些担保的规则，或者背离了第 1792-4 条中规定的连带责任，则合同中的此条款无效。

第 1792-6 条：验收是一项行为过程。在验收过程中，工程的业主声明他有保留或无保留地接受这一工程。验收可以依据要求友好地进行，也可通过司法程序进行。验收行为需双方同时在场共同宣布。完全竣工保证，即承包人自验收之日起 1 年内，必须对业主提出的各种问题进行维修；提出的形式可以是验收纪要中保留意见的记录，对于验收后新发现的问题，可通过书面提出。维修工程所需的时间期限，由业主和有关承包人在协议中共同确定。

如果没有这样的协议或者没有在确定的期限内施工，使工程处于失控状态，那么工程施工所需的费用和风险由没有按时施工的承包人负担。

竣工保证期内要进行维修的工程应共同认定，或者通过司法程序认定。

保证期不扩展到那些因正常磨损或使用效应造成的必须进行修复的工程。

第 2270 条：任何自然人或法人，均应依照本法第 1792 条～第 1792-4 条承担责任和各种担保义务；第 1792 条～第 1792-2 条规定的责任和义务，自工程验收起 10 年之后才可以解除。

此外，法国《保险法》（French Insurance Code）第二册第四篇也对房屋工程保险进行了相关规定。

第 L241-1 条：任何自然人或法人，除了依据《民法》第 1792 条确定的推定原则和《民法》中关于房屋的有关规定承担责任，还应当购买责任保险。

工程开工时，均应检查其是否已经签订保险合同以担保这项责任。

根据本条款签订的任何保险合同，不管有无任何相反的条款，均被认为在责任期限内负有保证维修担保的责任，即这种担保责任是强制的。

第 L241-2 条：凡是为他人完成上一条款中涉及的房屋建筑的施工人均应当办理责任保险，以保证《民法》中第 1792 条和第 1792-2 条中规定的损坏情况得以修复，并有相应的结果。

本条款同样也适用于以出售为目的而建设的房屋。

第 L242-1 条（根据 1980 年 12 月 31 日的第 81-1014 号法修订）：任何自然人或法人，如果以业主身份、销售人身份或业主委托人身份负责房屋工程的施工，应当在工程开工之前签订保险合同，以保证在其责任之外，支付损坏工程的全部费用，损坏工程的性质即《民法》第 1792-1 条中规定的应由建设者承担责任的那些种类的损坏，本条款同样适用于《民法》中第 1792 条的原则中所包括的生产厂家与进口商或技术人员。

第 L243-1 条：保险义务不适用于政府投资的工程。

第 L243-3 条：无论什么人违反了本法第 L241-1 条～第 L242-1 条的规定，均将被处监禁 10 天～6 个月的处罚和 2000～500000 法郎的罚款或者仅处以这两项处罚中的一项。上一段落中的内容不适用于建造自用住宅的自然人，或为其配偶、直系尊亲属、直系卑亲属或者他们的配偶建设住宅的自然人。

第 L243-4 条：中央物价局有权确定有关保险公司收取的保险费率，保险公司必须为它提出的风险担保。保险公司也可以免除由被保险人承担的免赔部分。

第 L243-5 条：鉴于中央价格部门通过的价格（体系），保险契约中具有排除某些保险承保风险的任何条款均视为无效。

（2）投保主体

凡涉及工程建设活动的所有单位，包括建设单位、设计单位、施工单位、技术检查机构、建筑产品制造商以及建筑师均须向保险公司进行投保，以确保其对工程质量负责。

建设单位必须为建筑物 10 年内可能出现的损坏投保。建设单位购买的是第一方保单（First Party Liability Policy），即 IDI（Inherent Defects Insurance）保单，该保单也是针对建造者法定责任造成的损害（即潜在缺陷的损害）。任何自然人或法人，如果以业主身份、销售人员身份或业主委托人身份负责房屋工程的施工，应当在工程开工前签订保险合同，以保证并非其责任范围的内在缺陷损坏的全部修复费用。

建造者必须投保 10 年期的责任保险。建造者购买的是第三方保单（Third Party Liability Policy），针对的是其建造者法定责任。工程开工时，参与建造者均应检查其是否已签订保险合同以保证其应负的法定责任。

对于政府投资建设的建筑工程，业主就是政府机构的法人，业主没有义务购买上述的强制损害保险，因为政府总是一直存在并且有能力修复缺陷；另外，对于为自己使用的私人建房，该私人业主也不需要购买上述的强制损害保险。但是，上述两种情况下，参与建造方仍必须购买相应的责任保险。

对于建设单位投保的强制工程质量潜在缺陷保险：

被保险人是小业主。

保单未设立免赔。

最高赔偿限额为该幢建筑的总造价。

除外责任包括战争、欺诈行为、正常磨损、非正常使用、外部原因（包括火灾、爆炸、地震、飓风、洪水等）。

对于建造者投保的强制责任保险：

被保险人是建造者。

没有强制的损失限额。

除外责任与强制工程质量潜在缺陷保险类似。

工程质量损害事件出现后，法国 IDI 保险体系内各险种的触发顺序如下：首先触发业主损失保单（即 IDI 保单），基本原则是要在确定责任前先行赔偿以保证消费者的利益；其次触发建造者责任保险，即保险公司赔偿后再向责任方进行追偿，保证由责任方履行最终的赔偿。

（3）保险责任范围和期限

法国工程质量保险责任包括建筑结构的牢固性（地基基础、主体结构和固定在结构上的设备）、建筑结构影响的人员安全、防渗漏和噪声控制与保温等建筑功能。

法国建筑工程质量潜在缺陷保险期限为 10 年，从第 2 年到第 10 年，第 1 年为建造商无条件负责维修并承担相关费用（备注：若工程完成之后的第 1 年建设单位消失了，则由建设单位投保的保险公司负责维修）。各部分保险责任期限如表 2.1 所示。

表 2.1　法国质量保险责任期限表

项目	结构牢固性	噪声控制与保温	防渗漏	良好运行
地基基础、主体结构和围护结构	10 年	10 年	2 年	—
固定在结构上的设备	10 年	10 年	2 年	—
独立于建筑物的设备	—	10 年	—	2 年

（4）保险费率

最初建设单位的保险费率为工程总造价的 1.0%～1.5%（除税外），但由于 10 年前保险公司持续亏损，对其保险费率调整为建筑工程总造价的 3% 左右（该项调整是按风险预估 10 倍左右提出的）。

工程参建各方的责任保险费率如下：设计师为总收入的 0.3%，建造商为总收入的 0.8%～0.9%，检查机构为总收入的 0.35%。

（5）第三方技术检查机构

对建设工程进行质量控制则是保证工程质量保险正确实施的必要条件。法国规定保险公司承保工程质量保险后，必须聘任第三方工程技术检查机构（TIS，即 Technical Inspection Service）实施质量管控。该检查机构要针对每个建设工程的特点，从工程的方案设计、施工图设计和施工过程的各个阶段进行质量控制。

法国通过法律明确了技术检查机构的作用：预防设计（包括方案设计和施工图设计）、施工过程中的技术风险，把建筑工程设计和建造过程中的风险降到最小。法国法律规定必须实施检查控制的工程为三类：一是接待公众的建筑；二是特殊结构的建筑（工业构筑物除外），包括高度超过 28m，或跨度大于 30m，或悬臂长度不小于 20m，或基础基底距地面深度超过 15m，或支撑结构和维护墙高度大于 5m 的建筑等；三是超过规范标准的建筑。纳入法律强制质量检查的建筑工程约为总建筑工程的 20%。但在实际运行过程中，有 2/3 以上的建筑工程都进行了质量检查控制，极大地超出了法律规定的强制检查范围，主要是在保险公司预防风险的压力和要求下进行的。

技术检查机构应得到建筑工程检查机构认证委员会的资质认可。该认证委员会由法国建设部组织成立，是独立的机构，其成员由法国建设部、教育部、人事部、保险公司和技术专家组成，对检查机构的单位资质和人员资格进行认可。单位的资质条件包括管理水平和技术能力，其中技术能力应包括从事结构、消防、水电设备、地下、屋面、墙面防水、环境和建筑功能等专业的技术能力。

法国为了技术检查机构的独立公正，规定技术检查机构必须是独立第三方，不得与工程参建主体有任何业务联系。同时，为了避免质量检查工作由于恶性竞争给行业带来的不良后果，法国对于技术检查机构的数量进行限制，据悉，全法国目前获批开展此项业务的机构只有 10 家,这样就促使技术检查机构的工作重心就放在了提升服务上而非抢占市场上, 有利于保障工程质量。

（6）赔偿程序

在保险期限内建筑结构安全和建筑功能出现缺陷,由保险公司先行赔付,然后代位追究设计、建造商及检查机构的责任。这就在法律上保证了业主在最短时间内拿到钱来维修。

保险公司收到业主建设工程内在质量缺陷的索赔后,首先确认是否在保险期内,再派出技术专家进行估价,业主是否同意该估价要在 15 天内作出决定,若同意就给予赔偿;若不同意,则由双方共同指定公估、检查部门派出技术专家进行现场检查,做出检查评估报告,该阶段要在 60 天内完成,若 60 天内没有完成,则表示接受了业主的要求;保险公司要在 60～90 天把根据检查评估报告核定的损失金额寄给业主。复杂的技术问题则应在 225 天之内完成上述全部工作。

（7）赔偿限额和免赔

对于业主,一幢建筑一个保单。赔偿最高限额为该幢建筑的总造价。

法国建筑工程质量保险对业主未设立免赔,充分保障了业主的权益。但由于未设置免赔,业主有点毛病就找保险公司,导致索赔率居高不下。

2.2.2　西班牙

2000 年起,西班牙工程质量保险框架体系参照法国的相关规定,吸取了法国工程质量保险框架体系的一些成功经验并经立法实施,但也有一些差异。

第一,在潜在缺陷险方面,西班牙和法国一样都要求开发商必须投保。而在责任险方面,西班牙没有强制要求工程承包商投保,只是鼓励工程承包商积极参与投保。

第二,西班牙的工程质量保险为伤害保险,因此,在西班牙模式中只要出现了质量事故,保险公司就得先行赔付。

第三,西班牙工程质量保险费率采用了固定费率及浮动费率相结合的方式。西班牙对于结构部分的潜在缺陷保险是强制要求的,此部分的费率制定是国家法定的。对于设施设备的缺陷保险则为鼓励投保,采取了浮动费率的机制,根据开发商之前的业绩记录,对其收取差别保费。

第四,西班牙工程质量保险框架体系对业主设置了免赔,同一原因造成的累计损失低于投保金额的 1%者为免赔,超出部分保险公司才赔偿,降低了保险公司的赔付率。

2.2.3　意大利

2000 年 7 月 27 日 Merloni 法令（Merloni Memorandum）生效。该法令适用于公众合同工程（Public Contract Works）,并引入了大量非常重要的保险要求方面的变化,包括担保、建造、10 年期责任和设计师职业责任。意大利的潜在缺陷保险市场的特点如下。

第一，强制投保建造者责任险，不包括建设单位投保的工程质量潜在缺陷保险。

第二，仅在公共工程中实施。随着 Merloni 法令的引入，私人投资建设项目对于 10 年责任险的需求越来越大，因为业主倾向于将这种赔偿约定视作抵御缺陷结构维修或重置风险的额外担保，这种缺陷结构往往由于责任方破产或悬而未决的诉讼而无法复原。

第三，意大利法律对建筑工程施工期和使用期保险通盘考虑，强制公众工程项目的承包商获得下列保单：建筑工程一切险（CAR）、普通第三者责任险（General Third Party Liability）、第一方 10 年责任险（First Party Decennial Liability）、第三方 10 年责任险（Third Party Decennial Liability）。

第四，只有合同价值超过 1000 万欧元的公共项目才必须购买强制的 10 年责任险，这就造成只有较大项目才会投保。

第五，保险责任范围仅为"指定风险"：仅涉及局部或全部倒塌，以及根据 1086/1971 法令进行的静力学测试确定的工程构件承受的结构性缺陷。所以，它比法国市场上 10 年责任险的范围要窄得多，法国事实上已延伸到建筑的所有部分。

2.2.4　丹麦

1985 年，丹麦通过立法建立了丹麦建筑缺陷基金（Danish Building Defect Fund），基金建立的目的是确保建筑物质量缺陷的修复，而且通过提供资金便于提高质量保证措施来降低建造期间的质量缺陷。建筑所有者需要将建造费用的 1% 上缴建筑缺陷基金，如果这些钱还不够用，建筑所有者还必须再行支付。基金提供自竣工交付起 20 年的质量缺陷保障，基金拥有对第三方的追索权利，但追索权利限制在 5 年内。职业责任保险不是强制的。

2008 年 4 月 1 日，丹麦建筑监管法令[Danish Building Regulation（Amendment）Act] 开始要求专业建筑所有者在建造新的私有住宅时，一定要购买建筑缺陷保险（Building-Defects Insurance）。具体而言如下。

（1）实施范围

永久居住的新建筑必须投保；如果新建筑是商住两用的，但主要用于居住，也必须投保。已有建筑的翻新、重装修或扩建等都没有强制保险义务。

（2）投保人

由建筑物最初的业主，也就是开发商投保。

（3）强制实施

当开发商向地方政府申请建筑许可时，地方政府必须检查其是否已经购买了建筑缺陷保险，如果没有购买，地方政府不予签发建筑许可。如果地方政府发现开发商没有购买建筑缺陷保险就进行了建造、销售和出租房屋，当地政府可以依据相关法律对开发商进行罚款，无论其是故意还是过失未履行购买保险的义务。如果建筑物在没有建筑缺陷保险的情况下就用于居住，地方政府有权向开发商以每天或每周支付罚金的方式施加惩罚，直至开发商履行购买建筑缺陷保险的义务。

（4）保险责任

在建造期间形成的设计、施工和原材料方面的严重建造缺陷（Serious Building Defects）。这些缺陷必须显著地影响了建筑物的使用寿命，或者实质性地降低了建筑物的使用功能或效用。判断一个建筑缺陷是否严重缺陷的依据是：它的存在是否会对未来居住产生显著的人身安全和健康方面的影响，设计、施工活动是否遵守了相关专业标准。例如，由于支撑不足引起墙和基础出现沉降裂缝就属于承保缺陷。

（5）保险期限

保险期限为 10 年，从施工单位将工程移交给开发商开始计。

（6）理赔和修理

一旦发现建筑缺陷，应先报告给保险公司。如果缺陷是在保险公司委托的例行检查中发现的，保险公司也会通知开发商。保险公司首先会要求开发商在合理时间内修复。如果开发商已经破产，或者不去修理，保险人将有义务修复缺陷。如果在未通知到开发商之前就擅自开始缺陷修理，无论建筑缺陷是否属于保险责任范围，保险人都可以拒绝支付修理费用，除非该修理工作是必须进行的，是为了阻止或限制建筑缺陷的扩大。

（7）第 1 年和第 5 年的检查

按照法律规定，在 10 年保险期限内，必须由保险公司委派的财产检查员（Property Surveyor）在第 1 年和第 5 年对建筑物进行随机抽样检查，检查员将根据检查结果编制检查报告，报告详细记录了建筑物存在的缺陷和缺陷造成的损害。保险人根据检查报告列出缺陷清单，这些缺陷就是保险承保的缺陷明细。检查报告和缺陷明细将被提交给开发商、被保险人和当初参与建造的各建造单位。

（8）曝光计划

丹麦国家企业和建设部将通过网络公布被发现有保单承保缺陷的工程的参建企业名单，具体包括企业名称、地址和商业监管号码，还包括被发现的建筑缺陷的描述，建筑物所在地的邮政编码。这些信息的曝光时间是两年。但是，如果建筑缺陷在被检查出的 12 个月内得到修复，上述信息就可以不公开曝光。

2.2.5　英国

（1）制度发展

英国的潜在缺陷保险制度开始建立于 20 世纪 80 年代初期，最早将法国的模式修改后引入英国形成的。潜在缺陷保险适用于商业和工业用房，包括酒店、写字楼、商场、工厂和集合式的公寓房屋，以潜在缺陷保险为核心逐步形成了英国的潜在缺陷保险制度。

（2）法律基础

英国是案例法国家，在案例法中对于房屋的后继购买者未提供直接保障，只有达成将第一购买者的合同权利转让给后继购买者的协议后，后者才能获得前者的合同权利。英国的法律未强制规定开发商的房屋质量缺陷责任，因此，一般情况下开发商都不愿对购房者或承租者等承诺对质量缺陷负责。开发商通常要求承包商、设计等各方提供附属担保（Collateral Warranty），向购房者保证质量。但附属担保存在烦琐、易遗漏、费用高的缺点。

鉴于案例法对房屋的后继购买者的保障不足，英国 1972 年颁布了《缺陷房屋法》（Defective Premises Act），该法规第一章明确规定了承包商、开发商、分包商、建筑师和其他住宅建设参与各方的质量法律责任。要求房屋要用熟练的工艺、合适的材料建造，并且完工时要适合人居住。同时改善了新房后继购买人的地位，规定合同内不得限制后继购买人权利，新房购买人及后继购买人可就房屋工艺不善和材料缺陷等问题起诉责任人。另外，原来的索赔期从缺陷被发现后 6 年变为明确的从房屋完工后 6 年。

但在英国，法律费用十分昂贵而且法律途径往往需要很多时间，在这期间房屋得不到修缮，而且诉讼也未必就会成功，就算成功了，也可能由于付出的经济和时间成本过高而得不偿失。正是在这样的法律背景下房屋缺陷保险引入英国，它不论对于第一购房者还是后继购房者来说都非常有价值，因为它不仅在缺陷修补和损害赔偿方面提供了比《缺陷房屋法》和普通法更广的补偿途径，而且更重要的是其保证期比法律规定的 6 年索赔期要长。

（3）英国与法国和西班牙的主要区别

英国的潜在缺陷保险体系与法国和西班牙的质量保险体系相似，包括法律责任、质量保险和质量检查。不同之处主要在于英国的潜在缺陷保险完全是自愿的，房屋承建各方的责任保险也是自愿的，但由于英国国家房屋建筑委员会通过将保险与贷款条件挂钩使质量保险成为实质上的强制性险种。

（4）英国国家房屋建筑委员会

英国国家房屋建筑委员会（National House-Building Council，NHBC）是英国住宅保证项目的最大机构，以 NHBC 为代表的住宅保障项目运行机构专为私人住宅房屋（通常是低层房屋）提供担保、保险和质量检查等服务。拥有大约 18200 家注册建筑商和开发商，每年建造的新住房量约占英国住房总量的 90%，英国国家住宅保障项目模式也以 NHBC 为代表。日本、瑞典、荷兰、丹麦、澳大利亚等国家的模式都是参照英国 NHBC 建立的。

NHBC 本身集成了房屋质量保险制度的所有功能模块，将 10 年保险模式中由多方完成的工作集于一体。该模式的主要功能模块包括注册登记管理模块、质量管理模块和房屋质量保险模块三部分，这三部分是不可分割和协同工作的有机整体。对于住宅质量，在管理上以注册登记管理模块为保证，包括单位注册管理和房屋注册管理，在技术上由质量管理模块作保证，包括质量信息与质量标准制定和质量检查，在经济上由房屋质量保险模块为保证。其中房屋的质量保险不仅是整个模式体系的经济支撑，而且贯穿了整个保证体系。NHBC 模式的工作原理如图 2.1 所示。

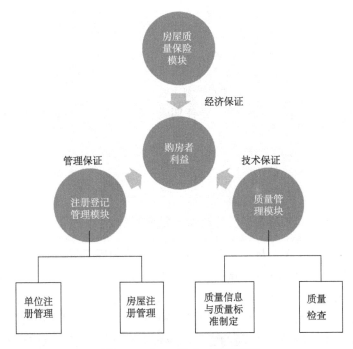

图 2.1　NHBC 模式工作原理图

对于房屋质量保险模块，NHBC 同时也是一家注册的保险公司，拥有近 8 亿英镑储备金。它是英国新住房质量担保和保险的最大提供者，为约 200 万户住房提供保障。其受保范围包括新建、改造、联建和自建的住房。凡经注册的建筑商和开发商，只要遵守 NHBC 的标准，其新建和改建住房均可得到由 NHBC 本身所提供的工程质量保险，其保单名为"Buildmark"。保险的有效期限为自住宅交付使用之日起 10 年。持有这种保单，在 10 年保证期内的第 2 年后，凡受保的新建和改建的住房出现了保证范围内的缺陷质量时，购房者可直接向 NHBC 索赔。NHBC 将视质量事故造成损失的严重程度，直接对购房业主进行赔偿，在交付后的前 2 年内，注册单位不履行维修责任时，NHBC 也负责赔偿，但在赔付后要进行追偿。第 2 年后，NHBC 理赔完毕不再向注册单位追偿。实际上前两年内相当于一种保修保证保险。保险模块一方面有利于保证购房者权益，消除了消费者对住宅质量和性能的不信任感，另一方面有利于注册单位的经营稳定。

2.2.6　澳大利亚

由于澳大利亚属于英联邦国家，最初的工程质量保险制度采用了英国模式。2001 年以前，澳大利亚规定保险责任限为自竣工之日起的 6 年责任期，当投保建筑物出现质量缺陷时，不用确定其建造商是否存在，还是已经注销或丧失赔偿能力，一切损失都由保险公司全面负责赔偿，如果确属建造商责任，则由政府对其进行行政处罚。2001 年澳大利亚最大的保险公司——HIH 保险公司由于经营工程质量保险而导致亏损，最终因偿付能力不足而倒闭，致使没有保险公司愿意继续经营住宅质量保险业务。2002 年，澳大利亚对工程质量保险制度进行了改革。

一是通过立法修订了新的保险责任条款，当住宅发生质量问题时，只有当建造商已注销或失去偿付能力时，保险公司才负责赔偿。

二是所有建筑从业者都必须购买，责任期限由原来的 6 年诉讼时效期改为 10 年责任承保期。

三是所有的建筑从业者必须经过登记注册。

2.2.7　美国

（1）新泽西州的工程质量潜在缺陷保险制度

美国新泽西州 1979 年 7 月 1 日发布的《住房保修和施工登记的法案》第 25 章规定：每个建设商或建筑业务实体在注册时，须在注册表单填写已投保或计划投保的保险计划。如果还未投保或未申请投保国家或私人保险计划，则任何建设商或建筑业实体不得注册或给予认证。这种强制保险的责任范围覆盖了和个人住房有关的开发商和承包商的责任。值得注意的是，投保国家强制保险的建筑商应负责修复保险期限范围内出现的缺陷，包括缺陷的维修、更换或支付合理的维修成本，除非建筑商单独投保了其他商业保险。

（2）其他地区的工程担保制度

在美国，工程保函经过 100 多年的应用和发展，已经形成相当完善的制度体系。早在 1894 年，美国联邦政府就颁布《赫德法令》（Hurd Act），要求为政府工程提供担保；到 1935 年，经多年在实践中反复修改后，正式颁布实施了《米勒法令》（Miller Act）以取代《赫德法令》。完善的工程保函制度体系对美国承包工程业的风险控制起到非常积极有效的作用，同时还有利于保障合同履行、保证工期、保证工程质量、提高投资效益、规范市场竞争和降低成本，促进了美国承包工程业的快速发展。

工程担保（Security Bond 或 Surety Bond）与一般意义的担保不同，它更强调保证履行合同所规定的义务，并为此担保。因为业主花钱买的是工程产品，而不是耗费时间与精力后买回赔款。所以在美国如果出现被担保人违约，担保人必须首先按合同规定的质量、工期、造价等各项条件履约，而不仅仅是对损失进行赔付。这种方式更大程度地保护了业主的利益，保证了工程项目的顺利建成。

美国政府及保证担保监督机构一直推崇约束力强的高保额有条件保证担保形式，对于强制投保项目，重要的保证担保种类甚至是 100%全额投保的，如履约担保、支付担保等。

履约担保（Performance Bond）是担保承包商有能力承担合同义务，实施并完成某项工程。履约担保通常覆盖了预付款担保、保修担保和保留金担保，其担保责任如下：承包商应正确履行和遵守所签合同中规定的承包商一方按合同的真实含义和意图应该履行和遵守的所有条款、条件和规定。如果因资金、技术、非自然灾害、非意外事故等因素导致承包商违约，如施工过程中，承包人中途毁约、任意中断工程、不按规定施工或破产、倒闭等，担保人将采取多种措施，保证合同的履行，赔偿业主因此造成的损失，直至达到保证金额。履约担保的担保额一般为合同价的 100%，保费费率为担保额的 1%～2%，特大型工程的费率可能在 0.5%以下。

保修担保是担保人为保障工程保修期（国际上亦称缺陷责任期）内出现质量缺陷时，承包商应当负责维修而提供的担保。保修担保可以包含在履约担保之内，也可以单独列出，并在工程完成后替换履约担保。

美国规定，保险公司和专业担保公司可以从事工程担保业务（保证保险），禁止银行（机构设立由各州审批，准入条件低）从事工程担保业务。美国财政部金融管理服务局每年公布一批可以向联邦政府提供工程担保服务的担保公司、保险公司及其业务规模。如果没有达到政府部门公布的业务规模下限，则此公司不能开展相关业务。目前在美国的工程担保业务市场上，保险公司占 90%，专业担保公司占 10%。

2.2.8　非洲国家

非洲国家有很多项目都是由国外大的总承包公司承包的，而国外公司在工程完成后具有较强的流动性，承包商一旦完成工程后即撤离现场甚至离开工程所在国，建设单位无法就质量缺陷得到补偿，因此，很多业主都强制要求这些总承包商作为投保人投保工程质量保险，而建设单位作为被保险人。

目前我国商务部在非洲的援建项目中，实施的工程质量保险具体内容如下。

投保人：施工总承包企业。

被保险人：中华人民共和国商务部。

赔款受益人：中华人民共和国商务部。

保险金额：施工总承包合同价中包含的建筑/安装工程直接费、临时设施费、间接费和预备费等四项的总和。

每次事故及累计赔偿限额：保险金额的 100%，但最高不超过人民币 6 亿元。

免赔额：不设免赔额。

基本保险责任范围：在保险期内，保险合同明细表中分项列明的保险标的在列明的工程地质范围内，按规定的建设程序竣工，经商务部委托有关管理机构、保险人或其委托的技术检查机构检验质量合格，并在竣工验收合格满一年后，在正常使用条件下，因保险标的存在的质量缺陷造成本身及除本身以外的保险标的的损坏或损失，以及保险合同扩展承保所产生的相关费用，经被保险人向保险人提出索赔申请，保险人按照合同约定进行赔偿。

保险期间：项目按规定的建设程序竣工，经商务部委托有关管理机构、保险人或其委托的技术检查机构检验质量合格，保单自竣工验收合格满一年之日起生效。具体的保险期间如下。

主体结构的保险期间自保单生效之日起二十年，或项目设计使用年限，以先发生的时间为准。

非主体结构（含隐蔽管线、隐蔽工程等）的保险期间自保单生效之日起十年，或项目设计使用年限，以先发生的时间为准。

装饰装修工程的保险期间自保单生效之日起十年，或项目设计使用年限，以先发生的时间为准。

机电设备的保险期间自保单生效之日起十年，或项目设计使用年限，以先发生的时间为准。

根据项目建设、竣工验收和质量检验的实际情况，可由投保人申请并经被保险人同意后，保险人签发批单或其他保险凭证载明保单生效的具体时间以及相应的保险期间。

保费：投保时保费预估计算公式如下。

保险费＝保险金额×费率＋技术检查机构服务费用

费率＝基础费率×（1＋浮动因子）

保费支付：保单出具后 60 天内支付 50%的预付保费（扣除技术检查机构服务费用），以及全部的技术检查机构服务费用。工程竣工结算完 60 天内，根据工程竣工结算相应的金额进行最终保险费用的调整。

2.3 我国建设工程质量保险的探索

2.3.1 北京

（1）2015 年之前试点情况

北京市住房和城乡建设委员会（简称北京市住建委）按照原建设部与保险监督管理委员会（简称保监会）2005 年联合下发的《关于推进建设工程质量保险工作的意见》的文件精神的要求，会同保险监督管理委员会北京监管局（简称北京市保监局）等单位积极组织工程质量保险的研讨，积极探索建设工程质量保险工作机制。2006 年年初，北京市住建委颁布了北京市工程建设地方标准《北京市房屋质量缺陷损失评估规程》，详尽阐述了房屋质量缺陷损失评估程序与方法，以及评估结果与评估报告的规范形式等内容，从而为有效解决房屋缺陷引发的经济纠纷提供了标准的依据，客观上推动了建筑工程技术风险评级体系的建立，并为工程质量保险的顺利运营（特别是索赔与理赔工作的顺利开展）提供了相应的制度保障。按照原建设部的统一部署，北京市于 2007 年推行了工程质量保险试点工作，中国人民保险公司与首开集团、建工集团、住总集团、金隅集团 4

家建设单位签订了关于经济适用房、两限房开发工程的建设工程质量潜在缺陷保险合作协议，后因开发商改变投保意愿，保险公司也因为投保数量少、缺少法律法规依据等因素而不愿承保。最终，在工程竣工验收时，没有生成保险单，保险试点工作就此搁浅。

（2）2015 年《北京市建设工程质量条例》正式颁布实施

《北京市建设工程质量条例》于 2015 年 9 月 25 日经北京市第十四届人民代表大会常务委员会第二十一次会议表决通过，于 2016 年 1 月 1 日起施行。这是北京市第一部建设工程质量管理的地方性法规，填补了北京市工程质量地方性法规的空白。《北京市建设工程质量条例》的核心内容之一，是充分发挥市场机制在质量管理资源配置中的决定性作用，而建设工程质量保险制度的推行实施则是发挥市场机制作用的关键。《北京市建设工程质量条例》中明确了北京市推行建设工程质量保险制度，要求从事住宅工程房地产开发的建设单位在工程开工前，按照规定投保建设工程质量潜在缺陷保险。

（3）《北京市建设工程质量条例》中工程质量保险制度的设计思路

《北京市建设工程质量条例》在有关工程质量保险的制度设计上，力求通过引入第三方质量风险管控机构，加强事前风险防范、事中风险管理和事后风险补偿，逐步引导培育保险制度在北京市工程建设领域不断发展成熟，充分发挥其优点，进一步促进工程质量管理工作。

一是加强事前风险防范。将优胜劣汰的市场竞争法则在建筑行业管理中充分发挥作用，使管理水平低、业绩差、事故频发的企业和执业人员，将因高额的保险费或根本找不到保险人而自动退出市场；素质好、业绩好的企业和执业人员则可支付较少保费，增强竞争力。同时，保险公司还可以通过理赔数据的归集，将开发商历史质量问题在一定范围内（政府信息平台或购楼群体）公示，准确评估投保工程项目风险状况，有助于促进建筑行业形成以"质量为先"的行业风气。

二是加强事中风险管理。投保建设工程质量潜在缺陷责任保险，保险公司将以独立身份加强对工程建设过程中的质量风险管控。由于建设工程质量潜在缺陷保险承保风险较为特殊，呈现出保险期限长、技术性强、累积风险高等特点，因此为了合理控制风险，对建设工程进行质量管控是保证建设工程质量潜在缺陷保险正确实施的必要条件，为此，保险公司为了降低风险，必须引入专业技术力量，代表保险公司对工程项目建设进行全过程、动态监督，以加强对工程质量过程管理，与监理公司一同形成对建设工程质量监督管理的双重保障。

三是加强事后补偿。一方面，解决了现有保修制度下工程质量事故发生后因责任界定难而导致的赔付难的问题。当建筑物出现质量缺陷时，由保险公司先行赔付，之后再由保险公司对开发商以外的参建责任方进行追偿。这种保险理赔安排第一时间维护了小业主的利益。另一方面，避免了一些责任主体，尤其是承包商、设计商，在经过几年的营运后可能资不抵债、破产，或者不复存在，一旦发生建筑物质量缺陷的损害赔偿可能无力承担责任，或者根本找不到责任承担者的问题。当发生较大工程质量事故时，有效提高责任单位的赔偿能力，保险公司能对房屋建筑所有权人的损失进行及时赔付，降低和减少对责任单位和社会公众造成的损失和影响。

2.3.2　上海

（1）2004～2006 年研究阶段

上海市住房和城乡建设管理委员会会同保险监督管理委员会上海监管局（简称上海保监局）等单位，从 2004 年年底启动了工程保险和风险管理的研究。同时，结合 2005 年原建设部《关于推进建设工程质量保险工作的意见》中的相关要求，形成和提出了"引入市场机制、转变政府职能、三险合一"的工程保险模式和风险管理的基本理念，并于 2006 年出台了《关于推进建设工程风险管理制度试点工作的指导意见》。2007 年"上海市建设工程风险管理制度研究"课题荣获第六届上海市政府决策咨询奖。

（2）2006～2010 年试点阶段

2006～2010 年，按照《关于推进建设工程风险管理制度试点工作的指导意见》所制定的机制，在上海城投、世博土控、中星集团、上海建工集团、上海建筑科学研究院等大企业的支持下，在公建、市政、厂房、住宅等近 10 个工程上开展了试点，积累了一定的经验。其中由太平洋保险公司承保的市重大工程威宁路桥项目荣获"2010 年度上海金融创新成果一等奖"。

此阶段上海试点方案采取"共同投保、三险合一"的险种模式。在险种设计上以捆绑形式将建安一切险（附加第三者责任险和设计责任险）、人身伤害险和工程质量保证保险等三个险种整合在一张保单中，由建设、设计、施工单位组成共投体，统一向保险公司购买保险。既考虑了施工过程中工程本体风险和第三方风险，也纳入了与小业主密切相关的保修期质量缺陷风险。此外，三险合一也降低了投保成本，减少出险后共投体成员单位之间的相互扯皮。这种模式下不存在代位追偿。

经过保险公司的测算，在试点过程中三个险种的基本费率为建安一切险（附加第三者责任险和设计责任险）0.3%，人身伤害险 0.5%，工程质量保证保险 1%。同时要求保险公司对共投体的组织风险和工程本体风险进行评价，根据评价结果确定费率，促使建设单位降低保险成本，必须选择好的设计、施工单位，形成优胜劣汰的市场选择机制，从而促使整个建筑市场的诚信建设。在保费支付方面，由建设单位先行投保，设计和施工单位再进行分摊。分摊比例如下：建安一切险——建设单位 80%，设计单位 20%；人身伤害险——建设单位 30%，施工单位 70%；工程质量保证保险——建设单位 20%，施工单位 80%。不再收取质量保修金。

此阶段的风险管理实行全委托模式，改变了建立单位的委托关系，提升中介现场服务能级。将原先建设单位委托监理实施质量安全管理的委托模式转变为由保险公司委托风险管理公司实施质量安全风险管理，使得实施质量安全管理和检测的主体在自身利益和公正性上取得了一致，避免了以往由于关系不顺导致的执行不力和工作变味。

通过引入保险制度，运用经济手段将部分的建设工程安全和质量监督管理责任转移至保险公司和风险管理机构，对建设、设计和施工单位的安全和质量控制行为形成第三方制衡机制，互相制约，共同规范市场。

（3）2011～2015 年试点阶段

上海世界博览会（简称世博会）之后，上海调整了推进的思路，着重推进了住宅工程质量保证保险。通过各方积极努力，在颁布的地方性法规《上海市建设工程质量和安全管理条例》中规定了质量保证保险作为替代物业保修金的一种选择性的保险品种，即"投保保证保险可以免于缴纳相当于建安造价 3%的物业保修金"，为进一步推进保险提供了契机。2012 年，由上海市住房和城乡建设管理委员会（简称上海市建管委）和原上海市住房保障和房屋管理局、上海市金融服务办公室（简称上海市金融办）、上海保监局联合印发了《关于推行上海市住宅工程质量潜在缺陷保险的试行意见》，明确了整个质量保证保险（质量潜在缺陷保险）的运行机制。2014 年完成修订的《上海市建筑市场管理条例》进一步规定："建设工程合同对建设工程质量责任采用工程质量保险方式的，不再设立建设工程质量保证金"，以鼓励投保工程质量保险。

此阶段上海住宅工程质量潜在缺陷保险的做法如下。

1）保险范围和期限。

工程质量潜在缺陷保险的基本承保范围和保险期限如下：基础设施工程、房屋建筑的地基基础工程和主体结构工程为 10 年；围护结构的保温工程以及屋面防水工程和有防水要求的卫生间、房间和外墙面防渗漏处理工程为 5 年；门、窗工程为 2 年；墙面、顶棚抹灰层工程为 2 年；电气管线、给排水管道、设备安装为 2 年；装修工程为 2 年；供热与供冷系统工程为 2 个供冷或供暖期。

保险期限从该工程质量潜在缺陷保险承保的保险建筑对应区域内首套房屋交付之日开始起算。

保险期限届满后交房的，建设单位应提前 15 日通知保险公司、业主共同验收，若存在质量缺陷，由建设单位承担赔偿责任。业主应在交房之日起三个月内，对承保范围内的建筑质量进行自查，若存在质量缺陷，由保险公司承担赔偿责任。

因使用不当或者第三方造成的质量缺陷，或不可抗力造成的质量缺陷，不属于《关于推行上海市住宅工程质量潜在缺陷保险的意见》规定的保险范围。

2）保险费率。

工程质量潜在缺陷保险的保险费计算基数为住宅工程的建筑安装总造价。

工程质量潜在缺陷保险的具体承保费率，应当根据住宅工程风险程度和参建主体诚信情况，结合市场状况，在保险合同中具体约定。试点期间通常费率为 2%左右。

3）承保模式。

鉴于该保险的承保期限为 10 年，为减少风险、维护投保人利益和避免低价竞争，工程质量潜在缺陷保险采取共保模式，能够集合多家保险公司资源，降低保险成本，提高服务水平，适合于保障民生利益的保险项目的推广。同时便于形成统一保险条款、统一基础费率、统一理赔服务、统一信息平台、方便管理和制度推广。

4）风险管理机制。

在施工过程中，由保险公司委托专业工程技术检查机构实施风险管理，风险管理与最终费率浮动挂钩。对于工程存在严重质量缺陷，且保险公司所提出的整改建议未得到实质性整改的，保险公司有权拒绝承保，使得工程现场能够真正形成与建设单位相制衡的一方。专业工程技术检查机构与监理相独立。

5）理赔机制。

保障期限自保险建筑内首套单位交付使用之日起，不设免赔额。

建立类似车险理赔模式的保险理赔机制。为了方便业主，提高索赔和保修的时效，保险公司可以委托物业公司集中受理住户业主的维修索赔；受理后，根据业主选择，由保险公司进行赔偿，或委托第三方机构承担具体维修工作。同时，从实际出发，针对影响业主基本生活的保险责任事故，制定应急赔付机制，及时应急抢修，帮助业主迅速恢复正常生活，有效化解矛盾和隐患。

6）责任竞合和代位追偿机制。

投保住宅工程质量潜在缺陷保险并不免除法律法规规定或合同约定的建设、勘察、设计、施工、设备材料供应商承担的法律责任，只是将经济赔偿转移给了保险公司。

保险公司在承担合同约定的维修保障责任后，就享有向相关责任方追偿的权利，可以对相关责任方采取有效措施积极进行追偿。通过保险公司的追偿，能确保工程质量责任的有效落地。

7）相关制约手段。

申领施工许可证之前，签订意向书，预付30%的保费用于风险管理。在初始产权登记前，签订保险合同。房管部门根据保险合同和保费支付凭证，同意其不缴纳物业保修金。

（4）2016年至今

2015年9月30日，《关于推行上海市住宅工程质量潜在缺陷保险的试行意见》试点到期，上海市建管委、市金融办、市保监局以及相关单位总结过去试点经验，对建设工程质量潜在缺陷保险进行了进一步研究，并于2016年6月22日发布了《关于本市推进商品住宅和保障性住宅工程质量潜在缺陷保险的实施意见》，其主要内容如下。

1）将保险的风险控制机制纳入建设工程质量安全管理体系。

建设单位、勘察设计单位、施工单位和监理单位作为工程建设的责任主体，对建设工程的质量安全负责，但由于在追逐经济利益上的一致性，存在罔顾工程质量安全的道德风险。而保险从减少理赔损失的角度，与建设单位等存在经济利益上的制衡，因此，将保险的风险控制机制纳入建设工程质量安全管理体系，在不替代现有质量安全管控体制的基础上，使其成为真正意义上的独立第三方风险控制机构。

2）政府介入的目标是保障基本。

建设工程潜在质量缺陷的风险很多，全范围保障成本较高，因此，政府介入采取一定力度推进保险，目标是保障基本，主要是结构安全和渗漏水问题（占到质量投诉的

70%），其他全装修设备、管线等，以附加险的方式由建设单位选择。

3）切实保障业主的利益。

保险理赔修复质量缺陷，与业主利益息息相关，理赔是否便利，是关系保险发挥作用的主要环节之一，因此，制度设计中心切实保障小业主的利益，明确该项保险零免赔额、先行赔付、快捷流程、应急理赔等基本制度，使影响业主基本生活的质量缺陷能够及时理赔和修复，帮助业主迅速恢复正常生活，有效化解矛盾和消除质量隐患。

4）适用范围。

为加大建设工程质量潜在缺陷保险的推进力度，借助浦东新区开展的中国（上海）自由贸易试验区（简称上海自贸区）先行先试改革，选择先行先试改革试点的浦东新区，对新区范围内的商品住宅工程，以及全市政府主导的保障性住房工程，强制要求推行工程质量潜在缺陷保险，具体通过在土地出让合同中将投保工程质量潜在缺陷保险列为土地出让条件。其他公共建筑和市政工程等建设工程则逐步推行工程质量潜在缺陷保险，由业主自行选择。

5）承保范围和期限。

住宅工程承保范围分为基本保险和附加险。

基本保险范围如下：结构安全（整体或局部倒塌，地基不均匀沉降，阳台等悬挑构件和外墙面坍塌或出现影响使用安全的裂缝、破损、断裂，主体承重结构部位出现影响结构安全的裂缝、变形、破损、断裂），保险期限为 10 年；渗漏水（围护结构的保温工程以及屋面防水工程，有防水要求的卫生间、房间和门窗、外墙面防渗漏处理工程），保险期限为 5 年。

附加保险范围如下：墙面、顶棚抹灰层工程，电气管线、给排水管道、设备安装，装修工程（包括全装修），供热与供冷系统工程，保修期限为 2 年。如果建设单位发生过产生重大影响质量投诉，或者发生过重大质量事故，在投保基本险时应当同时投保附加险。

其他市政工程承包范围主要是地基基础工程和主体结构工程（保险期限为 10 年）和电气通信管线、给排水管道、设备安装、装修工程（保险期限为 2 年）。

保险期限从该工程质量潜在缺陷保险承保的保险建筑竣工备案 2 年后开始起算，建设工程在竣工备案后 2 年内出现质量缺陷的，由施工承包单位负责维修。此规定主要解决两方面问题：一是保险和施工单位质量保修责任竞合的问题。保险公司理赔维修和施工单位质量保修的标的物是共同的，施工单位 2 年质保期和保险期限是累加的，结构安全成为 12 年，渗漏水成为 7 年，对小业主有利。二是避免施工单位偷工减料的道德风险。防止保险托底后施工单位罔顾住宅质量。

6）保险费率。

工程质量潜在缺陷保险的保险费计算基数为建设工程的建筑安装总造价。同时为体现市场化原则，保险公司对具体项目的承保费率，可以根据建设工程风险程度和参建主体资质、诚信情况、风险管理要求，结合市场状况，在保险合同中具体约定，对资质等级高和诚信记录优良的，保险公司给予费率的优惠调整。

7）投保模式。

建设工程质量潜在缺陷保险由建设单位投保，建设单位投保工程质量潜在缺陷保险后，可以按《上海市建设工程质量和安全管理条例》的规定免予交纳物业保修金。建设单位投保建设工程质量潜在缺陷保险，在施工合同中予以明确。

对施工单位，鼓励其投保施工责任险的两年质保附加险，施工单位投保附加险，并且涵盖施工单位竣工验收备案后两年质保期的保修义务的，建设单位不再设立施工单位的建设工程质量保证金。建筑工程一切险、安装工程一切险在我国已有多年的实施经验，国内大型工程基本都投保了这一险种。

8）共保模式。

由于建设工程质量潜在缺陷保险风险巨大，为增加保险公司抵御风险能力，工程质量潜在缺陷保险的承保采取共保模式，由具备一定实力的保险公司牵头组成共同保险体（简称共保体）。加入共保体的保险公司必须符合下列条件：牵头的保险公司注册资本金达到 50 亿元，并具有建设工程质量保险承保经验，近三年偿付充足率不低于 150%，同时风险管理能力强、机构健全、承保理赔服务优质。共保体其他保险公司应当遵守统一保险条款、统一费率、统一理赔服务、统一信息平台的共保要求。参加共保体的保险公司由市住建委、市金融办通过公开招标方式确定。

9）风险管理。

风险管理是推行工程质量潜在缺陷保险的主要目的之一。工程质量潜在缺陷保险合同签订之后，风险管理介入，但风险管理公司不替代现有建设工程管理体制。

保险公司聘请建设工程质量安全风险管理机构或者符合资格要求的工程技术专业人员对保险责任内容实施风险管理。风险管理机构根据保险责任内容实施检查，每次检查形成检查报告，指出检查发现的质量缺陷问题，提出处理意见和建议，在工程完工后形成最终检查报告，给出保险责任内容的风险评价，检查报告和最终检查报告应当提供给保险公司和建设单位。

建设单位接到检查报告和最终检查报告后，责成施工单位及时整改质量缺陷问题。施工单位和监理单位不得妨碍风险管理工作，并应当配合提供便利条件。

监理单位督促施工单位开展质量缺陷整改，施工单位拒不整改或者整改不力的，监理单位应当报告建设单位。在施工单位完成整改前，监理单位不得同意通过相关验收。

因存在严重质量缺陷，且在竣工时没有得到实质性整改导致保险公司解除保险合同的建设项目，建设单位不得通过竣工验收。

投保工程质量潜在缺陷保险的建设单位，明确在办理施工许可手续时间节点前，与保险公司签订工程质量潜在缺陷保险合同，并一次性支付合同约定的保险费（含不高于30%的风险管理费用，用于风险管理）。

10）理赔流程。

理赔直接面对小业主，必须便捷、高效和快速，保险公司应当制定充分保护被保险人权益的理赔操作规程，并向保险监管部门备案。

一是入户告知。保险公司《住宅工程质量潜在缺陷保险告知书》列明保险责任、范围、期限及理赔申请流程，在业主办理入户手续时，由建设单位将《住宅工程质量潜在缺陷保险告知书》送交业主。

二是保险公司建立便捷的理赔流程。可以委托物业服务企业等专业服务机构统一受理业主的理赔申请，现场勘查和组织维修。在接到索赔申请后，2 日内派员现场勘查，7 日内作出核定，复杂的 30 日，对属于保险责任的，保险公司在与被保险人达成赔偿协议之日起 7 日内履行赔偿义务。对于影响基本生活属于保险责任范围内的索赔申请，保险公司在收到索赔申请后的约定时限内先行组织维修。

三是争议解决。业主对是否属于保险责任存有异议的，可以与保险公司共同委托有资质的第三方鉴定机构进行鉴定。

2.3.3　重庆

重庆市城乡建设委员会为进一步加强工程建设项目质量安全管理，充分发挥好市场主体的作用，积极转变政府职能，正在对现有做法进行研究改革，通过市场运行手段建立工程建设项目质量安全保险制度，用经济手段解决建筑工程质量安全问题，建立起更加有效的工程建设项目管理体制。目前阶段研究的主要内容如下。

（1）保险说明

建设工程质量安全保险由工程建设单位投保，保险公司根据保险条款约定，对工程在施工过程中因意外事故造成的人员伤亡、工地范围内的财产损失、第三者的损失以及工程质量缺陷所导致的物质损坏，履行赔偿义务。并且由保险公司组织审图、监理、检测单位，参与建设过程的质量管控。

建设工程质量安全保险整合原有的施工人员团体意外险、工伤保险、建筑安装工程一切险及工程质量保修体系，承担现场安全和质量保修责任，保障工程建设全过程的质量及安全。从投保开始到竣工验收期间承担施工人员和工程的事故赔偿责任；从竣工验收完成起开始承担工程质量缺陷引起的赔偿责任，最长保险期间为 10 年。

建设工程质量安全保险在《重庆市建设工程质量安全保险总体方案》的指引下，新增保险公司作为质量保障主体，调整现行项目管理模式中各方主体的关系，形成建设实施主体（建设单位牵头会同勘查、设计和施工等单位）、监督保障主体（保险公司牵头会同施工图审查、工程监理、工程质量检测等单位）两大利益关联、监督制约的阵营，构建出市场自身保障工程项目质量安全的新体系，切实保障业主利益。

（2）保险责任

本保险从保险公司接受投保人的投保开始承担保险责任，至约定保险期限到期（最长时间至竣工后 10 年），保险责任终止。保险责任覆盖了施工期间的人员安全、施工区域内的财产安全、事故造成的第三者损失，以及《建设工程质量管理条例》《房屋建筑工程质量保修办法》《城市道路管理条例》《城市桥梁检测和养护维修管理办法》等保修管理办法中关于工程质量保修的所有责任，除了按设计寿命终身保修的一项变为保险期限十年，其余保障时间与法规要求一致。

1）施工期间的保障。

施工期间的保障从保险公司接受投保人的投保之日开始，至竣工验收合格之日止，包括施工人员的保障和财产保障及第三者赔偿责任保障。

2）工程竣工后的保障。

竣工后的保障从工程竣工验收合格之日起，至按下列约定的保险期限到期之日止。

在保险期间内，保险的工程在正常使用条件下，因存在质量缺陷而造成损坏的，保险人负责赔偿修理、加固或重建的费用。保险范围和保险期限如下。

①房屋建筑：地基基础工程和主体结构工程，保险期限为 10 年；围护结构的保温工程、屋面防水工程和有防水要求的卫生间、房间和外墙面防渗漏处理工程，保险期限为 5 年；门、窗工程，保险期限为 2 年；墙面、顶棚抹灰层工程，保险期限为 2 年；电气管线、给排水管道、设备安装，保险期限为 2 年；共用部位的装修工程，保险期限为 2 年；供热与供冷系统工程，保险期限为 2 个采暖和供冷期。

②道路工程，保险期限为 1 年。

③隧道及地下工程，保险期限为 1 年。

④桥梁工程，保险期限为 10 年。

⑤轨道交通工程，保险期限为 2 年。

（3）工程建设过程的质量安全风险管理

1）施工图审查。

保险公司在首批施工图设计完成前确定施工图审查单位。保险公司进行筛选后与审图机构签订审图合同，并通知建设单位。审图过程完成，并确定所有审查意见全部修改后，保险公司支付审图费用。审图单位向保险公司提供审查合格书，保险公司备案后将审查合格书交予建设单位。

2）工程监理。

由保险公司筛选确定监理单位并签订监理合同，监理费用由保险公司支付。施工过程中，由保险公司在建设单位配合下通过现场巡视、资料检查、考核激励等方法对监理单位进行管理。

3）工程检测。

工程施工开始前，保险公司选定项目的质量检测机构，并由保险公司与检测机构签订委托合同，检测费用由保险公司支付。

4）保险公司的过程控制。

保险公司参与施工过程的质量管理工作，可由公司人员或聘请专业的工程技术人员进行施工过程的质量风险管控。

保险公司参与过程管控主要采用现场巡查、材料质量控制、质量检测、过程验收、资料管理等方式，密切关注现场施工质量、完成效果、成品保护措施、监理人员的现场履职情况、监理记录、验收记录、检测结果、重点工艺方案、安全文明措施执行情况等方面。过程中发现的问题向相关方提出并进行记录，对比较重大的质量隐患应书面向投保人及相关方提出整改意见，密切关注其整改情况。

保险公司参加分部工程以上的工程验收，并通过签章进行确认。

5）竣工验收。

保险公司或保险公司聘请的专业机构参加竣工验收，确认工程质量合格、验收流程合法，并对工程竣工验收意见书进行签章确认。

6）综合评价。

保险公司对参与工程建设各方的工作质量和工程项目的实体质量进行综合评价，评价结果作为今后选择合作单位和进行建筑工程质量保险费率选用的重要依据。

7）过程管理规章措施。

保险公司形成如表 2.2 所示的一系列工程管理的规章制度，并按此制度对工程质量进行管控。

表 2.2　重庆工程管理规章制度

	监理单位	审图机构	检测机构
委托管理	招标管理办法	审图机构委托管理办法	检测机构委托管理办法
	监理单位招标示范文件		
	中标单位审批表	委托申请表	
合同管理	工程监理示范合同	施工图审查示范合同	工程检测示范合同
过程管理	监理单位管理办法		
	工程质量过程管理实务		
评估	相关单位后评估管理办法		

（4）费用标准

保险公司收取的费用=工程建筑安装造价×合计费率。

建设工程质量安全保险相关费率区间表（以中等规模工程项目为例）如表 2.3 所示。

表 2.3　重庆工程质量安全保险相关费率区间表

序号	收费类型	费率	
		房建工程	市政工程
1	监理费	0.4%～1%	1%～2%
2	审图费	0.04%～0.2%	
3	检测费	0.2%～0.5%	0.8%～2%
4	建安一切险	0.06%～0.3%	
5	工伤补充保险	0.1%	
6	工程质量保证保险	2%～2.6%	
7	诚信体系得分系数	首次为1	
8	合计	2.8%～4.7%	4.02%～7.2%

本费率区间为中等规模一般工程的基准费率，细化的费率规章考虑工程类型、参建方的质量管理水平、工程规模等情况加入调整系数。对有特殊情况的工程项目，费率还可进行特别约定。

（5）理赔

1）报案索赔。

保险公司或保险公司委托的专业服务机构统一受理被保险人的理赔申请、现场查勘和组织维修。

被保险人或所有权人在出现保险事故或认为工程存在质量缺陷时，向保险公司或保险公司委托的专业机构提出索赔。

2）核定赔偿。

保险公司或保险公司委托的专业机构接到报案后，在两个工作日内派员现场查勘，在十个工作日内作出核定，情形复杂的在三十个工作日内作出核定，并将结果通知被保险人。

对属于保险责任的，在达成赔偿保险金的协议后十个工作日内，履行赔偿保险金义务。

保险人作出核定后，对不属于保险责任的，自作出核定之日起三个工作日内向被保险人发出拒绝赔偿保险金通知书，并说明理由。

保险人自收到赔偿保险金的请求和有关证明、资料之日起六十个工作日内，对其赔偿保险金的数额不能确定的，根据已有证明和资料，对可以确定的数额先予支付。保险人最终确定赔偿的数额后，支付相应的差额。

3）争议鉴定。

被保险人对是否属于保险责任存有异议的，可以与保险公司共同委托第三方鉴定机构进行鉴定。

鉴定结果属于保险责任的，鉴定费用由保险公司承担；鉴定结果不属于保险责任的，鉴定费用由申请方承担。

4）法律责任。

因法律法规或合同约定由勘察、设计、施工、监理、设备材料供应等参建各方承担的法律责任，并不因建设单位投保工程质量保险而免责。

5）应急处理。

对于影响基本生活和生产的且属于保险责任范围内的索赔申请，保险公司或委托的专业机构在收到索赔申请后的约定时限内完成现场查勘的同时组织维修，保障被保险人的基本生产生活。

2.3.4　湖南

湖南省建设厅为认真贯彻落实住房和城乡建设部关于"改革和完善工程质量保证机制，在工程建设领域引入工程质量保险制度"的要求，于2014年2月，开展了工程质量保险课题研究，并提出了试点方案，主要做法如下。

（1）产品定义

建筑（住宅）工程质量保险是指建设单位为投保人和被保险人，以建设单位对住宅质量责任和依法应承担的经济赔偿责任为保险标的的保险。该险种主要保障建筑（住宅）工程在最终竣工验收时尚未出现或未发现的，因勘察、设计、施工或建筑材料等因素造成的潜在质量缺陷而引起的被保险建筑的物质损失。该险种直接保障建设单位，间接保障小业主。对于质量事故和由质量常见问题造成的损失，可在先行赔付后向施工、勘察、设计单位及材料供应商等相关责任方进行追偿，以切实维护各方的合法权益。

（2）投保主体

建设单位为投保人和被保险人。

（3）保险范围和期限

建筑（住宅）工程质量保险范围和期限是根据《房屋建筑工程质量保修办法》（住建部 80 号令）规定，在保险期间内，保险合同明细表中列明的保险建筑在正常使用条件下，因潜在质量缺陷而造成被保险建筑的物质损失，保险人按照保险合同约定负责赔偿修理、加固或重建的费用。

保险责任范围包括以下五个方面。

①地基基础工程和主体结构工程；

②屋面防水工程、有防水要求的卫生间、房间和外墙面防渗漏处理工程；

③电气管线、给排水管道、设备安装工程；

④装修工程；

⑤门窗工程。

建筑（住宅）工程质量保险期限从建筑（住宅）工程竣工验收合格之日起算。

第①项潜在质量缺陷造成的质量事故，具体指以下现象，保险期限为十年；竣工验收 10 年后的质量事故责任可采取投保建筑（住宅）工程延长保修责任保险的方式解决。

建筑物整体垮塌或局部垮塌；地下室上浮。

第①项潜在质量缺陷造成的质量常见问题，具体指以下现象，保险期限为五年。

屋面开裂；室内墙面开裂；地下室开裂；厨房、厕所楼地面及墙面开裂；现浇混凝土楼面板开裂；非现浇楼盖开裂；承重墙体、柱、梁、楼板、屋顶结构开裂；地基基础因承载力不均匀导致的开裂；因地基不均匀沉降引起的倾斜变形。

第②项潜在质量缺陷造成的质量常见问题，具体指以下现象，保险期限为五年。

屋面渗漏；外墙面渗漏；室内墙面、楼面板渗漏；地下室底板、顶板、墙面渗漏；阳台、雨篷、挑檐渗漏；窗周渗漏。

第③项潜在质量缺陷造成的质量常见问题，具体指以下现象，保险期限为两年。

墙体或楼面内部（埋入或浇筑）的管线渗漏。

第④项潜在质量缺陷造成的质量常见问题，具体指以下现象，保险期限为两年。

内墙粉刷层空鼓、脱落、开裂；户外墙面及幕墙空鼓、脱落。

第⑤项潜在质量缺陷造成的质量常见问题，具体指以下现象，保险期限为两年。

外窗脱落。

建筑（住宅）工程质量保险负责由勘察、设计、施工或建筑材料等因素造成的潜在质量缺陷而引起的被保险建筑的物质损失，不包含公共部位和共用设施、设备的维修、养护问题。

（4）保险费用

目前该险种的试点推广在国内尚无成熟经验，没有积累相关承保及理赔数据，因此，基准费率的测算和浮动费率指标的制定是依据国际上承保建筑工程潜在缺陷保险（IDI）的损失数据，考虑保险运营成本和当地市场情况等因素确定的。按照参保项目工程造价为计费基础，建筑（住宅）工程质量保险的基准费率为 0.7% 或 1.4% ，每次事故绝对免赔额为 0 或 500 元人民币。如果修订相关法律法规，将强制实行监理制度的建筑（住宅）工程改为实行强制工程质量保险后，由保险机构委托监理单位，结合目前市场监理实际收费情况测算监理收费区间为 0.62%～1.98%。通过采用浮动保险费率这一经济杠杆手段，将投保费率与投保者及相关参建主体的诚信、安全质量标准化水平、工程质量常见问题专项治理及赔付率等情况挂钩，最终确定实际投保费率为 1.32%～3.38%。

（5）工程质量风险管理

保险公司通过引入风险管控机构或全程深度参与工程建设监理单位的管理，全过程参与工程质量过程防控，并主导竣工验收把关，提高工程质量水平，彻底解决工程实施过程中质量安全责任虚置，主体责任、权力及利益明显不匹配的问题，有利于充分利用经济和行政手段相结合的方式落实工程质量安全过程监控责任。

（6）代位追偿

在保险期间内发生的建筑（住宅）工程质量问题和质量事故，保险公司通过先行赔付机制，确保小业主合法权益，摆脱繁杂的责任认定程序。同时，根据《保险法》的相关规定，获得代位行使被保险人对第三者请求赔偿的权利，也就是通常所说的代位追偿机制，该机制可以使保险机构在赔偿金额范围内获得被保险人对于相关责任方的追偿权利，并依法追究有关责任方的赔偿责任，制约建设参与方因建筑（住宅）工程质量保险的存在而放松对工程质量的管控。

直接经济损失在 100 万元以上质量事故，保险公司在先行赔付后，再依法依规通过启动工程质量事故调查程序，由相关政府主管部门和其委托的机构组成工程质量事故调查小组进行事故责任鉴定，明确划分责任后再由保险公司进行代位追偿。

（7）其他责任险

勘察、设计、监理、检测机构及材料供应商等其他参与建设的各责任主体可以通过投保相关职业责任险转嫁自身的风险。

2.3.5　浙江

（1）杭州

2008 年，杭州市城乡建设委员会、杭州市建设工程质量安全监督总站开始在建筑工程质量保险领域开展可行性研究和探索。2011 年 4 月，参照国内外成熟的经验并结合杭州市特点，拟订了以保障性住房或有意向的商品房为试点范围的方案。

1）投保主体。投保主体为建设单位。

2）保险范围和期限。保险范围包括主体结构和防水，其中，主体结构保险期限为 10 年；防水期限为 5 年。

3）保险费率。保险费率为工程造价的 1.8%。

4）整体流程。

①工程实施前建设单位投保；

②保险人派出质量检查控制机构参与工程管理；

③工程竣工验收后由控制机构提出评估意见；

④保险人确定保险合同生效；

⑤业主发现质量问题后进行缺陷评估；

⑥保险人予以修复或赔偿；

⑦保险人进行追偿。

5）质量管理机构。运用保险机构的派出机构参与质量管理的这种运作方式，需要解决派出机构在现场管理地位问题，或者以保险机构直接聘请监理机构进行现场管理，也就是由保险机构与监理单位签订合同（即监理单位为保险机构服务也就是为住宅用户的质量经济利益服务）。这种转变可能对现场管理架构影响最小。

6）代位追偿。保险机构包括再保机构都是社会企业的一部分，都以利益为驱动，当赔偿款额大于其所承受的能力时，或者赔偿款项超过约定的范围时，势必要进行追偿，这种追偿是企业与企业的关系，大可以运用保险赔率的调整进行约束，以奖优罚劣形式予以贯彻。这种机制必须建立，以达到质量责任追究的目的。

（2）宁波

宁波目前开展的是住房综合保险，主要是对危旧房屋进行投保。

2014 年上半年，宁波全面开展了危旧房屋安全大排查，共排查城镇房屋 55597 幢、建筑面积 4642 万 m²，其中存在较大安全隐患的房屋有 1941 幢、建筑面积 168 万 m²，包括住宅房屋 1723 幢、建筑面积 146 万 m²。

2015 年 6 月，镇海区政府"买单"，为居民住房投保，今后该区 2001 年以前竣工的 3 层以上城镇居民住房，倒塌造成人身伤亡、财产损失及安置费用，或因危房撤离发生临时安置费用，业主可通过该政策性保险获得理赔补偿。据了解，给城镇居民住房上综合保险，这在全国尚属首例。

据了解，镇海区城镇居民住房综合保险保费为 204 万元，全部由当地财政出资承保，保险的责任范围主要由城镇居民住房保险和公众责任保险两部分组成。

其中，城镇居民住房保险总计投保房屋面积 326.77 万 m^2，投保房屋 1834 幢，住房保险保障金额 93.45 亿元。保障范围涵盖保险房屋整体倒塌造成城镇居民的房屋损失、因房屋整体倒塌发生的临时安置费用以及保险房屋整体成为危房，经政府指定的有关部门鉴定为 C、D 级危房，或虽未进行危房鉴定流程，但是政府根据房屋实际危险状况发出强制撤离令而发生的临时安置费用。赔付标准为城镇居民住房保险每平方米最高赔偿限额 2500 元。临时安置费用每次事故最高安置 180 天，每平方米每天的安置费用为 1 元。

公众责任险的保障范围为因保险房屋整体倒塌造成的人员伤亡。赔付标准为每人人身伤亡赔偿限额 50 万元，其中医疗赔偿限额 10 万元；每次事故赔偿限额 2500 万元，其中每次事故医疗费赔偿限额 200 万元，保险期间累计赔偿限额 4000 万元。

2.3.6　我国实行建设工程质量保险制度的必要性

（1）是时代赋予的历史责任

我国是世界上每年新建建筑量最大的国家，相当于消耗了全世界 40%的水泥和钢材，而建筑寿命只能持续 25～30 年。日本早稻田大学的小松幸夫发表过的一篇题为"建筑物之长寿命化"的调查文章中指出，日本的房屋基本分为木结构的和钢筋混凝土两类，前者的平均寿命是 20～30 年，后者的平均寿命长达 60 年！换言之，中国的钢筋混凝土房屋平均寿命仅与日本的木屋相当！

据悉，日本建筑平均寿命 60 年，美国建筑平均寿命 74 年，法国建筑平均寿命 102 年，英国建筑平均寿命 132 年，而这些国家共同的特点，均实施了工程质量保险制度，通过保险这个经济杠杆，来保证和提升工程质量，保障最终用户合法权益。

根据党和国家的发展改革精神，"使市场在资源配置中起决定性作用""更好地发挥社会力量在管理社会事务中的作用"，以及住房和城乡建设部《关于推进建筑业发展和改革的若干意见》，深化建筑业改革的要求，因此，实施工程质量保险，提升工程质量，保障人民权益，是时代赋予的历史责任！

（2）对建设单位质量行为进行有效监督

实施工程质量保险制度以后，最终用户由于工程质量缺陷而产生损失的风险就转移给了保险公司，保险公司成为最终用户利益的代理人和代言人，所以，在保障工程质量方面，保险公司与最终用户的利益相同。从这个方面来说，实施工程质量保险制度，相当于将现行制度下最终用户无法到场，对工程招标、工程验收过程缺乏监督权与话语权的状态进行转变，在工程建设中引入真正代表最终用户权益的主体参与工程质量管控。

保险公司从保障自身利益出发，将聘请专业的工程质量管理机构，代表保险公司（相当于代表最终用户）对工程建设的全过程进行质量监督管理，监督过程从初步设计开始，包括设计方案的审查、施工单位基本资格审查、施工过程管控、质量检测等。此外，工程质量保险制度可以对建设单位干涉质量行为进行有效监督，充分发挥市场对工程质量监督管理的作用。

（3）落实工程参建单位的质量责任

参考国际上实施的工程质量保险制度，保险公司在出险赔付后，享有代替被保险人对建设者的责任进行追究的权利——代位求偿权。在这种模式下，保险公司对被保险人进行理赔支付后，已经代替被保险人成为追究所赔付质量缺陷责任的权利人，有向有关责任人进行追偿的权利和利益动机，使得追究参建单位的工程质量责任更具可执行性。

另外，目前我国法律法规规定的基础设施工程、房屋建筑的地基基础工程和主体结构工程的最低保修年限，为设计文件规定的该工程的合理使用年限，而质量保证金留置的时间为缺陷责任期（一般为 6 个月、12 个月或 24 个月），使得缺陷责任期与主体结构的保修期之间存在巨大空档期，而在现行缺乏有效经济制约手段或赔偿机制的情况下，主体结构设计使用年限的保修责任无法得到落实，这也是目前建设单位拖欠返还、甚至找各种理由不返还质量保证金的重要原因之一。但是，由于主体结构设计使用年限长达 50 年甚至 100 年，若留置质量保证金的时间也延长到 50 年或者 100 年，则该部分的质量保证金返还将失去意义。因此，实施工程质量保险制度后，实现主体结构全寿命周期的质量保障，落实了主体结构质量保修责任。

（4）更加有效地进行工程质量监管

保险公司出售保险产品，聘请专业工程质量管理机构对投保人进行风险管理和控制，此时，各利益相关主体是合同和经济关系。工程质量管理机构出于保障自身合同利益、间接保障保险公司保险利益的动机对参建主体进行质量监督和管理，不会出现政府质量监督机构疲于应付、管理低效等情况。另外，将来一段时间内会有大量项目采用 PPP 模式建设，所以政府和市场的监管就显得尤为重要。实施工程质量保险后，可以充分发挥保险的事前预防、事中控制作用，使工程质量保险成为加强工程质量管理的有效工具，成为保证和提升工程质量的有力支撑。所以，工程质量保险可以比政府质量监督手段更经济、更有效率地发挥工程质量管理作用。

（5）保障人民合法权益，维护社会稳定

现行制度下，缺乏有效的赔偿机制。一种情况是项目公司"工完场清"，找不到责任主体；另一种情况是责任主体依然存在，但由于勘察、设计、监理、施工等单位长期以来实行低价格、低利润的政策，行业积累严重不足，赔偿能力不够，从经济上无法履行其全额赔偿责任，这些情况使得人民群众的切身利益无法得到切实保障。

通过实施工程质量保险制度，完善了工程质量保障体系，充分发挥了利用保险化解矛盾纠纷的功能作用。一旦发生质量问题，业主即可直接向保险公司提出索赔。这种做法快捷、可靠，更重要的是消除了因责任主体消失或难以履职而导致的业主权益得不到保障的情况，同时，也把政府的角色回归到宏观监管的位置，维护了社会的和谐稳定。

2.4　建立我国建设工程质量保险制度要考虑的因素

我国建设工程领域的情况与国外有着诸多显著的不同，因此在我国开展工程质量保险时，不能简单地照搬照抄国外模式，而是需要分析我国的国情和现状，在借鉴国外经验的基础上，进行本土化设计，形成符合我国国情的建设工程质量保险制度。建设工程质量保险制度本土化需要考虑以下主要因素。

2.4.1　我国建设工程质量管理历史沿革

我国建设工程质量管理的发展大致经历 4 个阶段。

（1）第一阶段（1953～1963 年）——单一的施工企业内部检查制度

1953 年《中央人民政府重工业部关于在基本建设中深入贯彻责任制与提高工程质量的指示》（简称《指示》）中提出：基本建设部门应当根据本身建立责任制的情况，进行自我检查，确定负责人；参与的部门如建设单位、施工单位、设计部门都应负技术监督的责任。《指示》的出台标志着我国开始形成工程质量管理制度，表明质量责任制开始逐渐被接受并推广。

1955 年 4 月，国务院将城市建设总局划拨出来成立城市建设总局，由建筑工程管理部门管理建筑企业，针对建筑企业的各类问题进行直接行政干预。此举标志着我国建筑工程管理部门成为重要的代表国家检查质量安全规制的主体。以国务院为统领，其他部门既各司其职又相互配合的建筑业安全规制机构体系初步建立。

在 1956～1957 年，我国通过总结"一五"计划的成果，为"二五"和"三五"期间建筑业走上正规化、工业化发展道路打下基础。

此时政府对各建设工程参与主体只是一种单向的行政命令管理，投资活动由国家行政部门从上而下层层拨付。建设工程质量由建筑施工单位进行内部自检、自评、自控、自管。但是在这种单一的施工企业内部检查制度的实施过程中，一旦工期和产量与质量要求产生矛盾，施工企业往往选择牺牲质量，导致自检工作不能完全有效开展，质量管理的目的无法达到。

（2）第二阶段（1963～1984 年）——第二方建设单位质量验收检查制度

由于单一的施工单位内部质量检查制度无法有效保障工程质量，原建筑工程部在1963 年制定颁布《建筑安装工程技术监督工作条例》，加强对施工单位的管理力度，并开始编制《建筑工程质量检验评定标准》。此举标志着我国工程质量管理从原来单一的施工单位内部质量检查制度逐渐进入第二方建设单位质量检查验收制度。

然而，随后而来的"文化大革命"使得建筑业初步建立起来的制度、办法，统统作为"管、卡、压"进行批判，工程质量管理陷入瘫痪状态。直至 1978 年党的十一届三中全会之后，我国的基本建设工作才得到了迅速的发展，但由于建设规模膨胀过快，质量管理工作出现失控。仅 1980～1982 年，全国就发生房屋倒塌事故 327 起。建设工程质量管理面临的严峻形势，迫切要求改革原有的工程质量管理体制，迅速提升全国工程质量。

1983 年，原城乡建设环境保护部和原国家技术监督局联合颁布《建设工程质量监督条例》，提出在全国推行工程质量管理制度，并明确建设、施工、勘察设计等单位的质量责任义务与相关部门的职责分工。

（3）第三阶段（1984～2000 年）——政府建设工程质量等级核验制度的形成

20 世纪 80 年代伴随着经济体制转轨，原有的工程建设管理体制已无法满足发展的要求，建设工程质量事故频发。为改变这种严峻情况，1984 年国务院颁布《关于改革建筑业和基本建设管理体制若干问题的暂行规定》（简称《暂时规定》）提出："按城市建立有权威的工程质量监督机构……进行监督检查。"《暂时规定》标志着我国建设工程质量政府监督制度的正式建立。继而我国开始在全国县级以上建设行政管理部门成立质量监督机构，接受建设行政主管部门的委托，行使工程质量监管职能。

1986 年 3 月，原国家计委、建设银行下发《关于工程质量监督机构监督范围和取费标准的通知》，要求于 1986 年年底以前完成制定工程质量监督办法和建立监督机构的工作，并要求逐步建立健全工程质量检测机构。经过两年多的时间，我国建立起了覆盖全国的工程质量监督机构体系，形成了相当规模的监督队伍。此举标志着我国在施工单位自检、建设单位抽检的基础上，建立了质量监督机构，形成自检、抽检和第三方监督相结合的质量管理体系，推动了质量管理工作由政府单向行政管理向专业技术质量管理转变，由第二方检查向政府质量监管、施工企业自控、建设单位检查相结合转变。

1998 年 3 月 1 日实施的《中华人民共和国建筑法》，是我国建筑行业的基本法，也是我国政府在建筑行业立法和工程质量制度创建路上的明灯。《建筑法》的颁布实施为各级建设行政主管部门的立法与制度设计、工程质量控制的主要原则指明了方向。

我国 1984～2000 年颁布的部分工程质量管理文件和法律法规如表 2.4 所示。

表 2.4　我国 1984～2000 年颁布的工程质量管理文件和法律法规统计表

时间	颁布部门	文件名称	内容意义
1984.9.18	国务院	《关于改革建筑业和基本建设管理体制若干问题的暂行规定》	全面推行建设项目投资包干责任制，大力推行工程招标承包制，建立工程承包公司等，标志着我国工程质量政府监督制度的建立
1986.3.11	原国家计委	《关于工程质量监督机构监督范围和收费标准的通知》	一些省、自治区、直辖市和国务院有关部门相继制定区域性的质量监督条例，建立质量监督机构，开展质量监督工作
1990.4.9	原建设部	《关于印发<建设工程质量管理规定>的通知》（建字 151 号文）	明确由政府授权的质量监督机构，对各类工程及建筑配件实行监督的权力，标志着建设工程质量政府管理步入规范化轨道

续表

时间	颁布部门	文件名称	内容意义
1993.11.16	原建设部	《建设工程质量管理办法》	规定了各责任主体的质量责任和义务，标志着建设工程质量管理纳入法制化轨道
1998.3.1	原建设部	《中华人民共和国建筑法》	是我国建筑行业基本法，为各级建设行政主管部门立法与制度设计、工程质量控制的主要原则指明方向

（4）第四阶段（2000年至今）——推行竣工验收备案制度

2000年1月30日国务院279号令《建设工程质量管理条例》（简称《条例》）推行竣工验收备案制度。对工程建设各方责任主体的质量行为进行约束，恢复质量监督机构的执法地位，使其能够依法对参建各方建设主体的质量行为实施严格、公正的监督，促使各方建设主体承担法律法规规定的责任和义务。《条例》从根本上改变了工程质量管理工作方式，实现政府由直接验收核定工程质量等级向竣工验收备案转变，由微观监督向宏观监督转变，由阶段监督向全过程监督转变，由直接监督向间接监督转变，并针对政府承担的质量监管责任、质量监督机构承担的监督责任，以及参与各方承担的己方质量责任进行了清晰的界定。《条例》调动了各方责任主体积极性，保证了质量监督机构的独立性、公正性与客观性；使质量监督机构从直接管理转为重点监督，从具体指导转为总体把关；同时强化监督参与主体的质量行为，从行为质量保证工程质量。《条例》的实施体现了工程质量政府监督的事前控制思想和依法监督的思想。由此质量监督机构也从责任主体中解脱出来，转为受政府部门委托执法的机构。

2000年7月18日，原建设部下发《关于建设工程质量监督机构深化改革的指导意见》简称《指导意见》，指出工程质量政府监督的主要目的，提出对监督机构深化改革的指导意见，对各方性质、责任与要求进行具体界定。《指导意见》的发布与实施，标志我国工程质量管理在社会主义市场经济体制下步入宏观调控管理深化改革的新阶段。

2003年8月5日，原建设部印发《工程质量监督工作导则》（简称《导则》），针对《建筑法》颁布实施后，部门管理的模式和机制流于形式、部分行政法规规章起不到管理监督作用等问题，对工程质量监督机构的工作内容、相关制度的制定、工程各方主体的质量行为监督和实体的监督等进行规范。但《导则》作为规范性文件，法律层级依然较低，尤其未明确工程质量监督机构的定位，造成工程质量监督机构在工程实践中指导性和约束力不足，无法适应我国建筑业发展的新环境。

根据2008年12月财政部《关于公布取消和停止征收100项行政事业性收费项目的通知》（简称《通知》）精神，自2009年1月1日起取消质量监督费，使质量监督机构的执法地位相对独立，真正代表政府对工程质量实施监督。《通知》进一步规范质量管理行为，提高监督工作质量。

为了进一步加强监督队伍的建设，2010年9月1日住房和城乡建设部发布实施《房屋建筑和市政基础设施工程质量管理规定》，为我国工程质量管理工作的实际开展提供更充足的法律依据和基本保障。

2013 年 4 月 27 日，为了加强对房屋建筑工程、市政基础设施工程施工图设计文件审查的管理，提高工程勘察设计质量，住建部令第 13 号发布《房屋建筑和市政基础设施工程施工图设计文件审查管理办法》，同年 8 月 1 日正式施行。

2014 年 8 月 25 日，为进一步落实建筑施工项目经理质量安全责任，保证工程质量安全，住房和城乡建设部制定《建筑施工项目经理质量安全责任十项规定（试行）》。

2014 年 9 月 1 日，住房和城乡建设部印发《工程质量治理两年行动方案》（简称《方案》），《方案》准备通过两年治理行动，规范建筑市场秩序，落实工程建设五方主体项目负责人质量终身责任，遏制建筑施工违法发包、转包、违法分包及挂靠等违法行为多发势头，进一步发挥工程监理作用，促进建筑产业现代化快速发展，提高建筑从业人员素质，建立健全建筑市场诚信体系，使全国工程质量总体水平得到明显提升。

我国 2000 年至今颁布的有关工程质量管理的文件和法律法规如表 2.5 所示。

表 2.5　我国 2000 年至今颁布的工程质量管理的文件和法律法规统计表

时间	颁布部门	文件名称	内容意义
2000.1.30	国务院	《建设工程质量管理条例》（279 号令）	质量监督机构的角色发生转变，质量监督机构恢复执法地位
2000.7.18	原建设部	《关于建设工程质量监督机构深化改革的指导意见》（建设部〔2000〕151 号）	标志我国工程质量管理在社会主义市场经济体制下步入宏观调控管理深化改革的新阶段
2001.12.6	原建设部	《建设工程质量监督机构监督工作指南》	供各地工程质量监督机构开展工作参考
2003.8.5	原建设部	《工程质量监督工作导则》	对工程质量监督机构的工作内容、相关制度的制定、工程各方主体的质量行为监督和实体的监督进行规范
2008.12.31	财政部	《关于公布取消和停止征收 100 项行政事业性收费项目的通知》（财综〔2008〕78 号文）	2009 年 1 月 1 日起，国家取消质量监督费，进一步规范质量监督行为，提高监督工作质量
2010.9.1	住建部	《房屋建筑和市政基础设施工程质量管理规定》（住建部令 5 号）	是规范工程质量监督工作的重要部门规章，是推动我国工程质量水平不断提高和促进工程建设又好又快发展的重要保障，为工程质量监督工作的实际开展提供更充足的法律依据和基本保障
2013.4.27	住建部	《房屋建筑和市政基础设施工程施工图设计文件审查管理办法》（住建部令 13 号）	为了加强对房屋建筑工程、市政基础设施工程施工图设计文件审查的管理，提高工程勘察设计质量
2014.8.25	住建部	《建筑施工项目经理质量安全责任十项规定（试行）》（住建部令 123 号）	为进一步落实建筑施工项目经理质量安全责任，保证工程质量安全
2014.9.1	住建部	《工程质量治理两年行动方案》	通过两年治理行动，规范建筑市场秩序，促进建筑产业现代化快速发展，提高建筑从业人员素质，建立健全建筑市场诚信体系，使全国工程质量总体水平得到明显提升

我国工程质量管理制度的历史沿革，如图 2.2 所示。

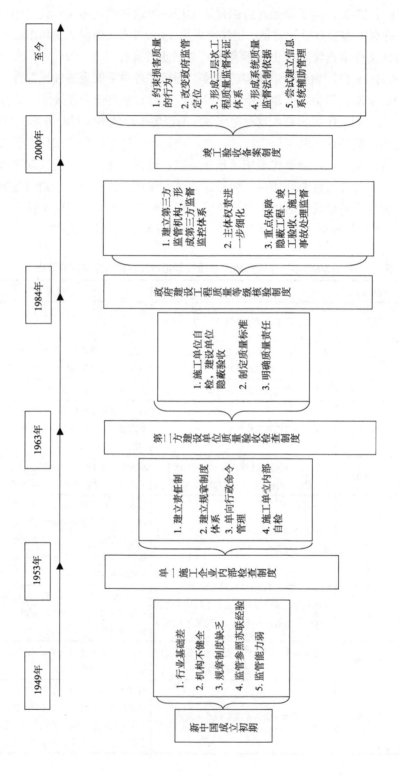

图 2.2　我国工程质量管理制度的历史沿革

在实施建设工程质量保险后，我国的工程质量管理将进入第 5 个阶段。在建设工程质量保险的制度设计时，要充分考虑之前 4 个阶段实施的制度，借鉴其经验，同时又要有连续性，不要出现断档，并且要注意制度接口，逐渐完善管理体系。

2.4.2　我国建筑业发展现状

由《环球建筑观察》和《牛津经济报》发布的《2020 年全球建筑业》预测报告显示，2009 年全球建筑业市场产值约为 7.5 万亿美元。到 2020 年，全球建筑业市场产值预计将达到 12.7 万亿美元。2009～2020 年，亚太地区的新兴建筑市场产值预计会增长 125%。2018 年，中国将超过美国成为全球最大的建筑市场；2020 年，中国建筑市场产值预计为 2.4 万亿美元。预计未来 10 年内，随着金砖五国等新兴市场发展逐步超越发达国家，目前按规模排列的全球十大建筑市场将会有所变化。全球建筑市场预计变化如图 2.3 所示。

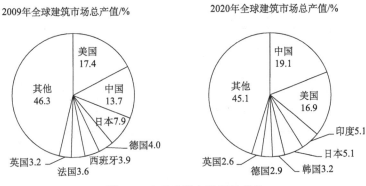

图 2.3　全球建筑市场预计变化

我国的建筑业整体发展从新中国成立后一直处于上升状态，建筑业总产值从 1980 年的 286.93 亿元到 2015 年的 180757.47 亿元，35 年增长了约 630%，平均每年比上一年增长 20.7%。1980～2015 年我国建筑业每年的总产值和增速如图 2.4 和表 2.6 所示。

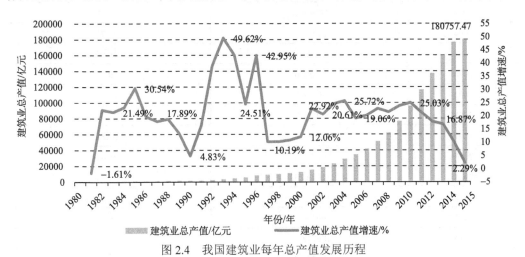

图 2.4　我国建筑业每年总产值发展历程

表 2.6　我国建筑业年总产值统计表

时间/年	建筑业总产值/亿元	建筑业总产值增速/%
1980	286.93	—
1981	282.3	−1.61
1982	345.33	22.33
1983	419.54	21.49
1984	517.15	23.27
1985	675.1	30.54
1986	808.07	19.70
1987	952.65	17.89
1988	1131.65	18.79
1989	1282.98	13.37
1990	1345.01	4.83
1991	1564.33	16.31
1992	2174.44	39.00
1993	3253.5	49.62
1994	4653.32	43.03
1995	5793.75	24.51
1996	8282.2	42.95
1997	9126.5	10.19
1998	10062	10.25
1999	11152.9	10.84
2000	12497.6	12.06
2001	15361.56	22.92
2002	18527.18	20.61
2003	23083.87	24.59
2004	29021.45	25.72
2005	34552.1	19.06
2006	41557.16	20.27
2007	51043.71	22.83
2008	62036.81	21.54
2009	76807.74	23.81
2010	96031.13	25.03
2011	116463.32	21.28
2012	137217.86	17.82
2013	160366.06	16.87
2014	176713.42	10.19
2015	180757.47	2.29

进入 2000 年后，我国建筑业快速发展，2001 年发展增速超过 20%后，多年保持高速增长，但 2012 年起增速开始下降。2015 年第四季度我国建筑业累计总产值 180757.47 亿元，同比增长仅 2.29%。其中，第一季度建筑业同比增长 10.13%，第二季度增长 4.29%，第三季度增长 2.34%。如表 2.7 和图 2.5 所示。

表 2.7　2015 年建筑业总产值累计值　　　　　　　　（单位：亿元）

指标	第一季度	第二季度	第三季度	第四季度
2014 年	26238.12	69399.7	115247.52	176713.4
2015 年	28895.36	72374.43	117947.3	180757.47
同比增幅	10.13%	4.29%	2.34%	2.29%

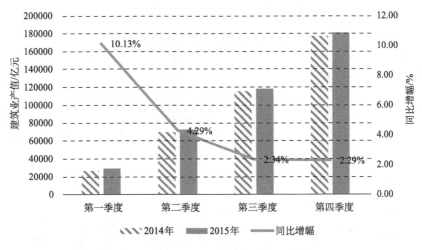

图 2.5　2015 年建筑业总产值累计值

2015 年第四季度末，建筑业新签合同额累计 184401.54 亿元，出现负增长，同比下降 0.15%，新签合同额同比降幅有所收窄，如表 2.8 和图 2.6 所示。

表 2.8　2015 年建筑业企业新签合同额累计值　　　　　　　　（单位：亿元）

指标	第一季度	第二季度	第三季度	第四季度
2014 年	33581.89	82861.69	125700.63	184683.31
2015 年	32256.94	75474.81	117178.74	184401.54
同比增幅	−3.95%	−8.91%	−6.78%	−0.15%

2015 年第四季度末全国建筑业房屋建筑施工面积累计 1242569.91 万 m^2，同比下降 0.61%，增幅较去年同期下滑 11.25 个百分点，如表 2.9 和图 2.7 所示。

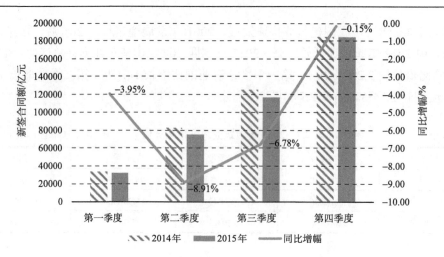

图 2.6　2015 年建筑业企业新签合同额累计值

表 2.9　2015 年房屋建筑施工面积累计值　　　　　　　（单位：万 m²）

指标	第一季度	第二季度	第三季度	第四季度
2014 年	698854.3	891350.92	1046423.78	1250248.54
2015 年	751540.83	919123.89	1060699.57	1242569.91
同比增幅	7.54%	3.12%	1.36%	−0.61%

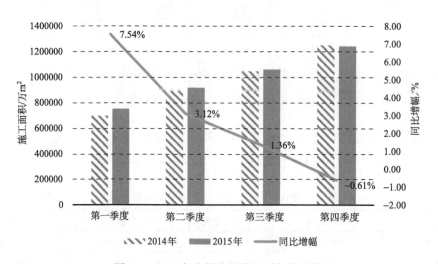

图 2.7　2015 年房屋建筑施工面积累计值

从全国建筑业企业房屋竣工面积构成情况看，住宅房屋竣工面积占绝大比例，为 67.50%；厂房及建筑物竣工面积占 12.49%；商业及服务用房屋竣工面积、办公用房屋竣工面积分别占 6.83% 和 5.52%；其他种类房屋竣工面积占比均在 5% 以下，如图 2.8 所示。

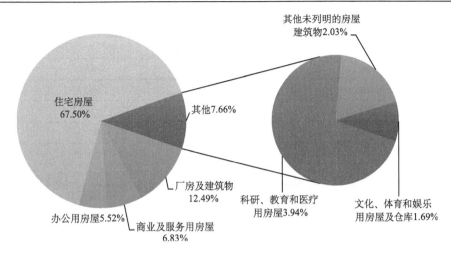

图 2.8　2015 年全国建筑业企业房屋竣工面积构成

在城镇保障性安居工程方面，2015 年全国城镇保障性安居工程计划新开工 740 万套（其中各类棚改 580 万套），基本建成 480 万套。截至 12 月底，已开工 783 万套，基本建成 772 万套，均超额完成年度目标任务，完成投资 1.54 万亿元。其中，棚改开工 601 万套，占年度目标任务的 104%。

可以预见，随着我国城镇化继续推进、中西部交通设施的改进、棚户区改造、节能环保产业的发展等，我国建筑业仍然有一定的发展空间，但将不会频繁再现 20% 以上的增速，而会走向相对平缓甚至局部下降的态势。因此，工程质量保险制度已经错过了我国建筑业发展最快的时期，目前的"十三五"规划是工程质量保险极其重要的发展时期，若再错过，未来再实行此项制度的空间就非常有限。

2.4.3　我国社会对保险的认知

从 1979 年 4 月，国务院做出了逐步恢复国内保险业务的重大决策至今 30 多年里，保险业虽然在保费收入、投资渠道、保险监管等方面取得了很多成就，但因为我国保险业存在着重展业、轻理赔，重保费、轻效益，重规模、轻管理，重形式、轻服务等现象，再加上推销人员素质较低等原因导致公众对保险普遍具有抵触情绪。

近年来，随着交强险的实施以及一些意外事故上保险理赔作用的展现，我国公众对保险的接受程度逐渐升高，保险业的发展也越来越好。2007～2015 年来我国保险行业保费收入情况如图 2.9 和表 2.10 所示，2007～2015 年我国保险行业赔偿支出情况如图 2.10 和表 2.11 所示。

表 2.10　2007～2015 年我国保费收入情况

时间/年	原保险保费收入/亿元	财产险保费收入/亿元	人身险保费收入/亿元	增速/%
2007	7035.76	1997.74	5038.02	—
2008	9784.24	2336.71	7447.53	39.1

续表

时间/年	原保险保费收入/亿元	财产险保费收入/亿元	人身险保费收入/亿元	增速/%
2009	11137.30	2875.83	8261.47	13.8
2010	14527.97	3895.64	10632.33	30.4
2011	14339.25	4617.82	9721.43	−1.3
2012	15487.93	5330.93	10157.00	8.0
2013	17222.24	6212.26	11009.98	11.2
2014	20234.81	7203.38	13031.43	17.5
2015	24282.52	7994.97	16287.55	20.0

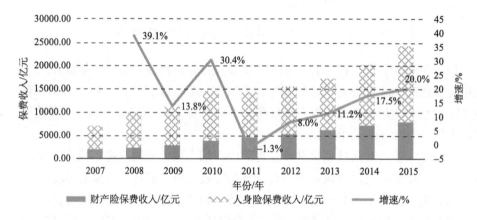

图 2.9　2007～2015 年我国保费收入情况

表 2.11　2007～2015 年我国保费赔偿支出情况

时间/年	原保险赔付支出/亿元	财产险赔偿支出/亿元	人身险赔偿支出/亿元	增速/%
2007	2265.21	1020.47	1244.74	—
2008	2971.17	1418.33	1552.83	31.2
2009	3125.48	1575.78	1549.70	5.2
2010	3200.43	1756.03	1444.40	2.4
2011	3929.37	2186.93	1742.44	22.8
2012	4716.32	2816.33	1899.99	20.0
2013	6212.90	3439.14	2773.77	31.7
2014	7216.21	3788.21	3428.00	16.1
2015	8674.14	4194.17	4479.98	20.2

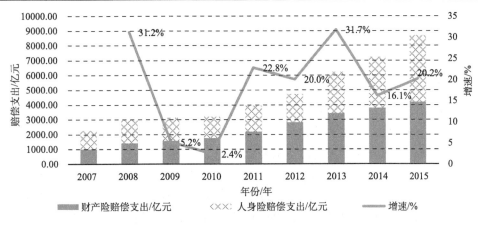

图 2.10　2007～2015 年我国保险赔偿支出情况

2015 年我国原保险保费收入 24282.52 亿元，同比增长 20.00%。其中，产险业务原保险保费收入 7994.97 亿元，同比增长 10.99%；寿险业务原保险保费收入 13241.52 亿元，同比增长 21.46%；健康险业务原保险保费收入 2410.47 亿元，同比增长 51.87%；意外险业务原保险保费收入 635.56 亿元，同比增长 17.14%。

赔款和给付支出 8674.14 亿元，同比增长 20.20%。其中产险业务赔款 4194.17 亿元，同比增长 10.72%；寿险业务给付 3565.17 亿元，同比增长 30.67%；健康险业务赔款和给付 762.97 亿元，同比增长 33.58%；意外险业务赔款 151.84 亿元，同比增长 18.24%。

从数据中可以看出，2011 年起，我国保险行业进入快速发展阶段，人们对保险的认知和接受程度逐渐提高。

然而，由于建设工程领域保险的发展较慢，人们对于建设工程领域的保险还不是特别熟悉，特别是与人民群众切身利益相关的工程质量保险，社会对此还非常陌生。在过去没有工程质量保险的情况下，民众买房后如果发现质量问题，除了小修小补问题物业可能处理，其他质量问题尤其是严重的质量问题，由于建设单位的项目公司已经合法地消失，物业公司无力承担，同时其本身也并非物业公司责任，民众无法维护自身权益，只能靠把事闹大，引起媒体关注，才能倒逼政府解决。

因此，在我国的工程质量保险制度设计时，要把保障民众的利益放在首位，要能够快速、公正地解决民众的问题，才能促进人民安居乐业。

2.4.4　我国的诚信现状

国际上通常的工程质量保险体系采用工程质量潜在缺陷保险加职业责任险的方式，即由建设单位投保工程质量潜在缺陷保险，其他参建单位的个人投保职业责任保险。

职业责任险承保各种专业技术人员因工作疏忽或过失造成的第三者损害的赔偿责任保险。在国际上，建筑师、各种专业工程师、咨询工程师等专业人士均要购买职业责任保险，由于设计错误、工作疏忽、监督失误等因素给业主或承包商造成的损失，保险公司将负责赔偿。职业责任保险只负责承担相应的经济赔偿责任，对于由此产生的其他一切法律责任，责任保险则不予承保。国际上职业责任险的投保人是作为个体的自然人，其保险对象是自己的职业责任风险。在我国，职业责任险基本由具有法人资格的单位组织购买，其保险对象是单位的职业责任风险。由于各种因素，我国建设领域的职业责任保险发展非常缓慢。

我国与国际上职业责任险投保主体不同的原因主要在于，我国的法律体系主要强调的是法人单位的责任，如强调建设、施工、勘察、设计、监理的五方责任主体的责任，而对于工程师的个人责任则没有过多的强调。

直到 2014 年 8 月 25 日发布的《建筑工程五方责任主体项目负责人质量终身责任追究暂行办法》（建质[2014]124 号）和 2014 年 9 月 2 日发布的《工程质量治理两年行动方案》，规定建设单位项目负责人、勘察单位项目负责人、设计单位项目负责人、施工单位项目经理和监理单位总监理工程师在工程设计使用年限内，承担相应的质量终身责任。推行质量终身责任承诺和竣工后永久性标牌制度。要求工程项目开工前，工程建设五方项目负责人必须签署质量终身责任承诺书，工程竣工后设置永久性标牌，载明参建单位和项目负责人姓名，增强相关人员的质量终身责任意识。

以上变化说明我国已经逐渐认识到了个人责任追究的重要性，但客观来说，我国个人的诚信体系还不健全，失信成本较低，与发达国家的社会诚信体系还有巨大的差距。

这就造成了我国建设领域从业人员的种种违规行为。例如，个人在申报执业资格时，提供虚假证明、虚假业绩等不真实材料，以获取相应资质证书；部分从业人员具有"双重身份"，同时受聘于两个单位，资格证书挂靠现象普遍存在；为了个人利益违反职业道德，随意篡改设计标注、施工技术标准，或伪造技术资料、检测报告等，严重扰乱市场正常秩序，不仅为管理工作造成较大困难，而且严重影响工程质量。

2.4.5　我国的法定保修责任期限

国际上通常的工程质量潜在缺陷保险的保险责任期限最长是 10 年，我国商务部在非洲援建项目的保险责任期限最长是 20 年，这与国际上这些国家的法律法规有直接关系。例如，最早开展工程质量潜在缺陷保险的法国规定在 10 年的保证期内，工程的所有建设者应当就危及工程的坚固性，或者危害其某一结构构件或者某一设备部件，影响了工程的使用功能使得工程不再与其用途相适应的损害（包括由于地基缺陷引起的）向业主或购买人负责任。具体部位包括道路、主要管道、基础、承重结构，隐蔽工程、与建筑物不可分的设备和主要功能设施等，成文法律不可能包罗万象，因此在实践中也往往是根据以往的法院判断来确定的。质量保证期的长短各国也不尽相同，如西班牙的基础、主体结构保证期为 10 年，而通风、保暖等功能性的质量保证期为 3 年；日本的基础、主体结构保证期为 10 年，屋面防水为 10 年，外墙防水为 7 年，其他为 2 年；英国和澳大利亚为 6 年或 12 年；荷兰为 20 年、10 年等。在质量保证期后，承包商等责任方一般不再负质量保证责任。例如，法国规定在完工 10 年后，质量缺陷责任方的质量责任解除，工程权利人不能再就质量缺陷本身起诉各责任方。

《中华人民共和国建筑法》第六十二条规定了建筑工程实行质量保修制度，确定了大致的保修的范围和确定保修期限的原则，并授权国务院确定具体的保修范围和最低保修期限。2000 年国务院颁布了就建设工程质量管理规定与《建筑法》相配套的《建设工程质量管理条例》，明确规定了建设工程在正常使用条件下的最低保修期限为：①基础设施工程、工程建筑的地基基础工程和主体结构工程，为设计文件规定的该工程的合理使用年限；②屋面防水工程、有防水要求的卫生间、房间和外墙面的防渗漏，为 5 年；③供热与供冷系统，为 2 个采暖期、供冷期；④电气管线、给排水管道、设备安装和装修工程，为 2 年；⑤其他项目的保修期限由发包方与承包方约定。

可见，我国法律规定的保修责任期限与国际上其他国家法律规定的期限并不一致。因此，我国在工程质量保险的保险责任期限的设置上，应当深入思考，设计符合我国国情的保险产品。

2.4.6　我国的监理制度

1984 年云南鲁布革水电站是中国第一个利用世界银行贷款，实行国际公开招标的水电工程。在世界银行要求下，我国在该项目中首次引入国际通行的菲迪克（FIDIC）管理模式，首次接触到西方的咨询工程师制度。咨询工程师制度是西方国家在市场经济条件下发展出的建筑管理模式，即由建设方请专业人士来做第三方，并通过专家与施工单位进行沟通，专家主导整个建设工程的进行。

在借鉴这一制度的基础上，我国决定建立自己的咨询工程师制度，但名称为监理工程师。从原建设部 1988 年颁布《关于开展建设监理工作的通知》算起，监理制度在我国已有近 30 年历史。但是我国的监理制度自一开始就和国外的咨询工程师制度有相当大的区别。

在国际上，咨询工程师是建设方聘请来管理工程项目的，代表的是业主的利益，对业主勤勉、尽责、忠诚是监理的天职。但在我国的监理体制中，监理被要求站在"公正第三方"的立场上，同时维护建设双方的利益，去制衡双方，在对施工单位进行监督的同时，也对建设单位进行监督，这就颠覆了监理的地位，也不符合监理的本质规律。

这其实混淆了两个概念：社会公正和个人公正。监理设立的初衷是希望监理维护社会公正。但事实上，要维护社会公正有两个条件，一是与当事人无利害关系，二是有一定的公权力。我国的监理机构受雇于建设单位，无法做到同时"维护建设单位和承包单位的合法权益"。

国外也强调咨询工程师应该公正，但这种公正是一种个人公正、职业公正，即在坚决维护业主利益的前提下，不违反法律和道德。从这个意义上说，监理更接近于律师的角色。真正的社会公正应该且只应该由政府部门去维护。

此外，咨询工程师制度是全过程服务。不仅仅是监督施工过程，前期设计、论证以及后期运营都可以由咨询工程师来做。

而我国的监理制度中，监理的作用基本局限在施工过程中的质量管理。国家注册监理工程师考试内容也局限于施工阶段，这就把咨询工程师变成了"旁站监督"或"监工"，无法充分发挥应有的作用。

其实，咨询工程师制度可以全过程服务，也可以阶段性服务，通常国外的可行性研究和工程设计不允许由同一家技术服务单位承担，所以所谓的全过程服务也只是限于工程管理方面。我国的建设工程监理虽然目前主要服务于施工阶段，但是国家一直鼓励向设计阶段延伸，只是由于国家没有相对的可行政策，所以现在基本没有实施。

因此，我国实行工程质量保险制度后，监理如何定位，是否可以作为保险公司委托的专业机构进行风险管理，需要深入思考，而不是简单地换个名称（详见建设工程保险技术机构的选择和培育）。

第3章 建设工程质量保险制度的架构

3.1 建设工程质量保险制度概述

3.1.1 制度的内涵

（1）制度的概念

制度（Institution），泛指以规则或运作模式，规范个体行动的一种社会结构。这些规则蕴含着社会的价值，其运行表彰着一个社会的秩序。通俗地讲，制度是为实现特定目标，管理者要求管理对象遵守的行为规范。

制度可分为三种类型，即正式规则、非正式规则和这些规则的执行机制。正式规则又称正式制度，是指政府、国家或统治者等按照一定的目的和程序有意识创造的一系列的政治、经济规则，以及由这些规则构成的等级结构，包括从宪法到成文法与普通法，再到明细的规则和个别契约等，它们共同构成人们行为的激励和约束；非正式规则是人们在长期实践中无意识形成的，具有持久的生命力，并构成世代相传的文化的一部分，包括价值信念、伦理规范、道德观念、风俗习惯及意识形态等因素；执行机制是为了确保上述规则得以执行的相关制度安排。

（2）制度的本质

首先，制度是以执行力为保障的。制度之所以可以对人的行为起到约束作用，是以有效的执行力为前提的，即有强制力保证其执行和实施，否则制度的约束力将无从实现，对人们的行为也将起不到任何的规范作用。制度并非单纯的规则条文，规则条文是死板的、静态的，而制度是对人们的行为发生作用的、动态的。是执行力将规则条文由静态转变为了动态，赋予了其能动性，只有通过执行的过程，制度才能实现其约束作用，成为现实的制度。

其次，制度是交易协调保障机制。从人类的发展历程来看，制度是一个随着社会发展而产生的概念。随着人类社会的进步，经济的发展，人们之间的交换和合作日益增多，交易日益频繁。然而，由于社会分工的出现及细化，交易的多样化和复杂化，以及信息不对称，于是在交易的过程中隐瞒、欺诈、偷懒等机会主义行为开始出现，利益冲突和摩擦致使交易无法顺利进行，这时就要求有一种协调机制来促进交易的实现，并以一定形式的执行力来约束各交易主体，消除信息不对称，抑制机会主义行为，维护交易各方利益，以保障交易的顺利进行，而这正是制度自然形成的过程，以及制度所起到的作用。因此，制度实质上就是一种交易的协调保障机制。

3.1.2 建设工程质量保险制度的内容

（1）正式规则

建设工程质量保险正式规则的设计主要从法律法规层面进行考虑。从法律法规的层面上看，工程质量保险制度尚未写入法律法规，但过去的文件和会议中已多次提到实行此项制度，因此，对于此项涉及国计民生的重要险种，预计未来将会从法律层面出台相关规定以确保此项制度的顺利实施。

（2）非正式规则

非正式规则未上升到法律法规的层面，是人们约定俗成的一种规则。建设工程质量保险的非正式规则可以从保险险种、操作流程等多个方面进行考虑。

（3）执行机制

建设工程质量保险的执行机制可以分为运行机制和监管机制。其中，运行机制包括市场运行的供求机制、价格机制、竞争机制和风险机制；监管机制包括政府监管机制、行业自律和诚信评价等。

建设工程保险制度的内容如表 3.1 所示。

表 3.1　建设工程保险制度的内容

制度类型	建设工程保险制度内容	具体内容
正式规则	法律保障	法律法规、部门规章等
非正式规则	保险险种	投保人、保险责任、责任免除、保险期间等
	操作流程	投保承保、风险管理、理赔鉴定等
执行机制	运行机制	供求机制、价格机制、竞争机制、风险机制等
	监管机制	政府监管、行业自律、诚信评价等

3.2　建设工程质量保险制度的法律保障

3.2.1 法的内涵

（1）法律的概念

法律，是由国家制定或认可并且由国家强制力保证实施，以规定当事人权利和义务为内容的，对全体社会成员具有普遍约束力的一种特殊行为规范（社会规范）。

（2）我国法的形式

我国法的形式具体可分为以下六类。

1）宪法。

宪法是由全国人民代表大会依照特别程序制定的具有最高效力的根本法。

2）法律。

法律是指由全国人民代表大会和全国人民代表大会常务委员会制定颁布的规范性法律文件，即狭义的法律。

建设工程质量保险相关法律既包括建设领域和保险领域的专门法律，也包括与建设活动相关的其他法律。例如，前者有《中华人民共和国城乡规划法》《中华人民共和国建筑法》《中华人民共和国城市房地产管理法》《中华人民共和国保险法》（分别简称《城乡规划法》《建筑法》《城市房地产管理法》《保险法》）等；后者有《中华人民共和国民法通则》《中华人民共和国合同法》《中华人民共和国行政许可法》（分别简称《民法通则》《合同法》《行政许可法》）等。

3）行政法规。

行政法规是国家最高行政机关国务院根据宪法和法律就有关执行法律和履行行政管理职权的问题，以及依据全国人民代表大会及其常务委员会特别授权所制定的规范性文件的总称。行政法规由总理签署国务院令公布。

现行的建设行政法规主要有《建设工程质量管理条例》《建设工程安全生产管理条例》《建设工程勘察设计管理条例》《城市房地产开发经营管理条例》《招标投标法实施条例》等。

4）部门规章。

国务院各部、委员会、中国人民银行、审计署和具有行政管理职能的直属机构所制定的规范性文件称部门规章。部门规章由部门首长签署命令予以公布。

部门规章规定的事项应当属于执行法律或者国务院的行政法规、决定、命令的事项，其名称可以是"规定""办法""实施细则"等，如住房和城乡建设部发布的《房屋建筑和市政基础设施工程质量监督管理规定》《房屋建筑和市政基础设施工程竣工验收备案管理办法》《市政公用设施抗灾设防管理规定》，国家发展和改革委员会发布的《招标公告发布暂行办法》《工程建设项目招标范围和规模标准规定》等。

5）地方性法规、自治条例和单行条例。

省、自治区、直辖市的人民代表大会及其常务委员会根据本行政区域的具体情况和实际需要，在不同宪法、法律、行政法规相抵触的前提下，可以制定地方性法规、自治条例和单行条例。

6）地方政府规章。

省、自治区、直辖市和设区的市、自治州的人民政府，可以根据法律、行政法规和本省、自治区、直辖市的地方性法规，制定地方性规章。

我国法的形式和法律体系如图3.1所示。

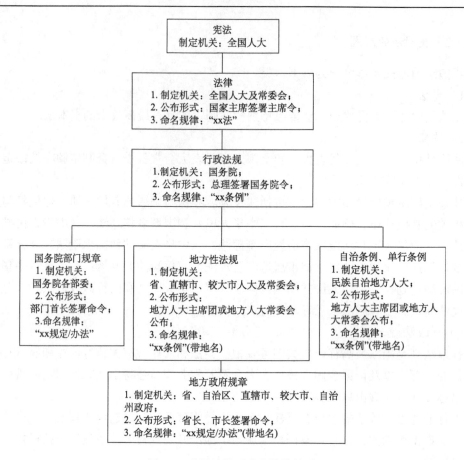

图 3.1　我国法的形式和法律体系

（3）法的效力层级

1）宪法至上。

2）上位法优于下位法，行政法规的法律地位和法律效力仅次于宪法和法律，高于地方性法规和部门规章。

3）特别法优于一般法。

4）新法优于旧法。

我国法的效力层级如图 3.2 所示。

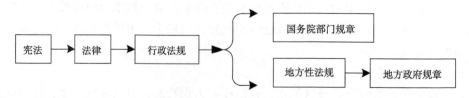

图 3.2　我国法的效力层级

3.2.2　建设工程质量保险相关法律现状

（1）《建筑法》《保险法》《合同法》等法律

《建筑法》未对建设工程质量保险进行规定，仅在第四十八条对人身意外伤害保险进行了规定："建筑施工企业必须为从事危险作业的职工办理意外伤害保险，支付保险费。"

《保险法》也未对建设工程质量保险进行规定。但对于其强制性，第十一条规定："除法律、行政法规规定必须保险的外，保险合同自愿订立。"由此可见，若要强制实行建设工程质量保险，则需要在法律层面上进行明确。在法律层面明确之前，可以通过文件先行试点。

《合同法》对建设工程质量保险同样没有相关规定。虽然第二百七十五条对建设工程合同的内容进行了具体规定，但是仅限于工程范围、建设周期、中间交工工程的开工和竣工时间、工程质量、工程造价、技术资料交付时间、材料和设备供应责任、拨款和结算、竣工验收、质量保修范围和质量保证期、双方相互协作等条款，并未涉及建设工程质量保险及其他险种。

（2）《建设工程质量管理条例》等行政法规

2000年1月10日施行的《建设工程质量管理条例》（简称《条例》）规定建设工程实行质量保修制度，并进一步规定了正常使用条件下建设工程的最低保修期限。该《条例》第四十一条还规定："建设工程在各个范围和保修期限内发生质量问题的，施工单位应当履行保修义务，并对造成的损失承担赔偿责任。"《建设工程质量管理条例》虽然未提及工程质量保险，但其明确了工程质量的保修责任和保修期，为实行工程质量保险打下了基础。

（3）规章以及其他规范性文件

1）《建设工程施工合同（示范文本）》。

我国现有《建设工程施工合同（示范文本）》是原建设部和原国家工商行政管理局在1999年制定的，其中第四十条涉及保险，具体内容如下：①工程开工前，发包人为建设工程和施工场地内的自有人员及第三人人员生命财产办理保险，支付保险费用。②运至施工场地内用于工程的材料和待安装设备，由发包人办理保险，并支付保险费用。③发包人可以将有关事项委托承包人办理，费用由发包人承担。④承包人必须为从事危险作业的职工办理意外伤害保险，并为施工场地内自有人员生命财产和施工机械设备办理保险，支付保险费用。⑤保险事故发生时，发包人、承包人有责任尽力采取必要的措施，防止或者减少损失。⑥具体投保内容和相关责任，发包人、承包人在专用条款中约定。

2）《关于推进建设工程质量保险工作的意见》。

2005年8月5日，原建设部和保险监督管理委员会为进一步完善我国建设工程质量保证机制，发挥市场在建设工程质量保证机制中的基础性作用，有效防范和化解工程风险，根据《建筑法》《保险法》《建设工程质量管理条例》，就推进建设工程质量保险工作发布了《关于推进建设工程质量保险工作的意见》（简称《意见》）。内容主要是关于建立建设工程质量保险制度。该《意见》规定保险期限为"工程建设和使用期间"，保险险种包括建筑工程一切险、安装工程一切险、工程质量保证保险和相关职业责任保险等，提出大型公共建筑和地铁等地下工程应积极投保建设工程质量保险，商品房项目应积极投保建设工程质量保证保险，鼓励建设单位（或开发单位）牵头统一投保，并提出逐步实行费率差异化。

3.2.3　建设工程质量保险法律保障设想

（1）制度变迁

依据制度变迁的理论，根据制度变迁是由一个（群）人的自发引起还是由政府法令强制推行，可以将其分为自下而上的诱致性制度变迁和自上而下的强制性制度变迁；根据制度变迁的速度，可以将其分为渐进式变迁与突进式变迁；而根据制度变迁的范围，可以将其分为局部变迁与整体变迁。

作为横跨建设行业和保险行业的特殊险种——建设工程质量保险制度也不例外。一方面，建设工程质量的优劣直接关系到人民群众的生命财产安全和建筑行业的科学健康发展，关系到投资效益和社会公共利益；另一方面，建设工程质量保险机制发挥着建设行业"稳定器"和经济"助推器"的作用，它对减少工程质量事故所导致的经济损失和恢复生产生活都具有极其重要的意义。因此，在建设工程质量保险制度的大范围推动和实施过程中，对于具有最高效力层级的正式制度的设计就占据着至关重要的地位。由国务院和有关行政管理部门制定颁布的法律法规、规章条例等就是保证建设工程质量保险制度能否顺利有效实施并发挥出预期效力的强有力保障，是其能否对市场行为主体及其行为责任形成普遍约束力和保护力的基础，同时也是该项制度能否生存和可持续发展的决定性因素和原动力。

（2）法律层面保障

由于建设行业的特殊性、投保人对保险的认识不到位、部分险种投保人与被保险人不一致、保费列支等因素，若采用自愿投保形式，恐没有参建单位主动投保，此项制度的实施成为一纸空文。而此项制度关系人民群众的生命财产安全，因此需要强制实行建设工程质量保险，使其成为一项强制险。

根据《保险法》第十一条"除法律、行政法规规定必须保险的外，保险合同自愿订立。"因此，若要强制实施建设工程质量保险，则需要在法律法规层面进行明确。

据悉，新的《建筑法》已经启动修订，并已将建设工程质量保险作为其中的重要一条。

建筑工程开工前，建设单位应当投保建筑工程质量潜在缺陷保险，保险费用计入建设费用。具体的保险范围、保险期间由国务院住房和城乡建设主管部门会同国务院保险监督管理机构规定。

鼓励建筑工程有关单位和从业人员投保职业责任保险。

此外，在《合同法》第十六章建设工程合同的内容中，增加工程质量保险的相关内容，在建设单位（发包人）同勘察、设计、施工、监理等单位的承包合同中明确，建设单位投保工程质量潜在缺陷保险后，保险公司委托的保险技术机构有权进入工程现场并对工程实体质量、各参建单位的质量行为活动和资料文件进行检查；各工程参建单位应当配合并提供便利条件，不得妨碍保险技术机构的检查工作。

（3）法规层面保障

鉴于某些有强制性但未出台条例规范的险种，在实际操作中出现的不明确、不统一、变花样、走形式等混乱现象，表明仅仅在法律层面进行原则性规定远远不够。参考机动车交强险的成功实施，《机动车交通事故责任强制保险条例》起的关键性作用，工程质量保险也可以根据《建筑法》和《保险法》制定《建设工程质量强制保险条例》，或者修订《建设工程质量管理条例》，增加工程质量保险一个章节，来确保此项制度的有效实施。

《建设工程质量强制保险条例》或者修订的《建设工程质量管理条例》中需要进一步明确建设工程质量保险的实施原则、险种、投保人、被保险人、保险责任范围、保险期间、保费、保险条款、保险合同、权利义务、赔偿、投保和承保方式、监督管理等内容。

其中，监督管理对于如何确保工程质量保险的有效实施是关键，建设主管部门应在土地招拍挂、施工许可、竣工验收备案、商品房预售许可等关键环节加强对工程参建主体投保义务的监督审查，确保工程质量保险工作有效落实。

保险监管机构应健全完善对保险机构工程质量保险产品的监管方式，加强销售、承保、理赔和服务等环节的监管，严肃查处销售误导、非理性竞争等行为，规范保险市场秩序。

此外，住房和城乡建设主管部门应当会同保险监督管理机构加强以信用为核心的工程质量保险监管机制，强化信息披露、随机抽查、信用评价和不良记录"黑名单"管理等监管方式。

（4）规章以及其他规范性文件层面保障

由于《建筑法》的修订和《建设工程质量强制保险条例》的出台需要大量时间，所以，在《建筑法》未修订和《建设工程质量强制保险条例》未出台之前，可以由相关部委出台规章或相关文件开展试点。

因此，住房和城乡建设部可以同保险监督管理委员会联合发文《关于推进工程质量保险制度建设的指导意见》和《工程质量保险实施办法（试行）》。文件可以联合财政部、发展和改革委员会共同颁布，以将财政投资类项目纳入实施范围，同时最好可以报国务院或国务院办公厅颁发，以增强其效力。

试点地区应当选择市场经济较为发达、建筑业发展较好、积极性高的地区；可在房屋建筑工程上先行先试；试点期可暂定为 5 年。

此外，为了试点的积极有效推进，可以在试点工程中采取鼓励措施，例如，工程参建单位投保的工程质量保险保费在税前列支；免征保险公司此险种保费收入的税费；对投保工程质量保险的单位在贷款时给予额度和利率优惠；在鲁班奖等工程类奖项评比中，对办理工程质量保险的项目予以加分等。

试点期间，住房和城乡建设部要会同有关部门赴试点地区指导调研，帮助解决试点过程中遇到的问题。对工作突出、成效显著的地区和个人要进行表扬，并总结推广成功经验。

在试点成功经验的基础上逐步完善相关配套文件，在《建设工程施工合同（示范文本）》《施工许可证管理办法》《房屋建筑工程和市政基础设施工程竣工验收备案管理暂行办法》《商品房销售管理办法》等文件中增加工程质量保险的相关内容。

建设工程质量保险法律保障如表 3.2 所示。

表 3.2　建设工程质量保险法律保障

保障层面	名称	内容
法律层面	《建筑法》	明确工程质量保险法律地位，进行原则性规定
	《合同法》	建设工程合同的内容中增加工程质量保险的相关内容
法规层面	制定《建设工程质量强制保险条例》	明确建设工程质量保险的实施原则、险种、投保人、被保险人、保险责任范围、保险期间、保费、保险条款、保险合同、权利义务、赔偿、投保和承保方式、监督管理等内容
	修订《建设工程质量管理条例》	
规章以及其他规范性文件层面	《关于推进工程质量保险制度建设的指导意见》	明确试点开展，及试点的原则性规定
	《工程质量保险实施办法（试行）》	在法律法规出台之前，明确具体实施办法
	《建设工程施工合同（示范文本）》	增加工程质量保险对应的相关内容，与现有规定进行有效衔接，确保顺利实施
	《施工许可证管理办法》	
	《房屋建筑工程和市政基础设施工程竣工验收备案管理暂行办法》	
	《商品房销售管理办法》	

3.3　建设工程质量保险险种内容

3.3.1　整体思路

（1）相关方关系

市场经济条件下，利益主体多元化，需要正确处理各种利益诉求，平衡各种经济行为，协调各种经济关系。目前在建筑市场上主要存在建设单位、承包商及政府三元利益主体结构。在房地产市场上主要存在购房者、房地产开发商及政府三元利益主体结构。

各主体间利益关系的失衡会导致各种问题的产生，必须重新审视它们之间的关系。

1）建筑市场三元利益主体结构关系。

①建设单位与承包单位。

建设单位和承包单位之间是互相合作及监督的合同法律关系。在合同中，建设单位是工程和服务的买方，承包单位是卖方和服务者。建设单位的义务是提供施工的外部条件及支付工程款，承包单位的义务是按合同规定的工期及质量要求对工程项目进行施工、竣工及修复其缺陷。

②政府与建设单位。

政府是社会的主管部门，应对建设单位的质量行为进行检查，同时，对于财政类投资项目，政府自身又是建设单位，从全社会来看，政府是最大的建设单位。所以政府对于建设单位的监督管理及政策制定往往比较模糊。

③政府与承包单位。

在建设过程中，政府对承包单位所建的工程质量及承包单位的质量行为进行检查，运用政府职能，通过采取各种方法措施，实现对承包单位的监管，保证工程质量。

2）房地产市场三元利益主体结构关系。

①开发商与购房者。

开发商与购房者两者间利益不一致性且力量悬殊。尽管购房者有相应法律保护，但工程质量的技术复杂性和缺陷隐蔽性等特征使其通过法律诉讼途径解决问题的成本很高。另外，开发商也利用其优势地位，利用法律、制度的漏洞躲避保修责任。

②政府与购房者。

政府与购房者两者之间尽管存在很多利益相同之处，但由于以下因素存在矛盾。第一，房屋商品化后，房屋成为消费者价值最大的耐用消费品，但由于缺乏科学的纠纷处理机制，使得购房者在无法解决纠纷时只能求助于政府，导致政府花费过多的精力干涉微观事务，不利于转变职能。第二，由于政府解决质量纠纷缺乏直接利益制约，其办事效率和公正性难以保证，甚至会出现部门间互相推诿现象，令消费者感到费时费力。

③政府与开发商。

政府希望通过营造完善的法律法规和制度环境，使房产开发企业能够保证高工程质量并依法提供保修。但由于法律法规和制度的不完善以及执法不力，开发商的违约违法成本不高，开发商不重视工程质量、躲避保修责任的现象不断出现。一些明显存在的问题如下：第一，对于房地产项目公司的注销管理明显存在漏洞，开发项目完成，项目公司即注销，无法追究保修责任；第二，现行质量监管体系的割裂性和监理独立性缺失也都成为质量问题的重要隐患；第三，整个社会还远未建立起完善的诚信机制等，这些都使得开发商的行为难以得到有效约束。

（2）设计思路

鉴于市场各方不均衡的利益诉求，我国在目前单独依靠法律和行政手段已不能满足解决问题的情况下，应该借鉴国外的经验，结合我国实际情况，设计出更符合市场经济运行要求的工程质量保险制度来同时解决上述问题。

我国工程质量保险制度的主要思路是通过法律、经济和技术三个手段共同作用，来减少质量缺陷并及时向质量缺陷受害者提供保护。保险公司为了减少理赔，引入独立的工程保险技术机构对工程质量进行检查，运用其技术和经验优势来控制质量缺陷风险并增加质量信息的供给。质量法律责任、工程质量保险和质量风险管理分别代表了提高工程质量和保护建筑产权人利益的法律手段、经济手段和技术手段。

3.3.2　险种体系

（1）险种法律责任

1）民事责任。

根据《建筑法》《建设工程质量管理条例》等相关法律法规，工程质量问题面临的法律责任包括行政责任、民事责任和刑事责任。通常行政责任和刑事责任通过国家机关来实现。

民事责任是指公民、法人因违反合同或者不履行其他民事义务所应承担的民事法律后果。《中华人民共和国民法通则》第一百零六条规定："公民、法人违反合同或者不履行其他义务的，应该承担民事责任。""公民、法人由于过错侵害国家、集体的财产，侵害他人财产、人身的，应该承担民事责任。""没有过错，但法律规定应当承担民事责任的，应当承担民事责任。"这条规定是我国民事责任的总体规定。

2）违约责任与侵权责任。

民事法律责任可以分为违约责任和侵权责任。

违约责任即违反合同的民事责任，是指合同当事人不履行或者不适当履行合同义务所应承担的继续履行、赔偿损失、支付违约金等民事法律责任。

侵权责任即侵权的民事责任，是指违法行为人对侵害他人的财产权、人身权等所造成的法律后果应承担的赔偿损失等民事法律责任。

违约责任与侵权责任的主要区别如下。

一是责任发生的前提或依据不同。违约责任是因为违反合同约定义务而发生的责任，约定义务是特定当事人因其意思表示一致而承担的义务，违反合同约定是违约责任发生的前提。侵权责任是因为违反法定义务而发生的责任，法定义务是直接依据法律、法规所规定的义务，该义务的发生与行为人的意识表示无关，违反法定义务是侵权责任发生的依据。

二是责任承担的归责原因不同。违约责任承担的归责原因是严格责任，即违约责任的承担不以当事人的过错为要件。《中华人民共和国合同法》第一百零七条规定："当事人一方不履行合同义务或者履行合同义务不符合规定的，应当承担继续履行、采取补救措施或者赔偿损失等违约责任。"侵权责任承担的归责原则主要是过错责任、过错推定责任、公平责任等，即侵害人违反法定义务而承担侵权责任主要以其有过错（或推定有过错）为要件。

三是责任承担的内容和方式不同。承担民事责任的方式主要有：停止侵害；排除妨碍；消除危险；返还财产；恢复原状；修理、重作、更换；赔偿损失；支付违约金；消除影响、恢复名誉；赔礼道歉。违约责任承担的内容和方式当事人可以事先约定，如赔偿损失、支付违约金等。侵权责任承担的方式不由当事人事先约定，而是法律直接规定，如赔偿损失、消除影响、恢复名誉等，侵权责任不得使用违约金。

四是责任承担的条件不同。违约责任不以是否给对方造成损失为承担的前提条件，也就是说，在没有给对方造成损失的情况下，仍可追究违约责任。侵权责任是以损害事实的存在为前提条件，即行为人如果仅有侵害行为而没有造成损害结果的，不需要承担侵权责任。

（2）险种责任性质分析

通常根据其承保的内容来定性地确定险种。一般来说，承保违约责任的险种是保证保险，承保侵权责任的是责任险。工程质量保险险种保的内容，险种如何定性，需要从法律责任的角度进行分析。

从责任发生的前提和依据来看，违约责任是违反合同约定，侵权责任是违反法定义务；从质量缺陷的定义来看，质量缺陷包括三层含义，即工程质量不符合国家有关技术标准或行业标准，不符合设计文件对质量的要求，不符合合同约定的质量要求。因此，当工程质量不符合国家有关技术标准或行业标准时，既是违约责任又是侵权责任；而当工程质量不符合设计文件对质量的要求或者不符合合同约定的质量要求时，其只能界定为违约责任，而非侵权责任。

从责任承担的归责原因来看，区分违约责任和侵权责任的关键在于当事人是否存在过错。在工程质量问题上，鉴定当时人是否有过错需要收集资料、检测试验、鉴定的过程，过程较为复杂，这也直接反映了理赔环节。如果为了第一时间赔付最终用户，则发现质量缺陷即可界定为违约责任，可直接报保险公司理赔；如果界定为侵权责任，则需经过鉴定明确当事人存在过错后，再由保险公司对最终用户进行赔偿。

从责任承担的内容和方式来看，工程质量违约责任承担的主要方式是修理、更换、重建、赔偿（修理、更换、重建所花费的金额）等，使得工程本身的质量符合双方的约定，因此，如果保险承保的是工程本身的损失赔偿责任，则属于违约责任；如果保险还保障由于工程质量造成的除工程本身损失之外的其他损失，即产权人、使用人或其他第三方的人身、财产等损失，则属于侵权责任。

从责任承担的条件来看，只要发现工程质量缺陷，不论其是否已经造成了损害，都可以进行赔偿的，属于违约责任；而如果以损害为前提，只有发生损害的情况下，才可以进行理赔，则属于侵权责任。

（3）险种体系架构

目前社会上工程质量保险的定义有广义和狭义之分。凡是与工程质量有关的保险均属于广义工程质量保险的范畴。

狭义的工程质量保险，则专指工程质量潜在缺陷保险。

一般地，一个建设工程就是一个系统项目，具有建设周期过长、占用资金的体量很大、参建方众多、涉及的利益关系错综复杂、各参与方的信息不对称不透明、包含众多的专业特性而且专业性很强、企业的质量主体责任缺失、建设过程管控能力薄弱、从业人员行为不规范等一系列的问题和特点，所以影响工程质量的因素是多种多样的，会产生多种多样的工程风险。

因此，本书在综合考虑上述影响工程质量各种因素的基础上，构建了以"建设工程质量潜在缺陷保险"为核心，以保修保证保险、参与各方的职业责任保险为辅助的工程质量保险产品体系。各险种之间相互补充和协调，共同形成一个有机的工程质量整体保障机制。

其中，建设单位投保的工程质量潜在缺陷保险是建设工程质量保险中的核心险种，此险种针对的是建设单位与最终用户之间的关系，其被保险人是最终用户，即产权人。

对于工程质量潜在缺陷保险，由于承保的是建筑物本身的质量缺陷（工程质量不符合国家有关技术标准或行业标准，不符合设计文件对质量的要求，不符合合同约定的质量要求），再加上为了更好地保障最终用户，通常只要发现工程存在的质量缺陷，不需要等到质量问题或事故发生，在责任鉴定之前即由保险公司先行赔付，因此，工程质量潜在缺陷保险承保的是违约责任，故工程质量潜在缺陷保险实际属于保证保险类，这与我国原建设部和中国保险监督管理委员会于 2005 年共同发布的《关于推进建设工程质量保险工作的意见》（建质〔2005〕133 号）中表述："商品房的开发单位以及施工单位应积极投保建设工程质量保证保险等关系到工程使用人利益的相关保险"说法一致。但只是当时的说法过于模糊，没有明确究竟是建设单位投保还是施工单位投保，被保险人是谁。通过分析，工程质量潜在缺陷保险属于保证保险类，投保人是建设单位，被保险人是产权人。此险种按照保证保险的操作办法，建设单位投保且将房屋出售后，发给每户保险告知书，当发现工程质量缺陷时，产权人可以直接找保险公司理赔，此险种不设免赔额（率）。

对于工程质量潜在缺陷保险，保险公司拥有代位追偿权，即保险公司可按保险合同的约定或法律的规定，先行赔付被保险人。然后，被保险人应当将追偿权转让给保险人，并协助保险人向第三者责任方追偿。此时，保险公司受到的损害已经发生（已先行赔付），并且通过鉴定可以明确责任主体的侵权责任。当责任主体没有投保时，其有义务对保险公司进行赔偿，而若责任主体也进行了投保，则责任主体的赔偿义务可以由其投保的保险公司承担，因此，责任主体投保的险种属于责任险性质，如勘察责任险、设计责任险、监理责任险等，被保险人是投保人自身。由此可见，法国实行的建设单位投保工程质量潜在缺陷保险，其他参建方投保责任险从法律层面上说是合乎逻辑的。

此外，目前我国实行的质量保证金制度，主要用于保证施工单位在缺陷责任期内的质量保修义务，也可以用保险替代，以减轻施工单位负担。根据原建设部和财政部于2005年发布的《建设工程质量保证金管理暂行办法》（建质〔2005〕7 号）（简称《暂行办法》）中表述："采用工程质量保证担保、工程质量保险等其他保证方式的，发包人不得再预留保证金。"但该《暂行办法》并没有明确投保工程质量保险中的哪一个险种可以替换质量保证金。从工程质量潜在缺陷保险的角度，其投保人是建设单位，被保险人是产权人，与施工单位并无直接关系。从参建各方投保的责任险的角度来看，勘察、设计、监理等单位的责任险与质量保证金也无直接关系。只有施工责任险，由于其投保人是施工单位，可以说与质量保证金有直接关系。但从被保险人的角度分析，由于质量保证金是施工单位押在建设单位手里的资金，其作用是保障当施工单位在缺陷责任期内不履行保修义务时，建设单位可以用此项资金自己进行维修；而施工责任险的被保险人是施工单位自身，并且其在投保施工责任险时可以和保险公司自行约定免赔额（率），使得施工责任险对于建设单位保障不足，无法真正实现替换质量保证金的作用。因此，若要真正保障建设单位的利益，同时又用保险替换质量保证金以减轻施工单位经济压力，则施工单位投保的险种应当定义为保证保险，被保险人是建设单位，不设免赔额（率）。施工单位投保后，将保单交给建设单位，当出险时，建设单位可以直接找保险公司进行索赔，而非责任险的操作模式（建设单位找施工单位索赔，施工单位再找保险公司索赔）。关于此险种的名称，有的地区和学者称之为工程质量保证保险，也有学者称之为保修保证保险，两种叫法都有道理，目前没有统一定论。但过去有若干家保险公司在保险条款中将工程质量保证保险定义为建设单位投保，被保险人为产权人，使得工程质量保证保险成为工程质量潜在缺陷保险的另一种叫法。故本书为了进行区分，统一称为保修保证保险。

工程质量保险的险种体系架构如图 3.3 所示。

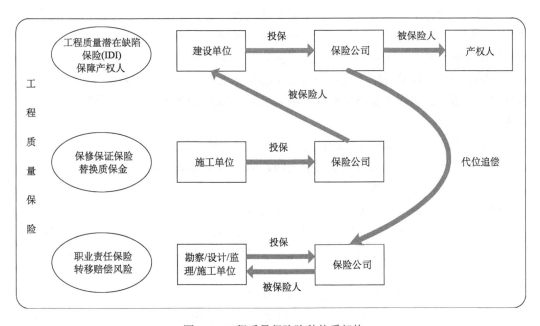

图 3.3　工程质量保险险种体系架构

在实施过程中，对建设工程质量保险体系中不同的保险险种可以分强制险和自愿险进行区分对待。对于关系人民群众生命财产安全的险种，如工程质量潜在缺陷保险，建议出台文件强制实施；对于仅涉及企业经济赔偿责任的险种，如职业责任险，可以暂时采取自愿投保的方式，由市场进行选择，如表 3.3 所示。

表 3.3 工程质量保险险种列表

险种	投保人	被保险人	是否强制
工程质量潜在缺陷保险	建设单位	产权所有人	强制
保修保证保险	施工单位	建设单位	非强制
勘察责任险、设计责任险、施工责任险、监理责任险	勘察、设计、施工、监理	投保人	非强制

3.3.3 保险责任

（1）工程质量潜在缺陷保险

工程质量潜在缺陷保险是一种转移在工程正常使用期间由可能的质量缺陷引起的经济赔偿的方式，其保险标的为建设工程本身的潜在质量缺陷造成保险工程本身损坏。

因使用不当、责任主体以外的第三方因素、不可抗力导致的质量缺陷，不属于工程质量潜在缺陷保险的保险范围。

1）方案一。

根据我国《建筑法》《建设工程质量管理条例》相关规定，以及保险本身的理念，该产品在保险范围上，应该包括法律法规对质量保修责任的相关规定，以实现质量保修制度与保险制度的无缝衔接和平稳过渡。主要保险责任范围包括以下内容。

在保险期内，保险合同中载明的建设工程在正常使用条件下，因下列部位、设施设备存在工程质量缺陷造成保险工程损坏的，保险人按照保险合同约定负责赔偿修理、加固或重置的费用。

①基础设施工程、建设工程的地基基础工程和主体结构工程；
②屋面防水工程、有防水要求的卫生间、房间和外墙面的防渗漏；
③供热与供冷管道系统；
④电气管线、给排水管道、设备安装和装修工程。

因上述质量事故导致需要拆除该保险工程（或其相关部分）或从该保险工程中清理残骸所需支出的合理必要的费用由保险人负责赔偿，并以保险单载明的限额为限。

2）方案二。

工程质量潜在缺陷的风险很多，全范围保障成本较高。因此，政府介入采取一定力度推进保险，目标是保障基本，主要是结构安全和渗漏水问题（占到质量投诉的 70%），其他装修、设备、管线等，可以以附加险的方式由建设单位选择。必要的保险责任范围包括以下内容。

①整体或局部倒塌；

②地基产生超出设计规范允许的不均匀沉降；

③阳台、雨篷、挑檐等悬挑构件和外墙坍塌或出现影响使用安全的裂缝、破损、断裂；

④主体和承重结构部位出现影响结构安全的裂缝、变形、破损、断裂；

⑤围护结构的保温工程以及屋面防水工程，有防水要求的卫生间、房间和门窗、外墙面防渗漏处理工程。

（2）保修保证保险

保修保证保险的核心是通过保险替换 5%的质量保证金以减轻施工企业负担，因此其保险范围必须同质量保证金的保障范围一致，以保障建设单位的权益。

《建设工程质量保证金管理暂行办法》（建质[2005]7 号）中表述："缺陷责任期内，由承包人原因造成的缺陷，承包人应负责维修，并承担鉴定及维修费用。如承包人不维修也不承担费用，发包人可按合同约定扣除保证金，并由承包人承担违约责任。承包人维修并承担相应费用后，不免除对工程的一般损失赔偿责任。由他人原因造成的缺陷，发包人负责组织维修，承包人不承担费用，且发包人不得从保证金中扣除费用。"

（3）职业责任险

勘察责任险、设计责任险、施工责任险、监理责任险是分别承保勘察、设计、施工、监理单位或专业技术人员因工作疏忽或过失，引发工程在施工阶段或使用阶段发生质量安全事故或问题，造成损失或费用应承担的经济赔偿责任为保险标的的职业责任保险，包括：建设工程本身的物质损失和第三者人身伤亡或财产损失；保险事故发生后，被保险人因保险事故而被提起仲裁或者诉讼的，对应由被保险人支付的仲裁或诉讼费用以及事先经保险人书面同意支付的其他必要的、合理的费用；保险事故发生后，被保险人为缩小或减少对委托人的经济赔偿责任所支付的必要的、合理的费用。

3.3.4　责任免除

（1）免责事由和抗辩事由

免责事由也称免责事件，是指当事人即使违约或侵权也不承担责任的事由。《合同法》上的免责事由可分为两大类，即法定免责事由和约定免责事由。法定免责事由是指由法律直接规定，不需要当事人约定即可直接援用的免责事由，主要指不可抗力。约定免责事由是指当事人约定的免责条款。但是，免责条款不能排除当事人的基本义务，也不能排除故意和重大过失的责任。

侵权责任的抗辩事由，是指加害人针对受害人提出的民事赔偿请求，提出合理原因，要求免除或减轻其赔偿责任的事实。或者说抗辩事由是指被告针对原告的诉讼请求而提出的证明原告的诉讼请求不成立或不完全成立的事实。在《中华人民共和国侵权责任法》中，抗辩事由是针对承担民事责任的请求而提出来的，所以又称免责或减轻责任的事由。抗辩事由主要有不可抗力、意外事件和第三人过错等。

（2）工程质量保险的责任免除

1）不可抗力。

依据《民法通则》和《合同法》规定，不可抗力是指不能预见、不能避免且不能克服的情况。不可抗力既包括自然现象，如地震、洪水、台风、火山喷发等，也包括社会现象，如战争、暴乱、恐怖活动等。不可抗力对行为人来说，已经超过了他能够预见、防范的限度，行为人主观上并无过错。让行为人承担与其行为无关而又无法控制的事故的后果，不仅对责任的承担者是不公平的，也不能起到教育和约束人行为的积极作用。

然而，只有在损害结果完全是由不可抗力引起的情况下，才表明被告的行为与损害后果之间无因果关系，可以免除责任。换言之，不可抗力导致免责，必须是不可抗力成为损害发生的唯一原因，当事人对损害的发生和扩大不起任何作用。如果当事人对损害的发生也有一定过错，或者在不可抗力造成损害后，因当事人的过错致使损害扩大，则当事人应当承担一定责任。例如，原建设部《建设工程抗御地震灾害管理规定》的划分，某市的抗震设防等级为7级，必须对多层住宅建筑采取相应的构造措施，如每层设贯通的圈梁，构造柱的间距不大于4.5m等。如果设计、施工人员严格按照相关规定进行设计、施工，在遭遇7级以下地震灾害时一般不会损坏，因为这些规范和要求是建立在科学实验和抗震实践检验的基础上的，并且考虑了安全系数。相反，如果设计、施工人员没有按照规定要求进行设计、施工，在遭遇7级及以下地震灾害时，建筑物发生损害，则此不可抗力不成立，设计、施工单位需承担部分或全部赔偿责任。

2）被保险人的过错。

被保险人的过错是指被保险人故意或过失未能保护好自己财产和其他利益的安全，从而单独或与他人的行为一起构成了损害的发生，换言之，被保险人对损害的发生或扩大具有过错。例如，作为工程质量潜在缺陷保险被保险人的产权人，在工程交付使用后，改变设计用途，超出设计荷载，或者私拆乱改，破坏建筑承重结构，致使工程质量问题或事故的发生，属于工程质量保险的责任免除。

例如，私人临街商户为了扩大使用空间，在承重墙上私自开洞、私建屋顶花园、私挖地下室、自建阳台等，这些行为都是私自进行的，绝大多数不会按正规程序进行拆改方案评估，也不会去进行主体结构改造加固，而且多数业主还认为这是自己私人的事情，似乎对整体建筑结构安全没有多大关系。但实际上这些行为都不同程度地降低了原建筑结构的安全性能，同时无法估计同一幢建筑内这样做的用户的比例，叠加起来对一幢建筑物结构可靠度的削弱更是无法估量。

再如，被保险人改变房屋使用功能，办公室改为图书室、体育馆改为影剧院等屡见不鲜。事实上，建筑物改变使用功能，在结构安全方面，一定要考虑楼面活荷载的改变情况，如一般办公区域的设计的活荷载是 $2.0 \ kN/m^2$，但是图书室的活荷载要比这个数值增大很多，按《建筑结构荷载规范》设计最低取值为 $5.0 \ kN/m^2$。还有因为空间需求改变，就未经专业机构鉴定认可直接增加楼层或夹层的行为，会给结构带来体系上的改变，同时新增结构的自重和使用都增加了荷载，极其容易超出整体承重结构和基础的实际承载能力，使得整栋建筑处于不安全状态。

3）第三人的行为。

如果灾害发生的过程中有第三人的介入，而且该行为构成灾害发生的唯一直接原因，则属于责任免除。第三人是指除原告和被告之外的第三人。例如，周边工程施工过程中抽排地下水、与既有建筑距离太近导致打桩或深基坑开挖造成的既有建筑质量问题，都属于第三人的行为造成的损害，应当由第三人承担全部或部分责任（如第三人责任是损害的唯一原因则其承担全部责任，如还有其他原因则其承担部分责任），故属于工程质量保险的责任免除。

3.3.5　保险期间

保险期间是指保险人为被保险人提供保险保障的起止日期，即保险合同的有效期间。

（1）工程质量潜在缺陷保险

1）起保时间。

①方案一。

根据我国《建设工程质量管理条例》："建设工程的保修期，自竣工验收合格之日起计算。"工程质量潜在缺陷保险的起保时间也为工程竣工验收合格之日。

②方案二。

国外的工程质量潜在缺陷保险通常在竣工满一年后开始起保，竣工验收合格后一年内仍然由施工单位负责保修。其目的是防止保险托底后施工单位罔顾工程质量。并且由于施工单位在工程竣工后一年内通常还留有扫尾队伍，可以由其承担维修工作。

③方案三。

我国上海研究的方案是从保险建筑竣工备案 2 年后开始起算，建设工程在竣工备案后 2 年内出现质量缺陷的，由施工承包单位负责维修。这样做的原因除了同方案二，还考虑我国的保修责任期限中，除了地基基础、主体结构和防水，其余部分的保修期限为 2 年。故以竣工备案 2 年为起保日期，则将保险责任范围和期限同保修责任范围和期限进行了统筹考虑。

2）保险期限。

由于建设工程本身的特殊性，保险范围内各项的保险期限也有所不同。根据我国《建设工程质量管理条例》：

"在正常使用条件下，建设工程的最低保修期限为：

基础设施工程、房屋建筑的地基基础工程和主体结构工程，为设计文件规定的该工程的合理使用年限；

屋面防水工程、有防水要求的卫生间、房间和外墙面的防渗漏，为 5 年；

供热与供冷系统，为 2 个采暖期、供冷期；

电气管线、给排水管道、设备安装和装修工程，为 2 年。

其他项目的保修期限由发包方与承包方约定。

建设工程的保修期，自竣工验收合格之日起计算。"

但对于商品住宅，根据《商品住宅实行住宅质量保证书和住宅使用说明书制度的规定》（建房[1998]102号）：

"地基基础和主体结构在合理使用寿命年限内承担保修；

正常使用情况下各部位、部件保修内容与保修期：

屋面防水3年；

墙面、厨房和卫生间地面、地下室、管道渗漏1年；

墙面、顶棚抹灰层脱落1年；

地面空鼓开裂、大面积起砂1年；

门窗翘裂、五金件损坏1年；

管道堵塞2个月；

供热、供冷系统和设备1个采暖期或供冷期；

卫生洁具1年；

灯具、电器开关6个月；

其他部位、部件的保修期限，由房地产开发企业与用户自行约定。

住宅保修期从开发企业将竣工验收的住宅交付用户使用之日起计算，保修期限不应低于本规定的期限。房地产开发企业可以延长保修期。"

实际上《建设工程质量管理条例》和《商品住宅实行住宅质量保证书和住宅使用说明书制度的规定》的规定并不矛盾，因为通常商品住宅的竣工验收合格之日到交付给小业主之日之间存在着一定的时间，甚至存在有的小业主长时间不进行收房。故《商品住宅实行住宅质量保证书和住宅使用说明书制度的规定》实际上是考虑了《建设工程质量管理条例》的保修期和竣工验收合格之日到交付使用之日的因素提出的有利于保障小业主的规定。但对于竣工验收通过后1年内交付使用的，若采用《商品住宅实行住宅质量保证书和住宅使用说明书制度的规定》的保修期限，则实际减少了小业主的保障期。

因此，工程质量潜在缺陷保险除了地基基础和主体结构（后面单独论述），其他防水、供热供冷、管线、装修等的保险期限可按照《建设工程质量管理条例》的保修期限分别定为5年或2年，此时对于竣工验收通过后1年内即交付使用的商品住宅同样满足《商品住宅实行住宅质量保证书和住宅使用说明书制度的规定》，因为《商品住宅实行住宅质量保证书和住宅使用说明书制度的规定》规定"可以延长保修期。"

此外，为了保障住宅小业主的权益，避免部分住宅建筑在交付时，防水、供热供冷、管线、装修等超过保险期限，故对于住宅工程，当出现交付使用时住宅的防水、电气管线、给排水管道等的保险期限严重缩短甚至已过保险期限的情况时，可以给予小业主一定的检查和保障期限。

例如，当保险工程内首套单元交付使用时防水的保险期限不足3年的，自保险工程内首套单元交房之日起顺延3年；当供热供冷、管线、装修等的保险期限不足1年的，自保险工程内首套单元交房之日起顺延1年。

上海当前的方案是：当保险期限届满后交房的，建设单位应当在交房前15日通知保险公司、业主共同验收，若存在质量缺陷，由建设单位承担赔偿责任。业主应在交房之日起 6 个月内，对承保范围内的建筑质量进行自查，若存在质量缺陷，由保险公司承担赔偿责任。

对于地基基础和主体结构，目前存在 3 个方案。

方案一：设计合理使用年限。

根据我国《建设工程质量管理条例》的保修规定，地基基础和主体结构的保修年限是设计合理使用年限，因此，我国地基基础和主体结构的保险期限也设置为设计合理使用年限，以与我国法律相对应。

方案二：20 年。

目前我国商务部在非洲的援建项目中采用的是地基基础和主体结构保险期限 20 年。此方案相对于方案一，保险行业更好操作，相对于方案三，对工程质量的保险期限更长。

方案三：10 年。

国外通常对于地基基础和主体结构的保险期限是 10 年，其原因在于国外的法律规定的保修责任期限通常为 10 年。据悉，10 年后并非没有保险，而是转为产权人投保财产险。

地基基础和主体结构保险期限分析如下。

确定工程质量潜在缺陷保险期的一个关键依据就是工程质量缺陷的时间分布规律。法国在开展工程质量潜在缺陷保险的同时，对工程缺陷的时间分布进行了数据研究，对 1968～1978 年国内出现的 10000 例质量缺陷进行了统计分析。发现在工程完工后 10 年内用于质量缺陷的维修费用逐年递减，到第 10 年时用于缺陷维修的费用仅为第 1 年的 4%，前 10 年和的 1.1%。这表明完工 10 年后的工程质量状况已基本稳定。缺陷维修费用的分布规律如图 3.4 所示。

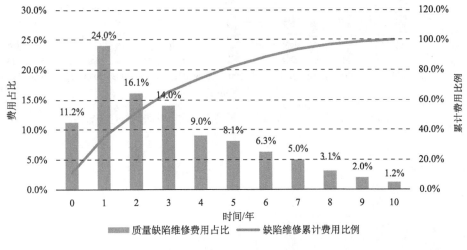

图 3.4　法国工程质量缺陷维修费用图

另外，澳大利亚 CE Heath Underwriting Agencies Pry Ltd 于 1991 年对 4000 名工程师的调查研究发现对于质量缺陷出现或被发现的数量随时间分布如表 3.4 所示。

表 3.4　澳大利亚质量缺陷时间分布

缺陷发现的年份（竣工后）	缺陷发现比例/%	累计发现缺陷比例/%
第 1 年内	15	15
第 1～2 年	5	20
第 2～3 年	10	30
第 3～4 年	30	60
第 4～5 年	10	70
第 5～6 年	10	80
第 6～7 年	15	95
第 7～10 年	3	98
第 10～15 年	1	99
第 15 年内	1	100

　　同样可以发现工程在完工后前 10 年内出现的缺陷最多，而且 10 年内缺陷出现的数量呈现递减趋势，第 10～15 年发现的缺陷数量仅为前 10 年的 1.02%，可见完工 10 年后的工程质量状况已基本稳定。

　　我国某一线城市近几年的工程质量投诉情况如图 3.5～图 3.7 和表 3.5～表 3.7 所示。

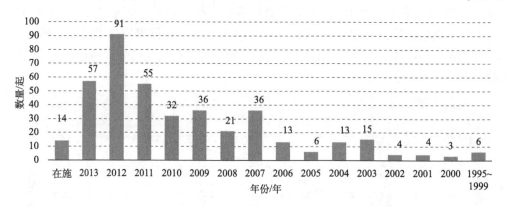

图 3.5　2013 年工程质量信访投诉的工程竣工时间的数量分布图

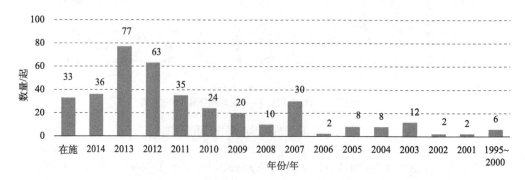

图 3.6　2014 年工程质量信访投诉的工程竣工时间的数量分布图

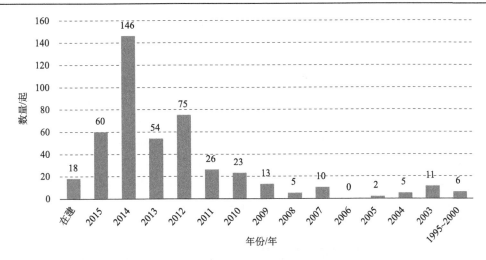

图 3.7　2015 年工程质量信访投诉的工程竣工时间的数量分布图

表 3.5　2013 年工程质量投诉的工程竣工时间所占比例

竣工时间/年	竣工后年数/年	投诉数量/起	占比	竣工后累计投诉占比（不计在建）
合计	—	419	—	—
合计（不计在建）	—	405	—	—
在建	—	14	3.34 %	—
2013	1	57	13.60 %	14.07 %
2012	2	91	21.72 %	36.54 %
2011	3	55	13.13 %	50.12 %
2010	4	32	7.64 %	58.02 %
2009	5	36	8.59 %	66.91 %
2008	6	21	5.01 %	72.10 %
2007	7	36	8.59 %	80.99 %
2006	8	13	3.10 %	84.20 %
2005	9	6	1.43 %	85.68 %
2004	10	13	3.10 %	88.89 %
2003	11	15	3.58 %	92.59 %
2002	12	4	0.95 %	93.58 %
2001	13	4	0.95 %	94.57 %
2000	14	3	0.72 %	95.31 %
1995～1999	15～20	6	1.43 %	96.79 %
未注明竣工时间	—	13	3.10 %	100.00 %

表 3.6 2014 年工程质量投诉的工程竣工时间所占比例

竣工时间/年	竣工后年数/年	投诉数量/起	占比	竣工后累计投诉占比（不计在建）
合计	—	368	100%	—
合计（不计在建）	—	335	—	100%
在建	0	33	8.13%	—
2014	1	36	8.87%	10.75%
2013	2	77	18.97%	33.73%
2012	3	63	15.52%	52.54%
2011	4	35	8.62%	62.99%
2010	5	24	5.91%	70.15%
2009	6	20	4.93%	76.12%
2008	7	10	2.46%	79.10%
2007	8	30	7.39%	88.06%
2006	9	2	0.49%	88.66%
2005	10	8	1.97%	91.04%
2004	11	8	1.97%	93.43%
2003	12	12	2.96%	97.01%
2002	13	2	0.49%	97.61%
2001	14	2	0.49%	98.21%
1995～2000	15～21	6	1.48%	100.00%

表 3.7 2015 年工程质量投诉的工程竣工时间所占比例

竣工时间/年	竣工后年数/年	投诉数量/起	占比	竣工后累计投诉占比（不计在建）
合计	—	454	100%	—
合计（不计在建）	—	436	—	100%
在建	0	18	4.43%	—
2015	1	60	14.78%	13.76%
2014	2	146	35.96%	47.25%
2013	3	54	13.30%	59.63%
2012	4	75	18.47%	76.83%
2011	5	26	6.40%	82.80%
2010	6	23	5.67%	88.07%
2009	7	13	3.20%	91.06%
2008	8	5	1.23%	92.20%
2007	9	10	2.46%	94.50%
2006	10	0	0.00%	94.50%

续表

竣工时间/年	竣工后年数/年	投诉数量/起	占比	竣工后累计投诉占比（不计在建）
2005	11	2	0.49%	94.95%
2004	12	5	1.23%	96.10%
2003	13	11	2.71%	98.62%
2002	14	0	0.00%	98.62%
2001	15	0	0.00%	98.62%
1995~2000	16~21	6	1.48%	100.00%

由图表数据可知，竣工后第 2 年发生的工程质量投诉占比最大，2013 年的投诉案例中达到 21.72%，2014 年的投诉案例中达到 18.97%，2015 年的投诉案例中达到 35.96%。竣工 2 年后的投诉数量开始下降，基本上在竣工 4 年之后的工程投诉数量占总投诉数量的比例下降到 10% 以下。竣工 10 年后的投诉数量已经非常少了，2013 年的投诉案例中竣工 10~20 年的投诉数量占总投诉数量的 7.9%（不计不明确竣工时间的工程），2014 年的投诉案例中竣工 10~21 年的投诉数量占总投诉数量的 8.96%，2015 年的投诉案例中竣工 10~21 年的投诉数量占总投诉数量的 5.5%。

从投诉的类型来看，如表 3.8、表 3.9 和图 3.8、图 3.9 所示。

表 3.8　2013 年工程质量信访投诉反映的主要问题

序号	主要问题	起数	百分比
1	房屋（屋面、墙面、厨厕等部位）渗漏水	203	48.45%
2	装饰装修缺陷	100	23.87%
3	外墙保温、室内结露	29	6.92%
4	涉及结构质量方面	22	5.25%
5	专业问题（电气、给排水与采暖、通风）	19	4.53%
6	室内地面下沉	17	4.06%
7	室外工程问题	10	2.39%
8	其他问题	19	4.53%

表 3.9　2014 年工程质量信访投诉反映的主要问题

序号	主要问题	起数	百分比
1	装饰装修缺陷	136	36.96%
2	房屋（屋面、外墙、厨厕等部位）渗漏水	110	29.89%
3	专业问题（电气、给排水与采暖、通风）	27	7.34%
4	地面下沉、裂缝	22	5.98%
5	公用区域、室外工程问题	19	5.16%
6	外墙保温、室内结露	18	4.89%
7	涉及结构质量方面	3	0.82%
8	其他问题（含检测机构 2 起）	33	8.97%

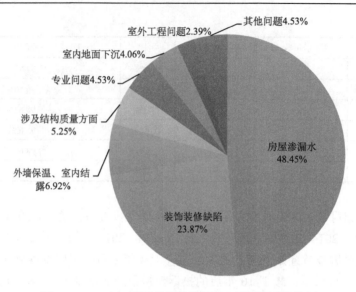

图 3.8　2013 年工程质量信访投诉的主要问题所占比例

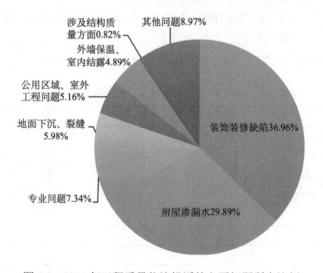

图 3.9　2014 年工程质量信访投诉的主要问题所占比例

如图表数据可以看出，2013 年投诉的案例中，房屋渗漏水问题为高发问题，主要包括房屋（屋面、墙面、厨厕等部位）渗漏水 203 起，约占 48.45%；装饰装修缺陷 100 起，约占 23.87%；外墙保温、室内结露 29 起，约占 6.92%；涉及结构质量方面 22 起（经调查核实涉及结构安全的有 1 起，涉及两位业主的现浇阳台室内配重板出现横向贯通裂缝，经建设单位委托专业加固单位采取了在东西通长方向上粘贴碳纤维布的方式对楼板进行了加固处理；其他包括墙体裂缝 13 起、露筋 4 起、墙体不垂直 4 起问题都不涉及结构安全问题），约占 5.25%；专业问题（电气、给排水与采暖、通风）19 起，约占 4.53%；室内地面（非主体结构）下沉 17 起，约占 4.06%；室外工程问题 10 起，约占 2.39%；其他问题（如施工噪声、暖气不热、设计缺陷等）19 起，约占 4.53%。

　　2014 年投诉的案例中，投诉主要集中在装饰装修缺陷和房屋渗漏水方面。装饰装修缺陷 136 起，约占 36.96%；房屋（屋面、外墙、厨厕等部位）渗漏水 110 起，约占 29.89%；专业问题（电气、给排水与采暖、通风）27 起，约占 7.34%；室内地面（非主体结构）下沉、裂缝 22 起，约占 5.98%；公用区域、室外工程问题 19 起，约占 5.16%；外墙保温、室内结露 18 起，约占 4.89%；涉及结构质量方面 3 起，约占 0.82%；其他问题（如施工噪声、暖气不热、设计缺陷等）33 起，约占 8.97%。

　　综上所述，房屋质量投诉多集中在装饰装修和防水方面，而涉及房屋质量安全方面的投诉数量非常少。而装饰装修、防水的保险期限分别为 2 年和 5 年，故 10 年及 10 年后所保障的地基基础和主体结构风险不大。

　　和众多工业产品一样，建筑缺陷也存在失效分布特征。根据对大量普通工业产品整个寿命周期内的失效数据的统计分析发现，许多产品的失效率时间分布曲线在形状上都很相似，具有两头高、中间低的特点，呈"U"形，习惯称为"浴盆曲线"，即典型的故障曲线。因此，U 形曲线也用来表征产品从投入到报废的整个寿命周期内，其可靠性的变化规律。如果取产品的失效率（损失率）作为产品的可靠性特征值，它是以使用时间为横坐标，以失效率为纵坐标的一条曲线。这条曲线明显地分为三段，分别对应着产品的早期失效期、偶然失效期和耗损失效期。

　　工业产品早期失效期的特点是失效率较高，但随着工作时间的增加，失效率迅速下降。主要失效是由于原材料不均匀和制造工艺缺陷等引起的。

　　工业产品偶然失效期的特点是失效率低而稳定，失效率是一常数或近似常数，这是产品最好的工作时间。产品失效常常是由多种内在的和外界的因素共同造成的，而每种因素都不太严重，因此失效的发生基本是偶然的。

　　工业产品耗损失效期的特点是失效率随着工作时间的增长而上升。内在损耗机制开始居主导地位，失效多是由于材料老化、疲劳、磨损而引起的，故障率开始呈指数上升。

　　工程质量缺陷刚刚建成后的前 10 年里缺陷出现较多，但迅速下降并趋于稳定，这与一般工业产品的早期失效期曲线吻合。实际上，在整个生命周期内，建设工程缺陷出现率都与工业产品失效率有类似分布特征。建设工程整个生命周期内的缺陷分布也可分为三个阶段，分别是建筑物的早期缺陷期、偶然缺陷期和失效缺陷期，如图 3.10 所示。

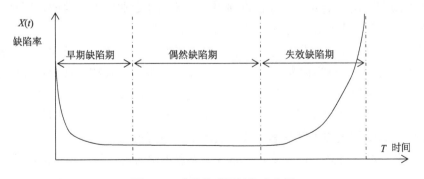

图 3.10　建筑物质量缺陷分布图

建设工程的早期缺陷期。由于建设工程刚刚完成，沉降、材料徐变收缩以及设计错误、工艺不善、材料缺陷等作用较为集中显现，造成质量缺陷发生率很高，但短期内可逐步稳定，因此缺陷呈迅速下降趋势。例如，很多工程质量缺陷是由于工程的沉降引起的，通常工程地基沉降总量在竣工后第一年可完成80%以上，第二年可完成95%以上，第三年以后基本趋于稳定，因此正常情况下，由地基不均匀沉降引起的质量缺陷和损害一般在竣工后的几年内就会充分表现出来。再如，在工程质量缺陷中占有很大比例的裂缝除了会由上述的大幅度沉降和不均匀沉降导致，混凝土本身的收缩徐变也会引起裂缝，但这种裂缝一般在竣工后两年内随着收缩的完成而不再继续发展。温度裂缝情况类似，竣工后经过两年气温变化的考验，容易产生裂缝的部位便已开始出现裂缝，经过第三年、第四年的温度变化后，新的温度裂缝的出现已经极大地减少。

建设工程的偶然缺陷期。偶然缺陷期内，即完工后10年左右直到建筑物的设计基准期或合理寿命期，造成较大损害的缺陷的出现明显减少，趋于平稳，这与一般工业产品的偶然失效期也非常相似。与早期缺陷期相比，这一期间虽然也会出现工程大幅度沉降和不均匀沉降问题，但多数不是由本身质量引起的，而是外部环境变化造成的。例如，在原建筑物附近新建大型工程或进行大型市政管网铺设时，深基坑开挖防护措施不足造成的地基失稳使周边工程大幅度沉降和倾斜。周围大型工程竣工后，本身沉降也会引起原有工程出现不均匀沉降问题。再如，城市地下水位的大幅下降或上升也会引起工程的不均匀沉降问题。

建设工程的失效缺陷期。当建设工程的使用期超过了其设计基准期，或超过了其合理使用寿命后，对于建筑的结构来说，其可靠度下降，虽然并不等于结构丧失功能或报废，但结构的失效概率将会比设计基准期的预期值要大，完成预定功能的能力开始出现较明显下降趋势。具体表现有材料性能开始较为明显地变差，构件的承载力开始出现较明显的下降等。仍继续使用的话就可能出现裂缝变形过大、局部构件失效直至结构整体失效和连续坍塌；对于其他功能如防水等也存在类似的失效过程，只是其周期要比整体结构短得多。

通过对建设工程缺陷时间分布特征的定性和定量分析，可知质量缺陷问题在完工后前10年内集中显现，这阶段业主或后继权利人利益最需要得到保护，因此要求质量保证期和质量保险期覆盖整个或大部分建筑物的早期缺陷期是非常有必要的，可见国外制定的质量保证期、质量保险期与建筑物的早期缺陷期一致。

而我国法律规定的保修期，除了包含建筑物的早期缺陷期，还包含建设工程的偶然缺陷期，理论上，偶然缺陷期内，即完工后10年左右直到建筑物的设计基准期或合理寿命期，造成较大损害的缺陷的出现明显减少，趋于平稳，按照现行的标准规范，这一期间应当覆盖设计合理使用年限。因此，将地基基础和主体结构的保险期限延展至设计合理使用年限的风险扩大的程度基本可控，技术上是可行的。

另外，从社会角度来看，人民群众非常关注政策中与自身权益相关的部分，10年后房子质量出现问题怎么办？在开发商消失或推脱责任的情况下，人民群众的切身权益依然无法得到保障。当前的网络等媒体非常发达，这样的舆论风险对于我国社会的和谐稳定会有不利影响。

因此，建议地基基础和主体结构的保险期限首先选择设计合理使用年限，其次选择 20 年，最后选择 10 年。

（2）保修保证保险

保修保证保险的目的在于替换 5% 的质量保证金，故其保险期间应当同质量保证金的预留时间一致。

根据《建设工程质量保证金管理暂行办法》（建质[2005]7 号）规定：

"第二条　本办法所称建设工程质量保证金（保修金）（以下简称保证金）是指发包人与承包人在建设工程承包合同中约定，从应付的工程款中预留，用以保证承包人在缺陷责任期内对建设工程出现的缺陷进行维修的资金。

缺陷是指建设工程质量不符合工程建设强制性标准、设计文件，以及承包合同的约定。

缺陷责任期一般为六个月、十二个月或二十四个月，具体可由发、承包双方在合同中约定。"

"第五条　缺陷责任期从工程通过竣（交）工验收之日起计。由于承包人原因导致工程无法按规定期限进行竣（交）工验收的，缺陷责任期从实际通过竣（交）工验收之日起计。由于发包人原因导致工程无法按规定期限进行竣（交）工验收的，在承包人提交竣（交）工验收报告 90 天后，工程自动进入缺陷责任期。"

根据《建设工程施工合同（示范文本）》（GF—2013—0201）描述：

"15.2.1　缺陷责任期自实际竣工日期起计算，合同当事人应在专用合同条款约定缺陷责任期的具体期限，但该期限最长不超过 24 个月。

单位工程先于全部工程进行验收，经验收合格并交付使用的，该单位工程缺陷责任期自单位工程验收合格之日起算。因发包人原因导致工程无法按合同约定期限进行竣工验收的，缺陷责任期自承包人提交竣工验收申请报告之日起开始计算；发包人未经竣工验收擅自使用工程的，缺陷责任期自工程转移占有之日起开始计算。"

"15.2.2　工程竣工验收合格后，因承包人原因导致的缺陷或损坏致使工程、单位工程或某项主要设备不能按原定目的使用的，则发包人有权要求承包人延长缺陷责任期，并应在原缺陷责任期届满前发出延长通知，但缺陷责任期最长不能超过 24 个月。"

（3）职业责任险

职业责任保险通常可分为年度责任险、项目责任险和多个项目责任险三类。

1）年度责任险。年度责任险是指以被保险人 1 年内完成的全部工程项目可能发生的对受害人的赔偿责任为保险标的。年度设计责任险的保险期限为 1 年。

2）项目责任险。项目责任险是以被保险人完成的某一项目可能发生的对受害人的赔偿责任为保险标的。项目责任险的保险期限根据工程项目的具体情况，由投保人与保险公司具体约定。

3）多个项目责任险。多个项目责任险是以被保险人完成的多个项目可能发生的对受害人的赔偿责任为保险标的。多个项目责任险的保险期限根据工程项目的具体情况，由投保人与保险公司具体约定。

目前我国通常采用前两种类型。

3.3.6　免赔额（率）

1）工程质量潜在缺陷保险。

由于此险种与人民群众利益息息相关，其设计的初衷就是切实保障小业主的利益，同时，由于工程质量潜在缺陷保险的投保人是建设单位，被保险人是建筑产权人，投保人和被保险人不是同一人，则可能出现由于利益的驱动，投保人故意增大工程保险合同中的免赔额来降低保费，这就无法保障被保险人的利益。因此，工程质量潜在缺陷保险的免赔额（率）应当为零。

2）保修保证保险。

保修保证保险的投保人是施工单位，被保险人是建设单位，为了充分保障被保险人的利益，保修保证保险的免赔额（率）也应当为零。

3）职业责任险。

对于职业责任险，由于投保人自身即被保险人，出险后投保人自身为保险的收益方，故对于职业责任保险，其免赔额（率）完全可以由保险合同双方自由约定。

3.3.7　保费厘定

工程质量保险费是投保人为获得工程质量保险保障和服务而缴纳给保险人的费用。保险人依靠其所收取的保险费建立相应的工程质量保险基金，对被保险人因工程质量保险事故发生所遭受的损失进行经济补偿。因此，缴付工程质量保险费是投保人的基本义务，只有在投保人履行了约定缴费义务的前提下，保险人才能承担工程质量保险合同中所载明的保险责任。

（1）保费厘定的基本原则

保险费率的厘定是指保险人为接受风险转移而制定费率的精算过程，这个过程中常常需要精算人员根据相关的经验和数据、与转移的风险有关的保险标的的损失成本、保险公司的经营策略、市场竞争情况、法律法规的要求及风险附加和利润附加等因素进行综合考虑。根据保险价格理论，工程质量保险费率厘定的方法依据不同保险标的的客观环境和主观条件形成的危险度，采用非寿险精算的方法进行确定。

工程质量保险费率的厘定方法有很多，但都应遵循以下的基本原则。

1）充分性原则。

充分性原则是指保险人收取的保费在支付赔款和合理的营业费用后，仍有一定的利润。充分性原则要求工程质量保险费率的厘定应确保保险人的偿付能力，并保证被保险人获得经济补偿。保险费率厘定的最基本原理是收支相等原则和大数定律法则。

2）公平性原则。

投保人和保险人是保险合同的双方当事人，根据《合同法》的规定，必须要遵守公平性原则，具体表现在两个方面：一是合同的条款，二是保险价格。

3）合理性原则。

由于不同的工程质量保险标的、不同的地点、不同时间及不同工程主体所面临的风险水平都是不同的，工程质量保险费率应考虑这些因素后合理确定，还要符合国家和政府的法律法规。并且，工程质量保险费率在制定后不是一成不变的，需要随着损失风险和环境的变化，及时调整费率。只有合理地确定工程质量保险费率，才不会增加投保人的负担，抑制投保人投保工程质量保险的积极性，也不会影响保险公司在保险经营上的财务稳定性和偿付能力。

4）稳定灵活原则。

稳定灵活原则是指保险费率厘定后，应当在一定时间内保持相对稳定，不轻易变动，以保证保险公司的信誉；同时，也要随着风险、保险责任的变化等因素进行调整，具有一定的灵活性，不要变化太快。

5）促进防灾防损原则。

保险费率的厘定应鼓励投保人或被保险人从事预防工作和降低损失，把事前的预先防范与事后的经济补偿结合，减少或者避免不必要的事故损失的发生，这样不仅可以使被保险人的利益最大化和减少保险人的赔付金额，更重要的是可以保障社会财富。为了实现防灾防损原则，需要双方的共同努力：保险公司可以对加强防灾防损的企业在费率上给予一定的优惠，这样可以提高投保人积极性；同时保险公司可以进行风险管理工作，在厘定保险费率的过程中将风险管理的费用计入成本，降低出险的概率，减少理赔额。

（2）保费厘定的影响因素

正确地分析影响工程保险费率的相关因素对合理确定工程保险费率有着重要意义。影响工程保险费率的因素大致分为客观因素和主观因素，客观因素包括保险标的、自然因素、社会因素等；主观因素包括保险人、被保险人、保单条款等。

1）工程保险标的对费率的影响。

①工程项目的类别。不同种类的工程项目在保险中潜在的风险有着显著的差异。例如，住宅、办公楼、综合楼、医院、学校、仓库、厂房、道路、码头、水坝、隧道、桥涵、管道、机场等，其风险存在明显差异。

②工程项目的特征。这主要是从工程技术方面考虑，如结构体系、主要结构材料、建筑高度、基础埋深、与相邻建筑物的间距、施工方法等。这里不仅要注意技术的复杂程度，而且要注意技术的成熟程度。值得注意的是，新兴的技术往往伴有较大的风险。

③工程项目的规模。同一类工程项目，即使项目的特征相同，由于其规模的不同也会对工程的项目风险产生很大的影响。从大数法则的角度来看，项目规模越大，其风险估计的准确性越高；规模越小，其风险估计的不确定性越大。

④施工工期。建筑工程本身特点就是生产周期长，大型工程的施工期可长达数年，

甚至十几年，风险事故发生的概率相应增加。因此，施工期限的长短是影响工程保险费率的因素之一。

2）自然因素对费率的影响。

①工程项目所在具体位置的水文、地质情况。工程质量保险通常将自然灾害排除在保险责任范围以外，但若工程本身存在质量隐患，其所在位置的水文、地质情况将可能成为质量事故的导火索。事故发生后，依然需按照鉴定结果由各责任方承担责任，保险公司对应需向被保险人承担赔偿责任。

②工程项目相邻建筑物和交通等条件。周边临近建筑和交通情况对工程质量具有重要影响，处理不好同样可能成为质量事故的导火索。

3）社会因素对费率的影响。

①市场竞争。保险是一种市场行为，它必然要受到价值规律的制约，工程保险商品的价格直接表现为费率。供过于求，价格下跌；供不应求，价格上涨。

②国家的政策和法令。保险要受到相关法律、法规的约束，因此国家的政策和法令必然会对其造成影响。

③市场利率、汇率和物价指数的变动。市场利率、汇率和物价指数等经济杠杆的变动，对保险费率的影响很大。

4）保险人对费率的影响。

①保险人的经营效益、经济力量和理赔能力。一个信誉度高、经营效益良好的保险企业总能吸引更多的投保人，积累较多的责任准备金，从而增强自身的经济力量，提高自身的责任能力，因而有可能通过降低费率的方式来吸引更多的投保人，形成一种良性循环。

②承保区域的大小。对保险人而言，承保区域越广泛，越有可能分散风险，减少损失波动。因为，如果保险人只在某一地区承保，承保标的集中受损的概率会极大地增加。

③再保险。由于建设工程保险标的金额的数目较大，发生巨额损失时若由单个保险人来履行赔偿责任，很可能会导致保险人的财务困难，甚至因此而倒闭破产。因此，保险人往往通过再保险的方式来分散风险，国际和国内再保险市场的费率也是影响工程保险费率的因素之一。

④保险人运用资金的能力及其投资收益。合理运用保险资金，可以带来投资收益，稳定保险经营。保费收入的时间差和承保盈余为保险人的投资创造了条件，因而保险资金不仅可以投资于不动产、证券市场和进行直接贷款，而且可与工厂、银行等部门相互渗透。保险人资金运用的形式、方向和比例，直接决定着资金的收益，而这一切又取决于保险人对资金市场的熟悉程度和运用资金的能力。投资可以增加保险人的经济力量，为降低保费提供有利条件。

⑤同类工程以往的损失记录。同类工程风险频率、毁损率、毁损程度和危险比例等各种损失资料是保险人制定费率的原始凭据，是大数法则在横向上的应用。

5）被保险人对费率的影响。

①被保险人及其他工程关系方的相关情况。被保险人及其他工程关系方的资信情况、

技术能力、经营管理水平、工程经验，以及以往工程的损失记录等，对保险费率的厘定有重大影响。

②被保险人的防灾减损组织、技术和设备。保险人对那些防灾减损能力较强的投保人往往采用优惠费率等奖励性措施，而对那些防灾减损能力较差，经常发生损失的投保人则采取提高费率、增加免赔额的方式，促使其加强风险管理。

6）保单条款对费率的影响。

①承保责任范围。保险责任越多，风险密度越高，发生损失的可能性越大，赔款也就越多，因而保险费率也就越高，反之则越低。

②免赔额。通常免赔额与保费成反比，免赔额越高，保费越低。

（3）保费计算公式

1）工程质量潜在缺陷保险。

由于工程发生损失后进行恢复重建时，土地出让金等费用一般不会再产生，所以不能以建设投资作为保险金额，而应该以建安工程总造价作为总保险金额，因此，保费的计算公式为

$$保费 = 建安工程总造价 × 保险费率$$

考虑保险责任范围、工程技术风险状况、工程质量等级、投保单位的信誉水平、资金规模、技术能力等因素的作用，保险公司可实行差异化浮动保险费率，在设定的费率范围内，保险公司根据投保主体的信誉记录和能力水平实行浮动保费，激励各参建主体提高工程质量，促进建筑业的优胜劣汰，发挥市场在资源配置中的决定性作用，故保险费率计算公式中可设置浮动系数。

$$保险费率 = 基准费率 × 浮动系数$$

2）保修保证保险。

保修保证保险承保的是施工单位在缺陷责任期内的质量保修责任；施工单位投保保修保证保险的目的是替换质量保证金。通常情况下，承发包双方在合同中约定，以施工合同额的 5% 作为质量保证金。但由于我国通常存在施工单位低价中标、高价索赔的情况，故有时也会出现以竣工结算价的 5% 作为质量保证金。因此，保修保证保险可以以承发包双方约定的质量保证金金额作为保费计算基数，也可以以施工合同额或者竣工结算价作为保费计算基数。计算公式为

$$保费 = 质量保证金金额 × 保险费率$$
$$= 质量保证金金额 × 基准费率 × 浮动系数$$

或　　　　　　　　$$保费 = 施工合同额 × 保险费率$$
$$= 施工合同额 × 基准费率 × 浮动系数$$

或　　　　　　　　$$保费 = 竣工结算价 × 保险费率$$
$$= 竣工结算价 × 基准费率 × 浮动系数$$

当然，三种计算方法对应的保费费率完全不同。

3）职业责任险。

对于职业责任险，通常有按年度投保和按项目投保两种类型。

按年度投保：指以投保人 1 年内完成的全部项目可能发生的对受害人的赔偿责任为保险标的。

按项目投保：以投保人完成的某一项目可能发生的对受害人的赔偿责任为保险标的。按项目投保可以视为对按年度投保的一种补充措施，一是工程建设单位发现工程的参建单位或个人没有按年度购买保险时，要求其按项目购买保险；二是参建单位或个人虽然按年度购买了保险，但年度保险单的赔偿限额与本项目不匹配时，可以按项目投保作为补偿。

因此，职业责任险的保费计算公式也分为两种，即按年度投保和按项目投保。但由于职业责任保险的被保险人是投保人自身，故其保险金额通常没有严格按照投保人的年合同额或者参建项目的建安工程总造价作为保险金额，而是以保险合同双方约定的保险赔偿限额作为保险金额，计算公式为

$$保费=保险赔偿限额×保险费率$$
$$=保险赔偿限额×基准费率×浮动系数$$

按项目投保时，存在部分项目业主要求投保人以建安工程总造价作为保险金额，此时计算公式为

$$保费=建安工程总造价×保险费率$$
$$=建安工程总造价×基准费率×浮动系数$$

（4）基准费率

1）工程质量潜在缺陷保险。

根据研究统计的 21642 个预留质量保证金的项目，缺陷责任期内维修花费的金额占工程结算总额的 0.6%～0.9%。按照国内外统计数据，结合建筑质量缺陷分布，工程质量潜在缺陷保险的费率范围按不同部位的保险期限进行组合，范围可参考表 3.10。

表 3.10　工程质量潜在缺陷保险费率范围

部位	保险期限	基准费率
地基基础 主体结构	10 年	1%～1.4%
	20 年	1.1%～1.5%
	50 年	1.3%～1.7%
防水工程	5 年	0.5%～1%
供热与供冷系统	2 年	0.1%～0.4%
电气系统、给排水管道 设备安装	2 年	
装修工程	2 年	

注：此费率范围仅是研究理论值，实际需精算确定

若施工单位投保保修保证保险，则建设单位投保的工程质量潜在缺陷保险费率可以适当降低。

2）保修保证保险。

对于施工单位来讲，质量保证金按合同总额的 5%预留，预留时间按照 2 年考虑，取 2015 年 10 月 24 日中国人民银行 1～5 年期基准年贷款利率 4.75%计算，如果工程在缺陷责任期内没有出现任何质量问题，其被预留的质量保证金损失的时间价值约占建安工程造价的 0.5%；若按照实际中常见的 5 年考虑，其资金损失的时间价值约占建安工程造价的 1.3%；故施工单位的保费定在建安工程造价的 0.5%～1.3%均是施工单位可以接受的。同时，考虑施工单位被预留的质量保证金在缺陷责任期内用于维修的部分占建安工程造价的 0.6%～0.9%。故综合考虑，保修保证保险的基准费率可取 1%～2%。

3）职业责任险。

由于职业责任保险的保险金额、免赔额、投保方式等均由保险合同双方自由约定，故此处不考虑其基准费率。

（5）浮动系数

工程质量保险的保险费采用差异化浮动保费，浮动系数由工程投保责任范围、工程技术风险状况、工程质量标准、投保单位企业资质、获奖情况、赔付率情况及信用等级等因素确定，可参考表 3.11。

表 3.11　保险费用浮动系数因子

浮动费率	具体构成指标		系数数值
保险责任范围（a）	符合规定的最低保险责任范围		1
	高于规定的最低保险责任范围 （n 为各项增加年数总和）		$(1+n\times0.05)$
工程技术风险状况（b）	成熟技术、工艺、材料		1
	新技术、新工艺、新材料		0.9～1.1
工程质量等级（c）	优质		0.8
	合格		1
投保企业资质等级（d）	房地产开发企业	一级	0.9
		二级	1
		三级	1.1
		四级	1.2
	施工单位	特级	0.9
		一级	1
		二级	1.1
		三级	1.2
	勘察单位 设计单位 监理单位	综合资质	0.9
		甲级	1
		乙级	1.1
		丙级	1.2

续表

浮动费率	具体构成指标	系数数值
项目设计调整系数（e）	本项目有质量常见问题专项治理的设计专篇（需下达任务书、措施并附执行情况）	1
	本项目没有质量常见问题专项治理的设计专篇	1.1
企业获奖调整系数（f）	上年度企业获得国家级、省部级优质工程奖（n_1、n_2 分别为获得国家级、省部级优质工程奖的个数，其限值不超过 3、5）	$1-(n_1 \times 0.03 + n_2 \times 0.01)$
企业示范工程调整系数（g）	上年度企业获得质量常见问题专项治理省级示范工程（n 为上年度企业获得质量常见问题专项治理省级示范工程总数，其限值不超过 5）	$(1-n \times 0.02)$
企业分户验收调整系数（h）	上年度企业分户验收抽测不合格（n 为抽测不合格数占抽测总数百分比）	$1+n$
赔付率系数（i）	企业上一年度赔付率≤30%	0.9
	30%＜企业上一年度赔付率≤50%	1
	50%＜企业上一年度赔付率≤80%	1.1
	80%＜企业上一年度赔付率	1.2
信用浮动系数（j）	上一年度建设主管部门未接到对于企业的质量投诉	0.9
	上一年度建设主管部门接到对于企业的质量投诉小于等于 3 起	1.05
	上一年度建设主管部门接到对于企业 3 起以上质量投诉	1.15
	上一年度出现对于企业群体性投诉，被媒体曝光或者投诉引起重大的社会影响	1.3

注：浮动系数=保险责任范围（a）×工程技术风险状况（b）×工程质量等级（c）×投保企业资质等级（d）×项目设计调整系数（e）×企业获奖调整系数（f）×企业示范工程调整系数（g）×企业分户验收调整系数（h）×赔付率系数（i）×信用浮动系数（j），即，浮动系数=a×b×c×d×e×f×g×h×i×j。

　　企业达标和验收情况以住房和城乡建设主管部门的认定为准。

　　上期投保项目出险情况，以承保的保险公司数据为准。

　　上一年开发项目的质量投诉，以建筑工程所在地的质量监管机构的数据和记录为准。

　　若同一项目投保企业获得多个奖项，以最高奖为准，不重复计算。

3.3.8　既有建筑质量保障

　　（1）当前既有建筑质量保障措施

　　当前，我国既有建筑的质量主要由保修制度与住宅专项维修资金制度进行保障，个别地区（如上海）还实行了物业保修金制度。

　　1）住宅专项维修资金。

　　住宅专项维修资金，是指在我国大部分地区推行的专项用于住宅共用部位、共用设施设备保修期满后的维修和更新、改造的资金。住宅专项维修资金的基本特征如表 3.12 所示。

表 3.12　住宅专项维修资金的基本特征

性质	具有保障性质的专用资金
来源	业主缴存费用
概念	用于保障住宅共用部位、共用设施设备保修期满后的维修和更新、改造的资金
目的	为住宅共用部位、共用设施设备正常运转与使用提供保障
使用	需由专有部分占建筑物总面积 2/3 以上的业主且占总人数 2/3 以上的业主讨论通过使用建议

2）物业保修金。

物业保修金制度是由建设单位在办理房屋所有权初始登记之前缴纳建安工程总造价 3%的物业保修金，留置时间为 10 年，按银行同期存款利率计息。主要用于新商品房（包括经济适用住房）和公有住房出售后的共用部位、共用设施设备的维修。

但是，随着社会经济的发展，现行既有建筑的质量保障的缺陷日益凸显，迫切需要对此进行改革。

（2）当前既有建筑质量保障存在的问题

1）制度运行效率低，未发挥应有作用。

据相关报道，全国住宅专项维修资金的使用率仅在 1%左右，物业保修金的使用率也不容乐观。由于维修资金的使用决策程序不合理，大量质量问题难以得到及时维修，既有建筑的质量无法有效保障，致使业主的人身和财产安全受到威胁，背离了国家设立维修资金的初衷。

2）巨额资金沉淀，保值增值迫在眉睫。

目前，全国已缴存的维修资金超过万亿元难以使用，此外部分地区缴纳的物业保修金留置时间长达 10 年之久，由于效率低，大量资金沉淀，且收益率却普遍低于通胀率，不但导致了对业主权益的损害，更可能无法保障未来的维修任务，无法对既有建筑的质量实施有效保障。

3）申请使用程序复杂、手续繁多。

住宅专项维修资金的使用，首先需要小区物业管理公司根据维修、更新和改造所涉及的具体设施设备提出动用方案，然后须征得专有部分占建筑物总面积的 2/3 以上的小区业主且占总人数 2/3 以上的业主讨论通过，再由小区物业管理公司持相关的材料文件，向物业小区所在地的政府建设（房地产）主管部门申请列支，建设（房地产）主管部门进行审核，如果审核同意，再向住宅专项维修资金专户管理银行发出划转住宅专项维修资金的通知，专户管理银行在接到政府建设（房地产）主管部门发出的转划通知以后，再将所需要的住宅专项维修资金划转至维修单位。不难发现，申请动用资金的手续异常复杂。而住宅小区内的共用部位、共用设施设备，往往与小区业主的日常生活紧密相关，繁杂的审批过程给居民的日常生活带来了许多不便，无法及时保障既有建筑的质量，对广大居民的人身权益造成损害，社会总成本增加过多。

4）应急资金比例设置严重不足。

紧急情况下，维修资金规定的使用比例通常不超过 5%，在较为重大的工程质量问题解决过程中显得杯水车薪，无法起到根本性作用，导致很多严重的质量问题无法得到及时解决，甚至导致后续损失扩大，难以及时有效地保障既有建筑工程质量。

（3）对既有建筑引入保险

通过引入工程质量保险制度，消除当前住宅专项维修基金和物业保修金制度存在的问题，并且彻底解决既有建筑质量维修资金来源问题，形成建设工程全寿命周期的质量保障体系，保障既有建筑质量。

1）提取部分住宅专项维修资金进行投保。

提取部分住宅专项维修资金进行投保的方案如图 3.11 所示。

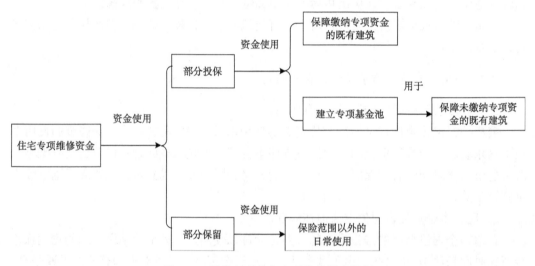

图 3.11　提取部分住宅专项维修资金投保

本方案主要内容包括以下两个方面。

①提取部分维修资金进行投保。

针对缴纳住宅专项维修资金的小区，从维修资金中提取一定比例，购买保险，进而弥补和完善现有制度缺陷，提高维修效率，确保房屋主体结构全寿命周期的质量维修得到有效落实，切实保障既有建筑的质量。

此外，建立专项基金池，约定保险公司从每一份保费中提取一定比例，形成基金池，用于解决过去未缴纳住宅专项维修资金的既有建筑（含老旧危房）的质量问题。

②明确日常使用范围。

对于住宅专项维修资金提取购买保险后的留存部分，明确其日常部分适用范围，避免与保险出现重合或疏漏之处；并简化使用程序，对于电梯、防水、外墙脱落等影响业主正常工作生活和人身安全的，实现快速维修，及时保障既有建筑的质量。

2）提取全部住宅专项维修资金进行投保。

提取全部住宅专项维修资金进行投保的方案如图 3.12 所示。此方案可以彻底释放维修资金，减轻企业和人民群众负担，同时将既有建筑质量保障彻底交付给保险公司，避免未来由于范围划分不清引起的纠纷。

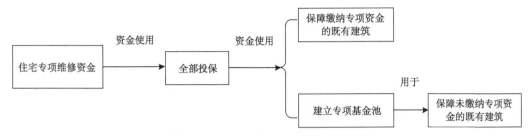

图 3.12　提取全部住宅专项维修资金投保

3）退还物业保修金。

对于部分地区实行的物业保修金制度，当建设单位还存在时，建设单位可对既有建筑进行投保，投保后对于已经缴纳且尚未使用的物业保修金予以退还。当建设单位不存在时，可将已经缴纳且尚未使用的物业保修金全部或部分投保（参考上述住宅专项维修资金的两个方案），对既有建筑更好地进行保障。

3.4　建设工程质量保险的操作

3.4.1　投保承保

（1）投保模式

工程质量保险通常有 2 种投保方式：各自投保和整体投保。

各自投保：是指工程的建设、施工、勘察、设计等单位各自向保险公司进行投保。其优点是可以采用差异化浮动保费促进行业优胜劣汰。不足之处在于索赔时的责任界定可能会出现推诿扯皮现象。见图 3.13 所示。

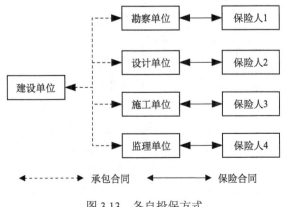

图 3.13　各自投保方式

整体投保：是由建设单位牵头按项目投保，再由建设、施工、勘察、设计等单位按比例进行分摊。其优点是索赔时不会出现责任界定不清、推诿扯皮的现象，便于保险公司操作。不足之处在于，建设单位再分摊给其他责任主体时，由于其自身强势地位，极易出现不公平转嫁等行为。见图 3.14 所示。

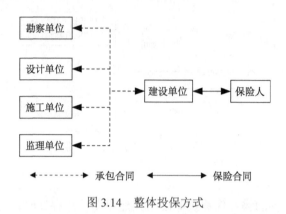

图 3.14　整体投保方式

对于工程质量潜在缺陷保险，过去试点中存在的一个普遍问题是保费列支问题，尤其是对于财政投资类项目，由于缺乏列支科目使得建设单位投保的积极性不高。因此，若财政部、发展改革委对此调整不予支持，则可以通过调整投保模式予以变通。

如将建设单位投保的工程质量潜在缺陷保险和施工单位投保的保修保证保险打包，由建设单位统一购买，即采用整体投保方式，同时由于保险责任相似予以保费优惠。此时建设单位投保后必然将保费转嫁给施工单位，施工单位非常清楚这一点，必然将保费折算进入综合单价，解决了建设单位保费无法列支的问题，同时，由于保费进入综合单价，且施工单位不再缴纳质量保证金，施工单位也将乐于接受此投保方案。

对于其他险种，可以采用各自投保的方式。

（2）投保流程

工程质量潜在缺陷保险的投保程序如图 3.15 所示。

1）投保意向书。

建设单位应当在工程勘察设计阶段投保工程质量潜在缺陷保险。建设单位应当向保险公司提供的资料包括但不限于：工程项目基本情况、数据指标、投保人和各参建单位情况等。保险公司根据工程项目情况和参建单位情况拟定保险意向书和预估保险费。建设单位与保险公司签订保险

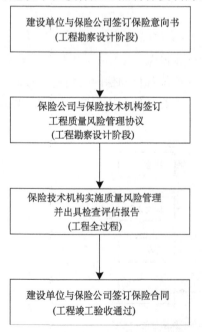

图 3.15　工程质量潜在缺陷保险投保流程

意向书，并支付预估保险费的 1/4～1/3，用于在签订正式保险合同前，保险公司委托保险技术机构开展工程质量风险管理工作。

保险意向书应当至少明确三部分内容：第一，提供保险条款，使投保人明确工程质量潜在缺陷保险的保险责任、保险期间、责任免除等；第二，明确投保人和保险人的权利、义务；第三，说明保险公司将委托保险技术机构开展工程质量风险管理，建设单位应当在勘察合同、设计合同、施工合同、监理合同及建筑材料、建筑构配件和设备采购合同中，将投保工程质量潜在缺陷保险的相关情况予以说明，并明确相关参建单位应当配合保险公司（及其委托的保险技术机构）开展工程质量风险管理的工作。

2）保险合同。

工程竣工验收前，保险公司通过保险技术机构出具的最终评估报告对预估保险费进行调整，确定最终费率，并与建设单位签订正式保险合同。对于实行物业保修金的地区，建设单位投保工程质量潜在缺陷保险后，可以免予交纳物业保修金。

工程质量潜在缺陷保险合同应当包括但不限于下列事项：保险人的名称和住所；投保人、被保险人的名称、住所；保险标的；保险责任和责任免除；保险期间；保险金额；保险费以及支付办法；赔偿办法；违约责任和争议处理；订立合同的日期。

保险合同的附件包括但不限于：保险条款；保险告知书；保险理赔应急预案；投保人和保险人约定的其他事项。

保险公司应当编制《工程质量潜在缺陷保险告知书》，保险告知书应当包括保险范围、保险期间、保险责任开始时间、保险理赔流程、负责保险理赔工作的单位及其联系方式、被保险人的通知义务等。保险告知书经建设单位确认后，作为保险合同的附件。

《保险法》第四十九条规定：

"保险标的转让的，保险标的的受让人承继被保险人的权利和义务。

保险标的转让的，被保险人或者受让人应当及时通知保险人，但货物运输保险合同和另有约定的合同除外。

因保险标的的转让导致危险程度显著增加的，保险人自收到前款规定的通知之日起三十日内，可以按照合同约定增加保险费或者解除合同。保险人解除合同的，应当将已收取的保险费，按照合同约定扣除自保险责任开始之日起至合同解除之日止应收的部分后，退还投保人。

被保险人、受让人未履行本条第二款规定的通知义务的，因转让导致保险标的的危险程度显著增加而发生的保险事故，保险人不承担赔偿保险金的责任。"

因此，产权人和被保险人的变更不影响保险合同的效力。在办理房屋交付手续时，建设单位应当将《工程质量潜在缺陷保险告知书》《房屋建筑质量保证书》《房屋建筑使用说明书》一起提交产权人。产权人再次出售、转让房屋时，应当将《工程质量潜在缺陷保险告知书》《房屋建筑质量保证书》《房屋建筑使用说明书》一起交给新产权人。新所有权人应当及时书面通知保险公司。

（3）承保

1）共保。

工程质量潜在缺陷保险的承保可以采取共保模式。共保，是指两个或两个以上保险人共同承保同一标的的同一危险、同一保险事故，而且保险金额不超过保险标的的价值。共保按保险标的是否在共保承保人经营区域内划分为同地共保（即保险标的在共保承保人经营区域内）和异地共保（即保险标的在共保承保人经营区域外）。共同保险属于直接保险，是直接保险的特殊形式，是风险的第一次分散，目的在于分散风险。

共保模式应当统一保险条款、统一保险费率、统一理赔流程。

可由住房和城乡建设主管部门和保险监督管理部门共同选择实力强、服务好、有工程保险经验的保险公司组成共保体；或者选定若干家有能力成为主承保单位的保险公司，由其自由组合共保体。

对于共保体组成单位或者主承保单位，可以实行名录动态管理，对于服务差的保险公司及时予以公布，并清出名录。

2）再保。

再保也称分保，是保险人在原保险合同的基础上，通过签订再保合同，将其所承保的部分风险和责任向其他保险人进行再次保险的行为。再保险是在原保险基础上进一步分散风险，是风险的第二次分散。同时也减轻资本占用，提高承保能力。

再保可以起到以下作用。

①稳定保险业务。再保险可平衡保险业务中，保险人承保业务的赔款费用和保费间的亏损及盈利情况，达到控制损失、稳定经营的效果，均衡保险人利润。

②扩大承保能力。再保险业务可按国际惯例，使分出保费不计入保费额度，减少保险人受资本和准备金等自身财务状况的承保限制，扩大其承保能力。

③有利于企业经营。在再保险业务中，原保险人可在支付给再保险人的保费中扣除未到期责任准备金和分保手续费，之后还可获得一定收益。

④形成巨额联合保险基金。再保险可将各个独立、为数较少的保险基金联合起来，形成国际范围的巨额保险基金和庞大的保险服务网络，在满足有条件承担高额保险业务的同时，实现各个保险人自身财务的稳定。

《保险法》第二十八、二十九条规定：

"应再保险接受人的要求，再保险分出人应当将其自负责任及原保险的有关情况书面告知再保险接受人。"

"再保险接受人不得向原保险的投保人要求支付保险费。

原保险的被保险人或者受益人不得向再保险接受人提出赔偿或者给付保险金的请求。

再保险分出人不得以再保险接受人未履行再保险责任为由，拒绝履行或者迟延履行其原保险责任。"

针对建设工程质量保险这种特殊险种，共同保险与再保险结合采用是较为科学合理的方式。

3.4.2　风险管理

关于工程质量风险管理详细内容见"建设工程保险技术"（第 4 章），此处仅作简要阐述。

（1）工程质量风险管理内容

工程质量风险管理的内容主要是依据保险公司承保的风险确定的。保险公司承保建设工程质量保险，尤其是工程质量潜在缺陷保险时，应当按照法律法规、工程建设标准、施工图设计文件和保险合同的要求，从勘察、设计阶段开始，直至工程竣工验收合格，从参建主体、建造工艺、材料设备、工程实体、工程环境、工程资料等各方面对建设工程实施工程质量风险管理。

（2）工程质量风险管理合同

保险公司应当与工程保险技术机构签订书面委托合同，依法约定双方的权利义务。工程保险技术机构应当遵守法律法规等规定，遵循独立、客观、公平、公正的原则，依法对风险管理的真实性、准确性负责。工程保险技术机构因故意或者过失给保险人、投保人或被保险人造成损失的，依法承担赔偿责任。

第三方工程保险技术机构不得与参建单位存有关联关系，不得直接或间接参与该工程的勘察、设计、施工、监理、材料供应等工作。

（3）工程质量检查报告

第三方工程保险技术机构根据保险责任内容实施检查，每次检查形成检查报告，明确检查发现的质量缺陷问题，提出处理意见和建议，在工程完工后形成最终评估报告，给出保险标的的风险评价。检查报告和最终评估报告应当提供给保险公司和建设单位。

建设单位接到检查报告和最终评估报告后，责成施工单位及时整改质量缺陷问题。施工单位和监理单位不得妨碍风险管理工作，并应当配合提供便利条件。

监理单位应督促施工单位开展质量缺陷整改，施工单位拒不整改或者整改不力的，监理单位应当报告建设单位。在施工单位完成整改前，监理单位不得同意通过相关验收。

因存在严重质量缺陷，且在竣工时没有得到实质性整改导致保险公司解除保险合同的建设项目，建设单位不得通过竣工验收。

3.4.3　理赔鉴定

（1）一般理赔流程

由于建设行业各市场参与主体在法律上均属于"法人"的范畴，而对于房屋建筑来说，产权人通常是"自然人"，两者虽然在法律上的地位是对等的，但在具体实施和操作的过程中，企业和个人在掌握相关信息和资源的实力，以及经济实力上的不对等，往往使得产权人在诸如举证责任、费用承担等方面处于绝对劣势的地位，这些都会成为产权人主张权利的一道屏障，使得产权人的权利无法得到有效的保障。因此，保险公司应当制定充分保护被保险人权益的理赔操作规程，并向保险监管部门备案。理赔流程示例如图 3.16 所示。

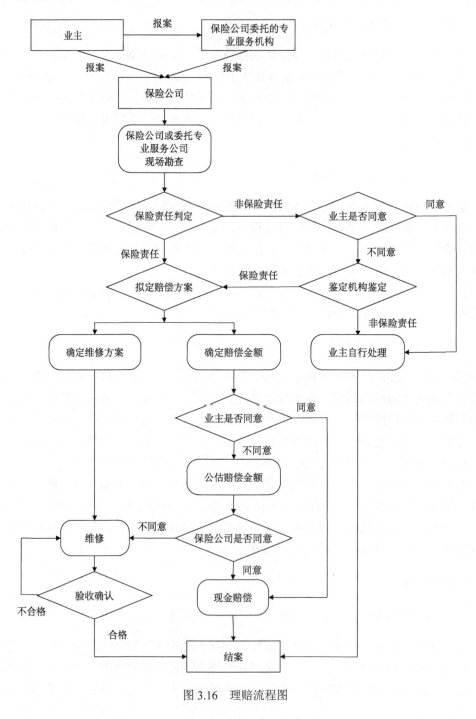

图 3.16　理赔流程图

当被保险人发现工程质量缺陷后，被保险人应该做到以下三点。

1）尽力采取必要、合理的措施，防止或减少损失，否则，对因此扩大的损失，保险人不承担赔偿责任。

2）及时通知保险人，并书面说明事故发生的原因、经过和损失情况；故意或者因重大过失未及时通知，致使保险事故的性质、原因、损失程度等难以确定的，保险人对无法确定的部分，不承担赔偿责任，但保险人通过其他途径已经及时知道或者应当及时知道保险事故发生的除外。

3）保护事故现场，允许并且协助保险人进行事故调查。对于拒绝或者妨碍保险人进行事故调查导致无法确定事故原因或核实损失情况的，保险人对无法核实的部分不承担赔偿责任。

当发生被保险人向投保人提出质量缺陷损害赔偿要求时，投保人应立即通知保险人。未经保险人书面同意，投保人对被保险人作出的任何承诺、拒绝、出价、约定、付款或赔偿，保险人不受其约束。对于投保人自行承诺或支付的赔偿金额，保险人有权重新核定，不属于本保险责任范围或超出应赔偿限额的，保险人不承担赔偿责任。在处理索赔过程中，保险人有权自行处理由其承担最终赔偿责任的任何索赔案件，投保人、被保险人有义务向保险人提供其所能提供的资料和协助。

（2）理赔受理

保险公司可以委托物业服务企业等专业服务机构统一受理业主的理赔申请，组织现场勘查和维修。在接到到索赔申请后，3 日内派员现场勘查，10 日内作出核定。对属于保险责任的，保险公司在与被保险人达成赔偿协议之日起 10 日内履行赔偿义务。对不属于保险责任的，保险公司应当自作出核定之日起 3 日内向业主发出不予赔偿通知书，并说明理由。情形复杂的应当在 60 日内作出核定，并将核定结果通知业主。保险人自收到赔偿保险金的请求和有关证明、资料之日起 60 日内，对其赔偿保险金的数额不能确定的，应当根据已有证明和资料可以确定的数额先予支付；保险人最终确定赔偿的数额后，应当支付相应的差额。

保险公司承担赔偿责任支付赔偿金后，业主对于已获得赔偿的损失不能再向建设单位和相关责任单位索赔。

（3）理赔评估

关于工程质量潜在缺陷保险的理赔评估，可以参考北京市建委出台的《北京市房屋质量缺陷损失评估规程》（J10690—2006）和《北京市建设工程施工质量投诉管理规定》（京建质[2006]138 号）。北京市高级人民法院已经对房屋质量缺陷损失评估报告的法律效力予以明确，因房屋质量缺陷损失起诉到人民法院的案件，依据北京市建委《北京市房屋质量缺陷损失评估规程》和《北京市建设工程施工质量投诉管理规定》做出的评估报告，可作为证据使用。

房屋质量缺陷损失评估主要包括 10 个步骤：①评估委托；②拟定评估作业方案；

③搜集评估所需资料；④实地勘察房屋质量缺陷状况；⑤选定评估方法进行测算；⑥确定评估结果；⑦撰写评估报告；⑧审核评估报告；⑨出具评估报告；⑩评估报告归档。

对于工程质量潜在缺陷保险理赔金额的评估主要采用成本法，即评估修复工程质量缺陷所必需的各项费用，包括拆除、修缮、恢复、重建等活动支出的费用。

（4）应急维修

依据《中华人民共和国建筑法》《中华人民共和国保险法》《建设工程质量管理条例》《保险业重大突发事件应急处理规定》《保险业突发事件应急预案》《关于加强保险业突发事件应急管理工作的通知》等法律、法规及相关规定，保险公司应当建立应对重大灾害或突发事件的应急预案和处理方案。一旦遇有自然灾害、重大意外事故，以及对社会影响大、危害程度大和其他保险监督机构认为应当采取应急处理机制的重大事件，保险公司将立即启动应急预案，调动各类人员和物资，及时赶赴现场处理各种情况，有效减少损失，及时对被保险人进行赔付。

保险公司应当制定保险理赔应急预案，应急预案应当明确保险理赔应急预案启动的具体情形、应急流程、采取的应急措施等。保险理赔应急预案经建设单位确认后，作为保险合同的附件。

对于影响基本生活、质量安全且属于保险责任范围内的索赔申请，保险公司或保险公司委托的专业服务机构须在收到索赔申请后的约定时限内先行组织维修，同时完成现场勘查。

（5）快速理赔

对于保险责任明确、保险财产和损失大小定损金额得到被保险人同意的赔案，采用"绿色通道"快速结案，对于虽明确保险责任，但一时无法确定损失金额的案件，采取预付赔款方式，做到简化流程、宽赔快赔。

1）建立快速理赔服务中心。

保险公司（或专业合作机构）可根据实际情况在各自所负责的市、区内成立若干个"建设工程保险快速理赔服务中心"，形成"快处快赔"的一站式服务体制，做到"快速反应""快速查勘""快速定损""快速理赔"，确保及时修复保险责任范围内建设工程的损坏。

保险公司可委托技术能力强的专业合作机构负责保险责任范围内的专业维修，并与各物业公司全面开展合作，协助处理报案、查勘和修复等事宜。

2）建立快速理赔服务网络平台。

建立"工程质量保险快速理赔服务网络平台"（包括移动端手机 App 的同步建设），以信息化技术将各快速理赔服务中心以网点的形式连接成理赔信息管理网络，这样可以极大地简化理赔程序，提高理赔效率；同时便于保险公司收集相关信息，进行统计分析，从而形成工程质量保险快速理赔服务信息的大数据资产，从宏观上对快速理赔业务进行更加科学合理的分析、判断和把控。

此外，快速理赔服务网络平台可以提升行业的理赔服务能力，从而使理赔服务更加标准化。由于快速理赔服务网络平台可以将快速理赔大数据信息进行资产化处理，把各个理赔服务中心（网点）的理赔情况集中起来进行分析，所以，各个理赔服务中心（网点）所需的理赔材料、理赔流程、定损标准等逐步趋于一致，并在互相参考中不断优化，很好地提高了行业理赔服务的标准化。

3）建立小额快速理赔机制。

对于小额理赔，可以将理赔程序简化如下。

①建立小额事故免查勘制度。相对来说，小额工程事故一般发生的概率比较大，比较频繁，如果处理不好，经常会造成保险公司与业主的多种矛盾和纠纷。所以，损失金额在一定范围以内（如人民币 500 元以下）的所有事故可以免去现场查勘环节。

②小额赔案合并处理。为简化理赔办理手续，对于 3 个月内发生的同类小额索赔事件，被保险人可根据需要一次性"打包"提出索赔申请，保险公司作并案处理，减少重复的环节。

③理赔服务限时完成制度。资料齐全的情况下，5 个工作日内予以赔付结案。

建立小额快速理赔机制有多方面的好处。一是降低了行业的经营成本。客户出险后，保险公司或保险技术机构无须再派专员赶赴事故现场进行查勘，节省了公司查勘的人力成本，减少了查勘车辆的出勤次数，从而明显降低了公司的经营成本；二是可以为业主节省大量的时间成本，减少客户事故处理和保险理赔的等候时间和往返次数，提高工程保险的理赔效率，切实保障业主的利益；三是扩大了行业影响，快速理赔服务中心不仅仅会以其"方便、快捷"的处理方式得到广大被保险人的认可，随着各地工程质量保险工作的不断深入，更会获得政府的充分肯定和媒体的广泛关注。

（6）争议鉴定

被保险人和保险公司对是否属于保险责任范围和维修结果是否符合要求存在争议的，被保险人或者保险公司可以委托工程质量检测鉴定机构进行检测鉴定。

被保险人和保险公司对赔偿金额存在争议的，被保险人或者保险公司可以委托房屋质量缺陷损失评估机构或保险公估机构进行评估。

鉴定结果全部或部分属于保险责任的，鉴定费用由保险公司全部或部分承担；鉴定结果不属于保险责任的，鉴定费用由申请方承担。

（7）代位求偿（代位追偿）

由于工程质量潜在缺陷保险属于保证保险性质，即不需要界定责任人，只要发现工程质量缺陷，即可向保险公司进行索赔。而保险公司在先行赔付后，有权依法对质量缺陷的责任单位实施代位求偿，被保险人与相关责任方应予以配合。其原因是法律法规或合同约定应由勘察单位、设计单位、施工单位、设备材料供应商等责任方承担的法律责任，并不因建设单位投保工程质量潜在缺陷保险而免责。此时若责任人购买了相应的职业责任险，则可以找承保职业责任险的保险公司索赔，从而消除了责任人消失或者赔偿不起的风险，形成了工程质量保险的闭环。

代位求偿原则是指在财产保险中，保险标的发生保险事故造成推定全损或者保险标的由于第三者责任导致的损失，保险人按照合同的约定履行赔偿责任后，依法取得对保险标的的所有权或对保险标的的损失负有责任的第三者的追偿权。保险人所获得的这种权利就是代位求偿权。我国《保险法》中也规定了代位求偿权的法律地位。

第六十条规定：

"因第三者对保险标的的损害而造成保险事故的，保险人自向被保险人赔偿保险金之日起，在赔偿金额范围内代位行使被保险人对第三者请求赔偿的权利。

前款规定的保险事故发生后，被保险人已经从第三者取得损害赔偿的，保险人赔偿保险金时，可以相应扣减被保险人从第三者已取得的赔偿金额。

保险人依照本条第一款规定行使代位请求赔偿的权利，不影响被保险人就未取得赔偿的部分向第三者请求赔偿的权利。"

第六十一条规定：

"保险事故发生后，保险人未赔偿保险金之前，被保险人放弃对第三者请求赔偿的权利的，保险人不承担赔偿保险金的责任。

保险人向被保险人赔偿保险金后，被保险人未经保险人同意放弃对第三者请求赔偿的权利的，该行为无效。

被保险人故意或者因重大过失致使保险人不能行使代位请求赔偿的权利的，保险人可以扣减或者要求返还相应的保险金。"

第六十三条规定：

"保险人向第三者行使代位请求赔偿的权利时，被保险人应当向保险人提供必要的文件和所知道的有关情况。"

3.5　建设工程质量保险的市场机制

3.5.1　供求机制

（1）供求机制的概念

供求机制是指通过商品、劳务和各种社会资源的供给和需求的矛盾运动来影响各种生产要素组合的一种机制，是调节市场供给与需求矛盾，使之趋于均衡的机制。

供给与需求是使市场经济运行的力量，它们决定了每种物品的产量及其出售的价格。供求机制是与价格机制紧密联系、共同发挥作用的机制，主要体现于供给、需求及价格之间的关系。它通过供给与需求之间的在不平衡状态时形成的各种商品的市场价格，并通过价格、市场供给量和需求量等市场信号来调节社会生产和需求，最终实现供求之间的基本平衡。商品的供求关系与价格、竞争等因素之间是相互制约和联系的，供求关系受价格和竞争等因素的影响，而供求关系的变动，又能引起价格的变动和竞争的开展。供求机制的基本作用是促使商品生产者适应市场需求的变化，引导生产要素的合理流向，提高资源配置效率。

（2）保险市场的供求机制分析

保险市场是保险商品交换关系的总和。根据 N·格里高利·曼昆在《经济学原理》中的思想，这里把保险市场进行简化处理，即在保险市场中，市场主体只涉及签订保险合同的保险关系主体双方——投保人和保险人（保险公司）。因此，该保险市场机制可以用如图 3.17 所示的基本循环流量图来表示。

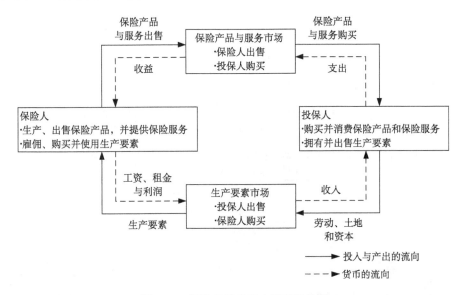

图 3.17　保险市场的基本循环流量图

循环流量图的两个环形相互区别，但又相互关联。外面的环形代表投保人和保险人之间投入与产出的流向：投保人在"生产要素市场"上把劳动、土地和资本出售给保险人使用，然后保险人用这些要素生产保险产品并提供保险服务，这些产品与服务又在"保险产品与保险服务市场"上出售给投保人。就这样，生产要素从投保人流向保险人，而保险产品与服务由保险人流向投保人。里面的环形代表相应的货币流动：投保人支出货币向保险人购买保险产品与服务，保险人用一部分销售收入支付生产要素的报酬，如员工的工资等。所剩下的部分就是保险公司的利润，可以用来维持生产运营或者进行扩大再生产。

由上述一般保险市场的基本循环流量图可知，投保人和保险人之间投入与产出的流动总是伴随着相应货币的逆向流动，即形成了两个环形流动过程。根据"经济学原理"可知，商品市场的供求机制通过对供求双方力量的调节达到市场均衡，从而决定市场的均衡价格，即供求状况决定商品的价格。因而，就一般商品市场而言，其价格的形成，直接取决于市场的供求状况。

但是，在保险市场上，保险商品的价格即保险费率不是完全由市场供求状况决定的，即保险费率并不完全取决于保险市场供求的力量对比。由于保险的射幸性，保险市场所成交的任何一笔交易，都是保险人对未来风险事件发生所致经济损失进行补偿的承诺，即保险合同的履行建立在事件发生的不确定性基础上。因此，保险市场上保险费率的形成，一方面取决于保险标的风险发生的频率，另一方面取决于保险商品的供求情况，需由专门的精算技术予以确立。对于工程质量保险来说，尽管保险费率的确定要考虑市场供求状况，但是供求状况本身并不是确定保险费率的主要因素。

（3）工程质量保险市场的供求机制分析

由于在工程质量保险制度的实施中，引入工程保险技术机构，所以在如图 3.17 所示的一般保险市场基本循环流量图的基础上，分别增加了新的工程保险技术机构与保险人和投保人之间的经济关系。工程质量保险市场机制可以用如图 3.18 所示的基本循环流量图来表示。

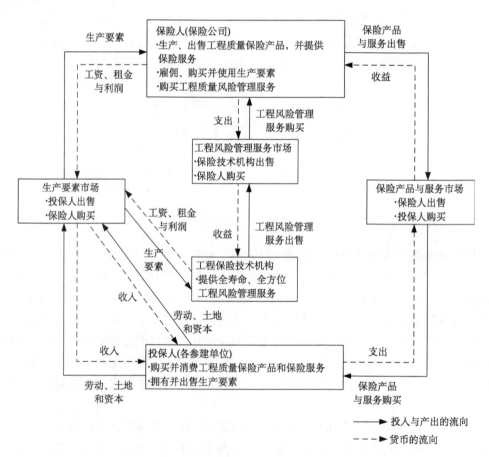

图 3.18   工程质量保险市场的基本循环流量图

首先，如同如图 3.15 所示的一般保险市场的基本循环流量图一样，工程质量保险的投保人和保险人也是在两类市场上相互交易。在"保险产品与保险服务市场"上，投保人是买者，而保险人是卖者，即投保人购买保险人生产的保险产品和提供的保险服务；

在"生产要素市场"上，投保人是卖者，而保险人是买者，即投保人向保险人提供用于生产保险产品和提供保险服务的投入。这一循环关系是工程质量保险市场的基本经济循环关系。

其次，新引入的工程保险技术机构则分别与投保人和保险人产生经济关系。在"工程风险管理服务市场"上，保险人是买者，而工程保险技术机构是卖者，即保险人购买工程保险技术机构提供的工程风险管理服务；在"生产要素市场"上，投保人是卖者，而工程保险技术机构是买者。每个投入与产出的流动总会伴随着相应货币的逆向流动。在工程质量保险市场上，保险商品的价格即保险费率同样不是完全由市场供求状况决定的，而是一方面取决于工程质量风险发生的频率，另一方面取决于工程质量保险商品的供求情况。但由于工程质量保险承保风险的特殊性，其风险状况是保险费率的决定性因素。

（4）工程质量保险市场的需求分析

1）保险需求。

需求是针对消费者的购买能力而言的。工程质量保险需求是指在一定时间内、一定的费率水平上，保险消费者愿意并有能力购买的工程质量保险商品的总量。它是消费者对工程质量保险保障的需求量，可以用投保人投保的保险金额总量来计量。工程质量保险市场需求则是一个总括性、集合性的概念，但它又不是所有工程质量保险需求的简单相加，而是在各种不同的费率水平上，消费者购买的工程质量保险商品数量表，即在特定时间内，在不同的费率水平上，工程质量保险需求的集合形成了工程质量保险市场需求。

工程质量保险市场需求包括三个要素：有保险需求的人、为满足保险需求的购买能力和购买意愿。这三个要素相互制约，缺一不可，结合起来构成现实的工程质量保险市场需求，决定市场需求的规模和容量。

对于工程质量保险合同而言，保险人无疑是保险公司；有保险需求的人是参与工程建设的各方，一般包括建设单位、勘察单位、设计单位、施工单位等参建主体。因此，投保工程质量保险的投保人一般都是企业，而且潜在投保人的数量众多，同时具有很强的购买缴费能力，从而能形成一个有潜力的保险市场需求。但是，工程质量保险的市场需求是有保险需求的人、为满足保险需求的购买能力和购买意愿这三个要素的统一，如果工程质量保险商品不适合保险消费者需要，不能引起人们的购买愿望，那么对保险企业来说，仍然不能成为现实的工程质量保险市场需求。

其实，对于所有权分散的企业来说，企业购买工程质量保险的动机远比个人消费者购买一般保险产品的动机复杂。

①风险转移。

在任何一个经济系统中，如何使风险得到有效分散，都是该系统的核心问题之一。保险商品服务的具体内容是各种客观风险。无风险，则无保险，因此风险的客观存在是保险需求产生的前提。由于建设工程是一系列有组织、有目的、大规模的经济活动，具有工程建设周期长、建造环境和施工工艺复杂、参与方众多、对参与方的质量管理能力和具体建造人员的技术要求高、施工现场的危险因素很多等鲜明特点，一些危险因素相互集结，最终形成危害整体工程质量目标实现的风险。所以，工程质量保险作为工程质量风险的有效分散和管理机制，对于工程各参建企业的风险管理具有非常重要的意义。

②比较优势：专业化的动力。

对于工程质量保险这一特殊领域，对其进行防灾减损以及工程质量出现问题或者发生事故后的理赔鉴定等环节往往都是很复杂的。相对于工程参建各方而言，保险公司在防灾减损以及理赔鉴定等环节的专业性更高，具有很大的比较优势。也就是说，相对于工程参建各方自己去从事关于防灾减损以及理赔鉴定等工作，保险公司从事相同工作所付出的机会成本要低得多。保险公司分布广泛的理赔网络以及专业保险人才使其能够在理赔方面提供真正有效的服务，在建设企业出现损失后较快地完成理赔，从而能够使建设企业尽早恢复生产。同时，专业化的防灾减损技术也可以帮助建设企业降低工程质量发生损失的概率，从而间接提高了建设企业的生产效益。

③破产成本对工程质量保险需求的影响。

众所周知，建设工程往往投资巨大，尤其是随着工程技术水平的持续发展和全社会对工程质量要求的不断提高，建设工程的投入及其牵扯的资金面也随之大幅增加。对于未投保工程，工程质量一旦出现问题或者发生事故，经常引发诸多的经济和法律纠纷，无论是其对社会产生的负面影响，还是赔偿事故损失或者处理解决这些纠纷问题所需要的费用往往都是非常巨大的，这对很多中小企业来讲是灾难性的，很可能会出现企业因为工程质量事故的损失而导致流动性丧失或陷入财务困境的情形，甚至会导致企业的破产。

破产成本理论的基本内容是企业宣布破产会让企业付出额外的成本。这些成本可以是在企业破产重组或破产清算过程中直接表现出的会计成本，也可以是因为企业一旦陷入财务危机、经营的低效率带来的各种机会成本的损失（间接成本），所以企业的破产过程实际上浪费了大量的社会资源。

对于规模不等的企业而言，破产成本的占比也不一样，所以中小企业比大企业一般更有意愿通过购买工程质量保险降低破产发生的可能性。另外，只要破产成本的现值高于保险合同费用，那么建设单位无论规模大小都会去购买工程质量保险。

④"建设单位-参建单位各方博弈"对工程质量保险需求的影响。

这是采用"委托-代理"理论来研究工程质量保险市场的一种方法。其基本内容是：在建设工程项目的具体建造过程中，由于市场信息的不对称性特点，参建单位各方的行为不能有效地被建设单位观察到，参建单位各方有可能背着建设单位做出伤害建设单位利益的行为。建设单位意识到这点后，对参建单位各方的总体报酬就会有所限制，以反映自己对参建单位各方的不放心。参建单位各方也会意识到这点，他们会有动机地引入某种保证监督机制，从而让建设单位的不安全感得到化解。研究证明，在有工程质量保险后，建设单位只用相对较低（与没有保险时比较）激励系数就能使参建单位各方负责任地工作，并且建设单位的效用也能得到提高。

⑤"股东-债权人博弈"对工程质量保险需求的影响。

"股东与债权人"这一博弈关系主要表现为两类矛盾：第一类称为"投资不足"，第二类称为"资产替换"。

所谓"投资不足"现象，源于债权人和股东之间的分配方式不同，即债权人的收益是相对稳定的，并且在建设企业清偿资产时享有优先权；而股东的收益则取决于建设企业的经营状况，且不享有资产清偿的优先权。那么，在一个高负债经营的建设企业里，工程质量如果发生灾害损失而需要追加投资时，股东出于自身利益最优的考虑，有限制投资规模的动机，因为投资收益首先属于债权人而不是股东。

针对这种"投资不足"的问题，如果建设企业购买了工程质量保险，投资项目遭受损失的风险能有效转移给保险公司，从而提高股东价值和建设企业的价值；同样在极端情况下，由于当建设企业破产后，公司的剩余资产优先偿还债权人，所以股东会千方百计地降低建设企业破产的风险，购买工程质量保险就是一种方式。

"资产替换"现象是指，股东普遍有动机在未来经营中用高风险项目置换举债融资时的低风险项目，因为如果项目成功，股东和债权人分享利润，如果项目失败，股东最多没有收益，但不会有全面损失，损失主要由债权人承担。当然，债权人往往会意识到股东的此种道德风险，在融资时债权人将故意提高融资成本来弥补自己的潜在风险。

针对"资产替换"的问题，如果建设企业购买了工程质量保险，保险公司作为外部监督者，可以有效监控合同条款的执行，能限制股东转移风险于债权人的可能性，债权人进而也愿意降低融资成本，提升建设企业的价值。

⑥税收政策对工程质量保险需求的影响。

由于保险的损失补偿功能具有社会稳定器的作用，国家对企业保险的购买往往有税收优惠政策，即允许保险费作为企业的成本在税前列支。所以，建设企业可以通过比较购买工程质量保险和不购买工程质量保险（风险自留）的预期收益而做出财务决策，购买工程质量保险后可以直接或间接获得的所得税税收利益将极大地刺激并扩大建设企业的保险需求。

⑦行业规制对工程质量保险需求的影响。

建设工程行业是关系国计民生的特种行业，国家或地方政府对其一般都有严格的行业规制（监管）措施。由于建设工程行业遭受灾害的损失不仅关系自身利益，同时也会造成社会广大公众利益的损失，所以工程质量保险往往成为强制或半强制的。另外，对于处在被规制的建设企业而言，购买工程质量保险可以向监管方和消费者传递一个稳健经营、现金流有充分保障的信号，而它所交的保险费可以计入成本。所以在同等条件下，被规制的建设企业比不被规制的建设企业更倾向于购买工程质量保险。

2）风险管理需求。

由于建设工程投资大、周期长等特征，一旦质量风险发生，造成的人身伤亡和经济损失都比较严重，会产生负面的社会影响；同时，由于建设工程的不可逆性，工程的整体合格性需要由各建造实施环节的合格性来判定，所以，工程风险管理工作就显得格外重要。

由图 3.16 可知，在工程质量保险市场中，通过引入工程保险技术机构，实施建设工程的风险管理工作，充分发挥工程质量保险在事前预防、事中控制的作用，从而利用市场手段促进建筑行业的持续健康发展，发挥市场配置资源的决定性作用。

因此，工程质量保险市场对于工程保险技术机构及其所提供的工程风险管理服务的需求是多方面的。本书从以下方面依次进行阐述。

①保险公司的需求分析。

由于在工程质量保险市场中，工程保险技术机构与保险公司是工程风险管理服务合同的签订双方，工程保险技术机构通过在建设工程保险的险种设计、核保、防灾减损、理赔鉴定等环节中，综合运用以土木工程、工程管理、保险和法律等专业为主的多行业、多学科的专业知识和技术手段，为保险公司提供全面科学的咨询评估、风险管理和技术支持，从而为建设工程风险管理机制服务。所以，保险公司是工程风险管理服务的最直接需求方。

a. 降低风险发生的概率和损失程度。

由前述内容可知，保险公司的工程质量保险产品作为工程质量风险的有效分散和管理机制，对于工程各参建企业的风险管理具有非常重要的意义。然而，保险公司作为经营风险的微观经济实体，不仅要承担和转化被保险人的风险，同时还需要防范和化解自身风险。

建设工程是一系列有组织、大规模的经济活动，工程质量保险的承保风险和保险金额也是十分巨大的。当工程质量发生风险事故时，保险公司往往要承担很大的理赔压力，因此，保险公司拥有减小或转移理赔风险的意愿。

此外，工程质量风险管理工作是工程质量保险的最核心内容，可以对工程质量风险进行有效地把控，从而大幅度降低工程质量风险发生的概率和减小损失程度。所以，工程质量风险管理工作就显得格外重要。保险公司通过委托工程保险技术机构对工程质量进行专业化的风险管控工作，在某种意义上，其实也是为了分散和转移部分经济风险。

b. 比较优势：专业化的动力。

一般地，一个建设工程就是一个系统项目，具有建设周期过长、占用资金的体量很大、参建方众多、涉及的利益关系错综复杂、各参与方的信息不对称不透明、包含众多的专业特性而且专业性很强、企业的质量主体责任缺失、建设过程管控能力薄弱、从业人员行为不规范等一系列的问题和特点，所以必然会产生多种多样的工程质量风险。保险公司虽然在工程质量保险的防灾减损以及理赔鉴定等环节具有很高的专业性，但由于工程保险业务只是财产保险公司众多业务中的一个分支，保险公司往往严重缺乏建设行业的专业知识和人力，对建设工程质量风险的认识和管理比较浅显，仅仅停留在以往事故经验的简单分析层面上，并没有进行实质性的工程质量风险管控等。而这些，恰恰是工程保险技术机构所擅长的工作。

此外，由于建设行业具有极强的专业性和经验性等众多特点，保险公司如果自己设立部门专门从事工程风险管理工作，往往会投入很大的人力、物力、财力和时间进行理论和实践的探索以及经验的积累，这样将会造成很大的成本压力和机会成本的损失，很可能会导致"得不偿失"的结果。而工程保险技术机构从事的是专业的工程风险管理工作，具有既懂工程技术和工程质量管理理论和实务、又懂工程质量风险管理和工程质量保险理论和实务的复合型专业技术人才。

所以，保险公司有必要通过委托具有更大比较优势的工程保险技术机构，运用工程保险技术知识和手段，解决保险公司在建设工程领域信息不对称、技术不专业的问题，提高建设工程质量风险的处置能力。

c. 效率增值。

专业的工程风险管理工作对于保险公司来说，并不是简单的各做各事、各司其职的关系，而是 1+1＞2 的概念。

一方面，保险公司和工程保险技术机构在各自所擅长的领域内都具有强大的技术实力和资源优势，通过强强联合，互相补充，形成合力，才能创造出更多、更大的经济效益，从而大幅度地全面提高整体效率。

另一方面，工程保险技术机构通过运用多学科的专业知识和技术手段，可以不断提升保险公司的经营管理水平，大幅降低运营成本，增大利润空间，提高建设工程质量保险的服务效率、服务水平和服务质量。同时，有助于保险公司探索创新，提高核心竞争力，合理简化承保、理赔等服务程序，畅通应急理赔渠道，建立快速受理、快速理赔、快速结案机制，提供更加优质、高效、便捷、诚信的建设工程质量保险服务，满足建设工程质量保险业务需要。

②参建各方的需求分析。

虽然在工程质量保险市场中，建设工程保险技术机构与参建各方没有直接的工程风险管理服务合同关系，但由于其工程风险管理工作的直接实施对象就是建设工程实体本身及其参建各方，而工程风险管理这一过程本身也有利于参建各方尤其是建设单位的风险管理和利益，所以，工程参建各方尤其是建设单位属于工程风险管理服务的间接需求方。

a. 对高质量工程质量保险的需求。

在本节前面"工程质量保险市场的需求分析"的内容中已经提到，工程参建企业在风险分散、比较优势、破产成本、"建设单位-参建单位各方博弈"、"股东-债权人博弈"、税收政策以及行业规制等方面均对工程质量保险的功能提出了较高的要求，这就需要保险公司提供高质量的工程质量保险产品及其服务，而工程质量风险管理恰恰是提高工程质量保险产品质量的核心工作。所以，从这个角度来看，建设工程参建各方对工程质量风险管理具有间接需求的性质。

b. 额外效益。

保险公司与工程参建各方具有工程质量保险合同关系，工程保险技术机构与保险公司具有工程质量风险管理合同关系，所以，对于工程质量保险市场以及参建各方来说，工程保险技术机构是真正意义上的独立第三方工程风险管理机构。工程保险技术机构在进行风险管理工作的过程中，会代表保险公司的利益对参建各方实施强有力的风险管控技术支持和建设行为过程监督等工作，这对于参建各方有效减少各自风险、规范和优化各自的运营以及管理模式都具有很好的间接辅助作用。最关键的是，这种辅助作用并不会增加参建企业的保险成本，即参建企业会收获额外的风险管理服务效益。

综上所述，从工程质量保险市场整体的层面来看，工程质量保险以及工程质量风险管理在很大程度上满足了建设行业和保险行业中各市场主体进行主动"避险"的共同需求，是在建设工程领域引入保险机制进行风险管控的核心内容。

（5）工程质量保险市场的供给分析

前面进行了详细的工程质量保险市场的需求侧分析，这里再对工程质量保险市场的供给侧进行研究分析，即考察卖者的行为。

保险供给是以保险需求为前提的，保险需求是制约保险供给的基本因素。由图 3.16以及前述内容可知，在工程质量保险市场中，工程质量保险产品和服务的供给显然是由市场上的各家保险公司提供的。根据经济学原理，工程质量保险市场的供给是指在一定的保险费率水平上，工程质量保险市场上的各家保险公司愿意并且能够提供的工程质量保险商品的数量。这也就是说，在不同的工程质量保险价格水平上，工程质量保险市场的供给是不同的。由于建设工程以及工程质量保险自身的属性及特点，工程质量保险的产出无法进行精确的定义或衡量在很多情况下，工程质量保险的供给都无法进行直接的测算。所以，工程质量保险市场的供给可以用保险市场上的承保能力来表示，它就是各个保险公司的承保能力的总和。而保险公司的承保能力又取决于保险公司的资本金和盈余承保能力，所以，保险公司的资本金和盈余承保能力的变化，直接影响工程质量保险市场的供给。

保险公司保证工程质量保险承保能力的主要途径有以下三种。

1）提供风险管理能力。

工程质量保险是一个专业性、技术性很强的保险领域，只有通过对工程质量风险进行专业的分析与评估，保险公司才能确定承保责任范围。所以说，工程质量风险管理的技术水平在很大程度上制约着工程质量保险的市场供给。正是基于这一原因，工程质量风险管理的市场供给才会显得格外重要。工程保险技术机构通过自身强大的跨行业（建设行业和保险行业）技术实力和资源整合能力，可以在一定程度上协助厘定工程质量保险费率、提高保险公司的保险技术水平、规范保险市场有序竞争以及提高保险市场的信誉，从而刺激工程质量保险的需求，进一步扩大工程质量保险的供给。

2）用特殊的承保技术和经验满足某些险种的承保要求。

工程质量保险体系包含工程质量潜在缺陷保险、工程参建各方的职业责任保险以及保修保证保险等多个不同险种。一般来说，对于常规风险，保险公司通常按照基本条款予以承保；而对于一些具有特殊风险的保险标的，保险公司则需要与投保人充分协商保险条件、免赔额、责任免除和附加条款等内容后进行特约承保。

特约承保是根据保险合同当事人的特殊需要，在工程质量保险合同中增加一些特别约定，满足被保险人的特殊需要，并以加收保险费为条件适当扩展保险责任；或者在基本条款上附加限制条款，限制保险责任。通过特殊的承保控制，将使保险公司所支付的保险赔偿额与其预期损失额十分接近。

　　3）安排再保险。

再保险是在原保险基础上进一步分散风险，是风险的第二次分散。由于建设工程质量保险标的金额的数目较大，发生巨额损失时若由单个保险人来履行赔偿责任，很可能会导致保险人的财务困难，甚至因此而倒闭破产。因此，保险人可以通过再保险的方式来分散工程质量风险，将工程质量保险风险转移给再保险人以减少保险人受资本金和准备金等自身财务状况的承保限制，从而扩大承保新保险单的能力和数量。

此外，从市场供给所具有的供应能力含义看，工程质量保险供给的含义不应该简单地视为保单的销售、签单、承保过程，而应该将其视为包括险种和保单设计、保险合同订立、防灾减损以及理赔服务等一系列以保障工程质量为核心的保险活动。对于工程质量保险而言，如果保单的前期销售工作顺利完成，后期的保障服务却不能跟上，那么市场依然会表现为供给不足。所以，工程质量保险产品的供给也即工程质量保险产品的生产，它是建立在对概率论和大数法则等数理知识运用的基础上，根据承保风险发生的频率和损失程度科学厘定费率，通过直销、代理、经纪等各种销售渠道销售产品，并利用保险费形成的保障基金，同时运用专业保险技术进行工程建设全过程风险管理，在赔付事件发生时对保障范围内的损失进行赔付所形成的一系列生产活动。

3.5.2　价格机制

（1）价格机制的概念

价格机制是市场机制中最敏感、最有效的调节机制。按照马克思劳动价值论，商品的价格是商品价值的货币表现，而价值是生产商品所花费的社会必要劳动量。在现实生活中，价格的高低除了取决于价值，还受市场供求关系的影响。需求大于供给，价格趋于上升；反之，需求小于供给，价格趋于下降。也就是说，价格水平上升，既会增加供给，又会抑制需求；价格水平下降，则会增加需求，同时减少供给。但是价格机制的实现或作用的发挥，又必须以市场竞争为条件。价格影响供给，要以生产者的相互竞争为条件；价格影响需求，也要以消费者的相互竞争为条件。从这个意义上讲，市场机制的作用也可以归结为价格机制的作用。它通过市场价格信息来反映供求关系，并通过这种市场价格信息来调节生产和流通，从而达到资源配置。

（2）工程质量保险的价格机制

1）工程质量保险的价值和价格。

从本质上看，工程质量保险是一种商品，既然是商品，它同样具有一般商品的基本属性——使用价值和价值。保险商品的使用价值体现在，它能够满足人们的某种需要。例如，工程质量保险可以满足投保人或被保险人在工程质量出现问题并遭受财产损失后减少损失程度，获得赔偿、维修或重置等服务的需要。同时，工程质量保险也具有价值，保险人的劳动凝在保险合同中，工程质量保险条款的规定，包括基本保障责任的设定、价格的计算、除外责任的规定、保费等都是保险人智力劳动的结晶；此外，如果发生工程质量损失的理赔事件，保险公司将会承担赔偿、维修或重置的责任，而此时保险人所投入的人力、物力和财力，也属于工程质量保险价值的一部分，只不过这部分价值是以承诺或者契约的形式所体现的，它并不像普通商品一样具有即时交易即时兑现的性质，而是工程质量保险关系双方在事先签订保险合同时所认同的触动相互权利义务关系产生的事件发生时，才会体现出工程质量保险的真正价值。

价格理论是在长期价格实践中逐渐形成的理论，它揭示了商品价格的形成和变动规律。马克思主义的价格理论认为，商品的价格是价值的货币表现，商品的价格由商品价值量决定，同时受到市场供需关系和竞争因素的影响。也就是说，价值决定价格，价格围绕价值上下波动。在市场经济条件下，工程质量保险具备了商品属性，因此工程质量保险商品具有了价格，即保险公司在经营作为商品的工程质量保险时遵循市场经济的价值规律确定出来的保险费或保险费率。工程质量保险商品的理论价格指的是以工程质量保险商品价格的内在因素为基础所形成的价格，这个内在因素就是工程质量保险商品的价值，也就是保险价格理论的核心。

2）工程质量保险的价格机制分析。

从经济意义上说，投保人所交纳的工程质量保险费是为换取保险人的工程质量保险保障和后续服务而付出的代价，也就是说，工程质量保险合同的签订蕴含着投保人与保险人对该险种产品价格的认同。对于投保人来说，所关心的是自身利益最大化，即是否能以最小的投入换来不低于预期的效用和服务。而对于保险人来说，所关心的是能否以保证预期利润的价格来出售工程质量保险。

①工程质量保险费。

从保险运作原理来讲，工程质量保险费是工程质量风险或损失在全体投保人之间的分摊。根据风险均摊定理，随着工程质量保险所汇集的投保人数量的不断扩大（$n \to \infty$），每个投保人负担的数额趋向于固定，不确定性减小，只要在工程质量保险损失概率即公平精算费率的基础上筹集保费，投保人群体就可以解决内部个别投保人的工程质量损失补偿问题。也就是说，由风险厌恶的投保人汇集起来的整体，就变成一个风险中性的"工程质量保险供给者"，这就是工程质量保险风险的汇聚安排。

保险公司通过收取一定的保费，对发生工程质量损失的被保险人进行赔付及相应的服务，也就是将工程质量损失在一个大的群体内部进行分摊，实现工程质量风险共担，达到工程质量风险汇聚安排的效果。而保险公司收取保费的依据主要来自于对期望索赔成本的计算，这就建立起来了以工程质量保险精算为核心的成本定价模式。而保险公司作为经营者，为了维持正常的公司经营，其经营的费用和利润也包含于工程质量保险费中。

②工程质量保险费率。

工程质量保险的保险费率不同于其他商品的价格，其主要依据历史运营经验及其损失和费用统计，并当前运用专业保险技术进行风险管理的结果，以及对未来的预期所测算出来费率。此外，工程质量保险作为一个极其特殊的险种，许多国家运用行政手段对其价格进行干预，因而，价格机制对于工程质量保险商品价格形成方面具有一定的局限性。

政府出台工程质量保险指导费率的目的如下。

一是工程质量保险费率过高，会造成投保人工程造价控制的压力。工程质量保险市场是典型的信息不对称市场。依据公共利益理论，保险公司会利用投保人对保险合同条款不熟悉这一点，相互串通，趁机抬高工程质量保险费率，这样就对投保人进行工程造价控制造成了压力，降低了投保人投保的积极性。

二是工程质量保险费率盲目偏低，会影响社会补偿机制的效用。工程质量保险市场，保险人之间竞争手段之一是费率竞争，为了赢得客户，保险人进行"自杀性"降价，高比例赔款、擅自降低承保条件或扩大承保责任，这样就导致保险公司承保质量下降及经营风险增加，保险市场由卖方市场转为买方市场，严重影响保险公司收益，又使得保险公司进一步相互杀价，缩小承保范围，形成恶性循环，最终导致出险后难以有效进行赔偿，产生大量纠纷。

3）工程质量保险的定价。

确定工程质量保险费的重点和关键在于厘定工程质量保险费率。保险人在厘定工程质量保险费率时总体上要做到权利与义务对等。由于工程质量保险的特殊性和复杂性，保险人在遵守充分性、公平合理、稳定灵活以及促进防灾减损等基本原则的基础上，还要全面充分地考虑并分析工程质量保险费率的各种相关影响因素，例如，工程项目对费率的影响（包括工程项目的类别、特征、工程规模及施工工期等）、环境因素对费率的影响（包括工程项目所在地区的特征、工程项目所在具体位置的水文和地质情况、相邻建筑物和交通等条件、灾害的可能性及最大可能损失程度等）、社会因素对费率的影响（包括国家的相关政策和法令、工程质量保险的市场竞争、市场利率、汇率和物价指数的变动等）、保险人对费率的影响（包括保险人的经营效益、经济力量和理赔能力、承保区域的大小、再保险情况、保险人运用资金的能力及其投资收益、同类工程以往的损失记录等）、被保险人对费率的影响（包括被保险人及其他工程关系方的相关情况、投保人的防灾减损组织以及相应的技术和设备等）、保单条款对费率的影响（包括承保责任范围、免赔额等）。

3.5.3　竞争机制

（1）竞争机制的概念

竞争机制是指在市场经济中，各个经济行为主体之间为了自身的利益而相互展开竞争，由此形成的市场经济内部必然的联系和影响。它通过价格竞争或非价格竞争的方式，按照优胜劣汰的法则来调节市场经济的运行。它能够形成市场中企业的活力和发展的动力，促进生产，使消费者获得更大的实惠。

竞争机制是商品经济最重要的经济机制。它反映竞争与供求关系、价格变动、资金和劳动力流动等市场活动之间的有机联系。它同价格机制等紧密结合，共同发生作用。竞争包括买者和卖者双方之间的竞争，也包括买者之间和卖者之间的竞争。竞争的主要手段，在同一生产部门内主要是价格竞争，以较低廉的价格战胜对手；在部门之间，主要是资金的流入或流出，资金由利润率低的部门流向利润率高的部门。竞争的结果是，长期获利的生产者将生存，长期亏损的生产者必将被淘汰。竞争机制的基本作用是促使商品生产者之间必然在适应市场和提高效率上展开竞争，从而推动整个社会资源配置和使用效益的不断提高。

（2）工程质量保险的竞争机制分析

工程质量保险市场的竞争机制,是指众多的投保人和众多的保险人从获取自己最大利益的角度出发各自采取决策以获得交易中的优势并影响工程质量保险产品价格的行为。工程质量保险市场的竞争情况同其他市场的竞争情况相似，可以分为价格竞争和非价格竞争。

价格竞争是任何市场的重要特征。一般的商品市场竞争，就其手段而言，价格是最有利的竞争手段。在保险市场上，也曾一度以价格竞争作为最主要甚至是唯一的竞争手段，为了在保险市场上取得竞争优势，有些保险公司甚至将保险费率降至成本线以下，使得保险公司难以维持高水平的产品服务，最终损害了广大被保险人的利益。

其实，在工程质量保险市场上，由于交易的对象——工程质量保险产品与工程质量风险是直接相关联的，而且由于保险的射幸性，保险市场所成交的任何一笔交易，都是保险人对未来风险事件发生所致经济损失进行补偿的承诺，即工程质量保险合同的履行是建立在事件发生的不确定性基础上的，从而使得工程质量保险商品的费率的形成并不完全取决于保险市场内的供求力量的对比。而工程质量风险才是决定工程质量保险费率的主要因素，相对而言，供求关系仅仅是其费率形成的一个次要因素。因此，保险人不能就工程质量保险产品需求情况的变化随意调整市场费率，价格竞争机制在工程质量保险市场上受到某种程度的限制，这也是竞争机制在工程质量保险市场局限性的一方面。

另外，相对于价格竞争而言，非价格竞争在工程质量保险市场上具有更重要的意义。这是因为保险公司所销售的工程质量保险产品，既体现一种承诺或保障，也体现一种服务。它并不像普通商品一样具有即时交易即时兑现的性质，而是工程质量保险关系双方在事先签订保险合同时所认同的触动相互权利义务关系产生的事件发生时，才会体现出工程质量保险的真正价值,即这种后续的保险服务属于工程质量保险产品价值的一部分。所以说，非价格竞争的重要性大于价格竞争的重要性是竞争机制在工程质量保险市场上的特征之一。

因此，如何提高工程质量保险市场上保险公司自身的非价格竞争实力并能保持预期的利润，对于各保险公司能否在该市场上占据一席之地并长久发展是至关重要的。保险公司的非价格竞争实力是各保险人硬实力和软实力的结合，它主要体现在对工程质量保险合同所作承诺的兑现能力以及在此过程中的服务质量等方面。

3.5.4　风险机制

（1）风险机制的概念

风险机制是指风险与竞争及供求共同作用的原理，是市场活动同企业盈利、亏损和破产之间相互联系和作用的机制。

在市场经营中，任何企业在从事生产经营中都会面临着亏损和破产的风险。价格机制能影响风险机制，价格涨落能推动企业敢冒风险，去追逐利润。同时，在利益的诱惑下，风险作为一种外在压力同时作用于市场主体，与竞争机制同时调节市场的供求。

（2）工程质量保险市场的风险机制分析

工程质量保险的风险机制是其市场运行的约束性机制，以竞争可能带来的亏损乃至破产的巨大压力，鞭策工程质量保险市场主体努力改善（工程质量保险业务）经营管理，增强工程质量保险市场竞争的整体实力，提高自身对工程质量保险经营风险的调节能力和适应能力。

工程质量保险市场是一个典型的信息不对称市场，由于保险机制的固有特性，无论是工程质量保险的买方还是卖方都不可能如愿获得足够的市场信息。一方面，由于建设工程市场的产品单件性、专业多样性、建设环境和工艺及过程复杂性、人员流动性等特性，保险公司对工程质量保险标的的检查监督较难，对隐蔽工程质量等更不懂如何检验；另一方面，由于工程质量保险合同采用的是格式合同，大部分保险条款都由保险公司制定，投保人由于保险专业知识的缺乏对工程质量保险条款不能清楚理解，并且对保险公司的运营流程也不了解。产生这种信息不对称性的原因，主要是由保险关系双方（投保人和保险人）的知识水平高低不同和分工与专业化不同造成的。

保险公司与投保人之间的这种信息不对称很容易引起逆向选择与道德风险的出现，即一种情况是投保人隐藏自身和建设工程信息的行为而造成的劣质产品或服务把优质的产品或服务逐出市场，这种情况称为逆向选择；另一种情况是投保人隐藏自身行为的行为而造成的效率低，这种情况称为道德风险。

1）工程质量保险市场的逆向选择。

逆向选择的基本含义：第一，市场中存在信息不对称。在这种情况下，市场的运行可能是无效率的。第二，传统市场的竞争机制导出的结论是"优胜劣汰"，但在信息不对称下的结论则是"劣剩优汰"。这违背了市场竞争中优胜劣汰的选择法则，所以把这种现象称为"逆向选择"。

信息经济学对信息不对称问题的研究最初正是源于对保险市场的研究，可见保险市场信息不对称问题的普遍性。工程质量保险市场中逆向选择之所以出现是因为保险公司事先不知道投保人的风险程度。工程质量保险风险不确定性的存在和信息在交易双方当事人之间的不对称分布，妨碍了工程质量保险契约的有效性，导致机会主义行为，增加了交易的风险和费用，从而影响了工程质量保险交易的效率。

在工程质量保险市场中，总有风险高的投保人和风险低的投保人。对于任何一家保险公司来说，它当然预期到了赔偿损失的问题，否则工程质量保险也就没有存在的必要了。但是，保险人却很难准确判断每个投保个体的风险级别，只能根据工程质量保险市场的整体情况给出平均保险费率。当保险人按照一个平均风险状况厘定好保险费率之后，投保人就会根据自己的风险状况作出选择。然而从投保人的角度来说，一方面，投保人总比保险人更清楚自己的风险状况，更清楚自己会在哪些方面遭受损失，这种信息的不对称性会影响工程质量保险市场。投保人往往试图利用其更多的专业知识和信息，以低于保险人精算出的公平合理保费的价格取得工程质量保险；另一方面，那些有较大可能遭受工程质量风险损失的企业要比一般的投保人更希望购买工程质量保险。例如，一个自身技术水平较低、质量管理能力较弱的投保人对工程质量保险的需求会更加强烈，会比整体实力很强的企业更希望购买工程质量保险。如果投保人自己的风险状况比较好，他就会退出工程质量保险市场不会投保，因而，购买工程质量保险的人都是风险较高的投保人，即在存在逆向选择的情况下，只有高风险者才可能享受工程质量保险，从而使工程质量保险市场上的平均风险水平上升。保险公司发现以初始确定的保险费率无法获得预期的合理利润，于是就会相应地进一步提高保险费率。这样剩下的投保人又会作出同样的选择，如此下去退出市场的投保人就会更多，到最后，工程质量保险市场上只留下了风险极高的投保人，导致剩下的投保人的平均风险更高。

2）工程质量保险市场的道德风险。

道德风险是典型的委托代理问题，不仅存在于保险市场，也存在于其他许多场合。在工程质量保险市场中，道德风险是指在购买工程质量保险后，投保人或被保险人会降低工程质量防灾减损的动机。如果投保人没有投保工程质量保险，由于规避风险和风险防范的成本和收益对于投保人而言都是内生的，投保人或被保险人会积极主动地采取一系列相应措施来降低工程质量损失发生的概率和减小损失的严重程度，如合理制定可行的工程质量管理制度并有效落实、编制防灾减损方案并明确相应责任人、加强生产质量教育等。但是工程质量风险一旦转移给了保险人，被保险人就会缺乏足够的动力去采取上述行动。因为被保险人采取上述行动的成本将由其自身来承担，而行动的收益却由保险人享受，从而规避风险的激励不是最优的。当被保险人不采取风险防范措施的行动影响到赔偿事件的可能性或程度时，或者被保险人故意隐瞒某些不利于自己的信息，甚至扭曲信息或制造虚假信息，以求签订工程质量保险合约或获得工程质量保险赔款时，就可以认为发生了道德风险。

如果工程质量保险合约是完全的，也就是说合约能够明确规定被保险人应负的所有的谨慎责任并且保险公司能够有效地进行监督，那么道德风险问题也就不存在了。但是工程质量保险合约是很难达到上述要求的，例如，保险人对工程的建设过程就很难进行完全监督，道德风险会使得投保人在投保工程质量保险之后就有可能放松警惕，使工程质量损失发生的概率上升，从而使保险公司遭受损失。这样会给保险公司带来损失，而对投保人来讲也不会是有好处的，因此工程质量保险合约签订后应采取的防范措施水平将会被扭曲，保险市场也会陷入低效率的状况。

工程质量保险的道德风险一般分为事前道德风险和事后道德风险，这是以道德风险和损失事件发生的时间先后为标准来进行分类的。如果在工程质量损失事件发生以前，投保人很少采取行动以减少期望损失，这就是事前道德风险。同理，如果投保人在工程质量事故发生后不采取行动减少损失，甚至进一步扩大损失程度，就属于事后道德风险。

3）应对策略。

①引入专业的工程保险技术机构。

通过既懂工程技术和工程质量管理、又懂工程质量风险管理和工程质量保险的专业工程保险技术机构进行风险管理工作，有效地减少工程质量保险市场上的信息不对称现象，降低逆向选择风险和道德风险，详见第 4 章。

②合同设计。

一种有效方法是可以运用非足额保险，即让被保险人自己承担一部分工程质量风险，而不是将所有风险都转移给保险公司，即让被保险人承担不谨慎行事的边际成本。例如，对于保险人而言，最主要的和最有效的策略就是设计具有针对性的保险条款——在设计保险合约时，通过设置免赔额使被保险人承担部分损失。免赔额条款规定保险人从损失赔偿金中扣减预定的固定金额，从而为被保险人减少损失提供了经济上的动力。

另一种有效方法是提供保费优待条款，对于那些采取防灾减损措施的被保险人进行奖励，即让被保险人获得谨慎行事的边际收益。例如，可以通过考虑投保人同类工程以往的损失记录情况给予费率优惠政策的做法来奖励那些损失纪录令人满意的被保险人。

3.6　建设工程质量保险的监管

3.6.1　工程质量保险监管概述

建设工程质量保险的监督管理是指政府的监督管理部门（住房和城乡建设部门及保险监督管理部门）为了维护工程质量保险的市场秩序，保护被保险人及社会公众的利益，通过一定的途径和手段对工程质量保险市场实施的监督和管理。

工程质量保险监督管理制度通常由两大部分构成：第一部分是通过有关法律法规，对工程质量保险市场进行宏观指导与管理；第二部分是监管机构依据法律法规或行政授权对工程质量保险市场主体和行为进行行政管理，以保证法律法规的贯彻执行。

对于工程质量保险监督管理构成体系的第一部分，即制定建设工程质量保险的法律体系等"宏观层面"的内容，本书已在 3.2 节中进行过阐述。因此，本节主要对第二部分，即监管机构对市场主体和行为的行政管理以及法律法规的贯彻执行等"微观层面"的内容进行阐述。

3.6.2　工程质量保险监管体系

建设工程质量保险的监管者常常是政府监管部门、行业自律组织以及信用评级机构等；被监管者即监管对象，包括建设工程参建主体、保险机构和其他相关组织。一般而言，政府监管是建设工程质量保险监管体系的基础，行业自律是工程质量保险监管体系的有力补充,信用评级是工程质量保险监管体系的有效辅助工具。

（1）政府监管

政府监管主要对建设工程质量保险参与方及其行为进行监管,采用纵向强于横向的综合监管方式。根据我国的实际情况,建设工程质量保险政府监管的部门包括住房和城乡建设部以及保险监督管理委员会。其中,住房和城乡建设部主要负责监管与工程质量有关的参建单位、工程保险技术机构和调查裁决机构,保险监督管理委员会则主要负责监管经营工程质量保险业务的保险机构,包括直接保险公司、再保险公司和保险中介机构。由住房和城乡建设部及保险监督管理委员会相互配合、相互协调,形成工作合力,可以有效地促进建设工程质量保险的健康发展。

（2）行业自律

工程保险协会（分会）是非常有效地促进行业自律的组织,具有非官方性。行业自律对规范建设工程质量保险市场发挥着政府监管所不具备的横向协调作用。良好、健全的行业自律机制可以通过营造行业内控环境直接促进相关单位加强内控,维护工程质量保险市场正常的竞争秩序。

成立工程保险协会（分会）的必要性主要体现为以下四个方面。

一是有利于国家政策的贯彻落实。近年来,中央和有关部门相继发布了《关于进一步加强城市规划建设管理工作的若干意见》《关于保险业支持重大工程建设有关事项的指导意见》《关于加快发展现代保险服务业的若干意见》《关于推进建筑业发展和改革的若干意见》《建设工程质量保证金管理暂行办法》《关于推进建设工程质量保险工作的意见》等政策法规,对加快实施工程保险工作进行了部署,提出了明确要求。成立工程保险协会（分会）,可以充分发挥社团组织的优势,加大宣传和引导力度,确保中央政策落到实处。

二是有利于理论研究力量形成合力。近年来,国内学术界从不同角度对工程保险问题进行了大量的研究,对推动我国工程保险制度的发展起到了巨大作用,成为我国工程保险制度逐渐形成的重要基础。但是,我国关于工程保险的理论研究虽有"百家争鸣"的可喜景象,但也存在"各抒己见""各自为政"的弊端,各家的理论和思想并没有得到很好的沟通和融合,重复交叉、零散杂乱。因此,需要成立一个专业协会（分会）,把全国的研究机构、专家学者组织起来,加强沟通交流,总结先进经验,在已有的研究成果基础上,进一步梳理完善,使其更具系统性、规范性。

三是有利于规范工程保险的市场行为。近年来出现的一系列房屋倒塌事故,给社会和政府造成了巨大的损失,为此,北京、上海等地相继开展了工程保险业务。例如,北京于 2015 年 9 月通过《北京市建设工程质量条例》,明确推行建设工程质量保险制度;上海于 2016 年 7 月出台《关于本市推进商品住宅和保障性住宅工程质量潜在缺陷保险的实施意见》,在住宅领域工程中正式建立了建设工程质量潜在缺陷保险制度;其他地区也纷纷开始研究,工程保险业正蓬勃发展。但实际工作中,一些保险机构、经纪公司、参建单位为了各自利益，出现了恶性竞争、不规范操作等问题，急需对市场行为进行规范。成立工程保险协会（分会），能够发挥自身优势，促进行业自律，较好解决这一问题。

四是有利于促进我国工程保险业的国际合作。目前，发达国家的工程保险业已经相当成熟，行业协会也发挥了极其重要的作用，协助政府对工程保险业进行管理和监管，帮助政府部门进行行业数据统计，分析行业的运营成本和风险，为行业研究制定参考性的手册、规范、标准文本，发布行业指导费率、统计数据、风险类别、损失数据等。我国工程保险业还处在萌芽阶段，行业协会更是空白。成立工程保险协会（分会）后，可以加强国际间的合作交流，学习借鉴国外好的经验做法，确保我国工程保险业少走弯路，促进行业健康发展。

（3）信用评级

信用评级是由独立的社会信用评价机构，采用一定的评级办法对保险人、投保人的信用等级进行评定，并用一定的符号或分数予以区分表示。信用评级也具有非官方性。信用评级的优势在于，将复杂的业务与财务信息转变成既反映其经济实力又通俗易懂的符号或级别。在当今信息发达的社会里，信用评级进一步增强了行业的透明度，对建设工程质量保险行业的监督作用也更加明显。

建设工程质量保险监管体系设计如图 3.19 所示。

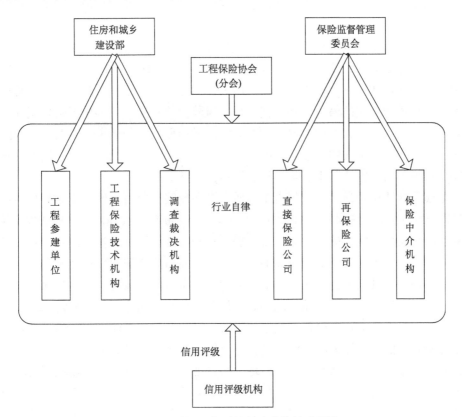

图 3.19　建设工程质量保险监管体系设计

3.6.3　工程质量保险监管重点

（1）工程质量保险偿付能力监管

工程质量保险偿付能力是指从事工程质量保险业务的保险公司对被保险人履行赔偿义务的能力，即保险公司偿付其到期债务的能力。在工程质量保险的实际经营中，保险人先收取保险费，后对保险损失进行赔付。先收取的保险费可视为保险人的负债，赔偿保险金则视为对负债的偿还。保险公司的赔付能力大小可以用赔付能力额度来表示。赔付能力额度等于保险人的认可资产与实际负债之间的差额。

保险公司的偿付能力一般分为保险公司的实际偿付能力和保险公司的最低偿付能力。其中，保险公司的实际偿付能力指的是在某一时点上保险公司认可资产与认可负债的差额。而保险公司的最低偿付能力则是指由《保险法》或保险监督管理机构颁布有关管理规定，保险公司必须满足的偿付能力要求。如果保险公司认可资产与负债的差额低于这一规定的金额，即认为偿付能力不足。由于偿付能力在保险公司的经营中具有举足轻重的地位和作用，《保险法》规定了保险公司的最低偿付能力。我国《保险法》第一百零一条规定：“保险公司应当具有与其业务规模和风险程度相适应的最低偿付能力。保险公司的认可资产减去认可负债的差额不得低于国务院保险监督管理机构规定的数额；低于规定数额的，应当按照国务院保险监督管理机构的要求采取相应措施达到规定的数额。”

在大多数情况下，只要保险公司对工程质量保险的精算合理，对工程质量保险基金运作规范，保险公司就可以有合理的偿付能力。但是，正如本书在3.5.2节所阐述的工程质量保险的价格形成来看，在工程质量保险的实际运作中，工程质量保险费率是在既有的大量历史数据和一定的假设条件下估计标的风险的分布情况下，根据数理统计原理，先估算工程质量风险损失发生的概率和损失额，进而厘定工程质量保险费率。因此，工程质量保险费和实际损失赔偿额之间会出现偏差，而工程质量保险的偿付能力监管主要考虑在这种偏差较大的情况下保险公司履行赔付责任的能力。

工程质量保险中，最为特殊的是工程质量潜在缺陷保险，当地基基础和主体结构的保修期限长达10年（法国）、20年（非洲），甚至50年（我国法律法规的保修期限）时，对保险公司偿付能力的监管和准备金提取规则应当要进行适当的调整，即进行一定程度的松绑，以让保险公司适应市场的需求。偿付能力监管的宽严尺度拿捏始终是一个值得讨论的问题，其尺度空间无非伸缩于风险与效率之间。风险一般是指保险公司偿付能力不足，偿付能力不足的极端情况将导致保险公司破产清算，但这种情况的出现并不意味着监管层对保险公司偿付能力监管的失败。保险公司偿付能力监管的目的是防范工程质量保险行业的系统性风险，而不是杜绝个别保险公司的经营失败。既然要实行工程质量保险，要在这样一个新兴广阔的市场发展，就应该充分发挥出市场机制所应该发挥出的能量和作用，就应该允许个别保险公司因竞争能力不足或综合实力不济而导致的经营失败。关键在于保险监管是否能够有效地避免工程质量保险行业系统性风险的发生。

如果保险公司出现大规模破产，而且对投保人利益的保护严重损耗了工程质量保险保障基金的财务能力，甚至超出了工程质量保险保障基金的救济能力，那么工程质量保险就丧失了作为建设行业"稳定器"的作用，同时也丧失了工程质量事故发生后恢复生产生活的能力，从而对社会大众造成不可估量的损失；但如果只是个别保险公司财务失败或破产，且其对投保人利益的保护并未超出工程质量保险保障基金的救济能力，就应该允许该保险公司破产以发挥市场机制的优胜劣汰作用。除非某些保险公司的工程质量保险市场占有率或者资产总额等方面占比过大，其个别风险本身就可能形成工程质量保险行业的系统性风险。这就需要根据工程质量保险保障基金的财务救济能力，对不同规模的保险公司进行分类监管。

（2）信息管理平台

随着我国目前信息技术的快速发展与广泛普及，互联网及移动互联已经成为保险机构销售和服务的新兴渠道，为保险行业注入了新的活力。

政府监管部门可以建立工程质量保险的统一管理平台，按照"依法监管、适度监管、分类监管、协同监管、创新监管"的原则开展监管工作。

所有承保工程质量保险的保险公司将承保信息、风险管理信息和理赔信息等录入该管理平台，并对风险管理、出险理赔情况进行统计分析，对工程质量形成后评价，建立我国工程质量大数据。

通过统一管理平台，政府可以随时了解工程质量保险的市场运作情况和各主体及其从业人员的诚信行为，完善企业诚信体系。同时，建立负面清单制度，由全社会进行监督，对相关主体和人员的不良行为在平台上予以曝光，对违法违规行为实施处罚，必要时追究刑事责任。

此外，平台还可以依据大数据，适时发布行业指导费率、统计数据、风险类别、损失数据等，为工程质量保险的实施提供科学指导。

第4章 建设工程质量保险技术

4.1 建设工程保险技术的内涵

4.1.1 建设工程保险技术的概念

建设工程保险技术，是指在建设工程保险的险种设计、核保、防灾减损、理赔鉴定等环节中，综合运用以土木工程、工程管理、保险、法律、数学以及信息处理等多行业、多学科的专业知识和技术手段，为保险公司、政府部门、行业协会和裁决机构提供全面科学的咨询评估、风险管理和技术支持，从而为建设工程风险管理机制服务的综合性风险管控理念。建设工程保险技术能有效地减少工程风险发生的概率和损失，促进建设工程保险的顺利运行，是促进建设行业同保险行业融合的强有力支撑。

从宏观层面来看，建设工程领域风险管理未来的发展一定是行政与市场相结合，政府回归到监督执法的位置，加强责任追究与处罚力度，市场中的风险由市场解决。工程参建主体通过购买保险，转移风险；保险公司通过引入工程保险技术机构，进行风险管控；工程保险技术机构与工程参建主体无其他任何业务往来，只站在保险公司的立场，成为真正公正独立的第三方，运用土木工程、工程管理、保险学、法律、信息等多专业结合的手段，有效进行事前预防、事中控制和风险预警。保险公司借力工程保险技术工作，将各参建单位的信用、管理水平、技术能力、历史赔付、市场行为等与保费挂钩，实行差异化浮动保费，对于风险较大的参建单位可以予以拒保。由此，通过市场经济手段，完善诚信体系建设，实现市场与现场联动，促进建设行业的优胜劣汰。未来的建设工程将是通过行政、市场、技术三个手段共同作用进行风险控制的，如图 4.1 所示。

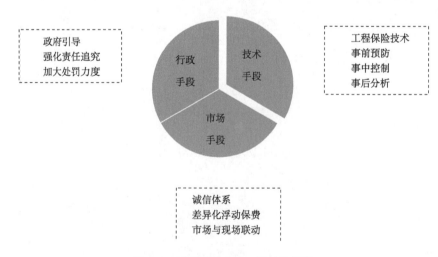

图 4.1 宏观层面建设工程风险管理

在宏观的建设工程风险管理中，工程保险技术属于其中的技术手段。通过工程保险技术，开展建设工程风险管理的事前预防和事中控制，进行风险预警和防灾减损，以及在出险后进行鉴定评估，整个过程会进行记录，并进入下一个 PDCA 循环，促进下一次的事前预防和事中控制。

4.1.2　建设工程保险技术的意义

（1）工程保险技术有助于国家的稳定安全

通过工程保险技术，从多个渠道获取数据，并进行数据资产化、数据变现、数据运维和数据服务，形成建设领域的大数据。未来每个城市每个建筑都将在工程保险技术的服务范围内，每户家庭住宅的建设全过程都将由工程保险技术服务，也都将形成全过程的记录，并且对于竣工后出现的质量问题进行分析和鉴定，形成工程质量后评价，有助于房屋质量问题的解决和诚信体系的完善，真正从技术上为国家安全、社会稳定作出贡献。

（2）工程保险技术是建设工程领域引入保险机制的核心目的之一

在建设工程领域引入保险，其本质目的不仅仅是出险后有人赔偿，更重要的是在工程建设过程中，通过保险对自身利益的维护，引入工程保险技术，实施工程风险管控，充分发挥保险在事前预防、事中控制的作用，从而利用市场手段促进建筑行业的持续健康发展，发挥市场配置资源的决定性作用。因此，工程保险技术是建设领域引入保险机制的核心目的之一。

（3）工程保险技术有助于政府职能的转变

保险是运用市场机制进行社会管理的重要方式，通过保险引入保险技术，将原本政府的一部分监管职能交给市场，充分发挥市场经济、技术手段的作用。政府将不再对具体工程进行管理，回归到宏观监督执法职能，实现由完全依赖行政手段的管理模式向市场调节为主的管理模式转变，运用市场的力量和手段促进工程质量管理机制的改革，从而逐步实现政府职能的转变。

（4）解决保险公司在建设工程领域信息不对称、技术不专业的问题

保险公司作为经营风险的微观经济实体，不仅要承担和转化被保险人的风险，同时还需要防范和化解自身风险。一般地，一个建设工程就是一个系统项目，具有建设周期过长、占用资金的体量很大、参建方众多、涉及的利益关系错综复杂、各参与方的信息不对称不透明、包含众多的专业特性而且专业性很强、企业的质量主体责任缺失、建设过程管控能力薄弱、从业人员行为不规范等一系列的问题和特点，所以必然会产生多种多样的工程风险。而保险公司严重缺乏建设行业的专业知识和人力，对建设工程风险的认识和管理比较浅显，仅仅停留在承保前对保险标的风险识别和以往事故经验的简单分析层面上，并没有从建设工程保险产品的全寿命周期和全方位的角度进行实质性的工程

风险管控。所以，保险公司有必要运用建设工程保险技术知识和手段，解决保险公司在建设工程领域信息不对称、技术不专业的问题，提高建设工程风险的处置能力。

建设工程保险技术通过运用多学科的专业知识和技术手段，可以提升保险公司的经营管理水平，提高建设工程保险的服务效率、服务水平和服务质量。同时，有助于保险公司探索创新，合理简化承保、理赔等服务程序，畅通应急理赔渠道，建立快速受理、快速理赔、快速结案机制，提供更加优质、高效、便捷、诚信的建设工程保险服务，满足建设工程保险业务需要。

4.2　建设工程全寿命周期保险技术

4.2.1　建设工程全寿命周期概述

建设工程的全寿命周期包括工程的决策阶段、实施阶段和使用阶段（或运营阶段），如图 4.2 所示。建设工程的全寿命周期管理包括三个方面：决策阶段的管理，即开发管理（DM，Development Management）；实施阶段的管理，即项目管理（PM，Project Management）；使用阶段的管理，即设施管理（FM，Facility Management）。

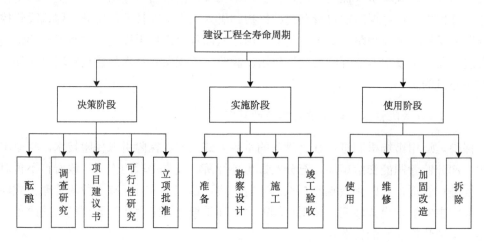

图 4.2　建设工程全寿命周期阶段划分

从工程建设意图的酝酿开始，调查研究、编写和报批项目建议书、编制和报批项目的可行性研究报告等项目前期的组织、管理、经济和技术方面的论证都属于决策阶段的内容。项目立项（立项批准）是项目决策的标志。决策阶段管理工作的主要任务是确定项目的定义，一般包括确定项目实施的组织；确定和落实建设地点；确定建设任务和建设原则；确定和落实项目建设的资金；确定建设项目的投资目标、进度目标和质量目标等。

实施阶段包括设计前的准备阶段、勘察设计阶段、施工阶段和竣工验收。招标投标工作分散在设计前的准备阶段、设计阶段、施工阶段中进行，因此不单独列为招标投标阶段。工程实施阶段管理的主要任务是通过管理使项目的目标得以实现。项目的目标通常包括项目的质量目标、费用目标、进度目标等，其中费用目标对建设单位来讲是投资目标，对施工单位来讲是成本目标。建设单位的项目管理是工程项目管理的核心。

使用阶段主要包括使用、维修和拆除。还有一部分工程在使用一段时间后采取加固或改造的方式，以延长其使用寿命。对于使用阶段的设施管理，国际设施管理协会（IFMA）包括物业资产管理和物业运行管理两个方面的内容，如图 4.3 所示。

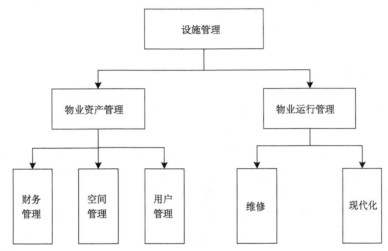

图 4.3　IFMA 确定的设施管理

建设工程全寿命周期管理涉及工程各参建方的管理，包括投资方的管理、建设方的管理、勘察设计方的管理、施工方的管理、供货方的管理、工程使用期管理方的管理等，如表 4.1 所示。

表 4.1　建设工程全寿命周期管理

参与方	决策阶段	实施阶段				使用阶段
		准备	勘察设计	施工	竣工验收	
投资方	DM	PM				FM
建设方	DM	PM				
勘察方			PM			
设计方			PM			
施工方				PM		
监理方		PM				
供货方				PM		
使用期的管理方						FM

我国建设工程领域的迅猛发展对工程质量、使用年限、资源的利用率等方面都提出了更高要求，因此，全寿命周期管理在建设工程领域日益受到重视。

4.2.2　建设工程全寿命周期保险技术的内容

建设工程的全寿命周期是一个过程，由于风险的不确定性，工程风险在系统运行过程中每一时刻都会发生，所以有必要利用保险技术将这一整体过程进行分解，进而着重在每个阶段进行风险处理，避免此风险向下传递。

（1）决策阶段的保险技术

在工程的决策阶段，此时保险尚未正式介入，但随着经济社会的发展、人们对于保险认识程度的逐渐提高，在项目决策阶段即可对工程项目是否购买保险进行考虑。工程项目的建设单位可以针对工程项目的类型、作用、规模、投资、工期等因素进行综合考虑，同时要重点关注工程项目的选址，不同的选址会有不同的地质条件、气象、水文条件，甚至出现重大自然灾害的概率和损失程度也完全不同，对于工程建设来说影响巨大。建设单位针对工程项目的具体情况，以及以往该地区或同类建设工程保险案例和经验，运用工程保险技术，对该建设工程的风险状况作出预评估并形成风险预评估报告。再根据评估结果以及风险预评估报告，进行具有针对性的建设工程保险方案的设计，以达到"量身定做"、"未雨绸缪"的目的。

（2）实施阶段的保险技术

在建设工程的实施阶段中，保险技术侧重于对工程项目进行中的动态风险实施监督与管控。建设工程保险技术机构应该全程参与工程项目的建造实施过程，派专业风控人员进驻工程项目现场，并与参建各方进行及时、全面、有效的沟通与交流，形成建设工程风险的联合预防和抵抗机制，对可能发生的建设工程安全隐患和灾害风险应做到"及时发现，及时判别，及时响应"，采用"以防为主，防控结合，综合治理"的方式，力求将工程风险扼杀在摇篮之中。

1）招标投标环节。

招标投标虽然未单独成为一个阶段，但它分散在准备、设计、施工过程中，并且招标投标工作的好坏对未来工程目标的实现具有非常重要的作用。

在工程项目的招投标中，工程保险技术的主要工作如下：对招标文件的评估；对投标人进行评估，对其投标行为进行预测；对工程造价进行跟踪和速算；对投标人及其行为的记录和评价。

对招标文件的评估如下：招标文件是否完整；是否符合国家、行业现行技术标准、规范和相关政策要求，以及招标文件范本的相关规定；招标范围是否明确；建设资金来源及落实情况；对投标单位的相关要求，如资质、财务能力、人员、设备、业绩、信誉等条件；招标项目的技术规格、要求和数量，包括附件、图纸等；合同主要条款及合同签订方式；合同工期；投标报价要求、计价方式，以及是否可调价，若可调，是否明确调价方法；保证方式，如保证金、银行保函、保险、专业担保；是否允许分包，若允许，是否明确分包形式和管理办法；评标方法、评标标准和废标条款；投标截止时间、开标时间及地点。

对投标人进行评估如下：投标人基本情况；联合体牵头人及各单位基本情况、联合体协议书（如为联合体投标）；企业资质；履行合同的能力，包括专业、技术资格和能力，资金、设备和其他物质设施状况，管理能力，经验、信誉和相应的从业人员；近年财务状况；近年完成的类似工程项目情况；正在施工和新承接的工程项目情况；是否处于被责令停业，投标资格被取消，财产被接管、冻结，破产状态；近三年内有无骗取中标和严重违约及重大工程质量问题；近年发生的诉讼及仲裁情况；拟派出项目经理情况；拟派出主要施工管理人员情况；拟投入工程的主要施工机械设备等。

对工程造价进行跟踪和测算如下：对工程成本价进行测算；对投标人报价及拦标价（如有）与成本价的差额进行分析、评估；对各地人工、建材、机械的价格进行跟踪调查等。

对投标的记录和评价如下：对工程的招标文件进行备案；对投标单位的行为进行记录；对投标人的违约事实进行记录，并进行原因分析；进行投标单位及工程招投标情况的数据收集、整理、分析和评价。

2）勘察、设计环节。

在工程项目勘察、设计环节，工程保险技术的主要工作如下：对勘察、设计合同及相关资料的审查；对勘察、设计单位及其行为的监管；对勘察、设计成果文件的审查；勘察、设计的记录和评价。

对勘察合同及相关资料的审查如下：工程批准文件，以及用地（附红线范围）、施工、勘察许可等批件；工程勘察任务委托书、技术要求和工作范围的地形图、建筑总平面布置图；勘察工作范围已有的技术资料及工程所需的坐标与标高资料；勘察工作范围地下已有埋藏物的资料（如电力、电讯电缆、各种管道、人防设施、洞室等）及具体位置分布图；工程勘察任务，可能包括自然条件观测、地形图测绘、资源探测、岩土工程勘察、地震安全性评价、工程水文地质勘察、环境评价、模型试验等；技术要求；预计的勘察工作量；合同工期，包括合同约定的勘察工作开始和终止时间；违约责任，包括承担违约责任的条件，违约金的计算方法等。

对设计合同及相关资料的审查如下：经批准的项目可行性研究报告或项目建议书；城市规划许可文件；工程勘察资料；工程的范围和规模；限额设计的要求；设计依据的标准；设计范围，包括工程分项的名称、层数和建筑面积；建筑物的合理使用年限设计要求；设计深度要求；设计人配合施工工作的要求，包括向发包人和施工承包人进行设计交底，处理有关设计问题，参加重要隐蔽工程部位验收和竣工验收等；合同工期，包括合同约定的设计工作开始和终止时间；违约责任，包括承担违约责任的条件，违约金的计算方法等。

对勘察、设计单位及其行为的监管如下：审查勘察、设计企业资质是否符合相关规定要求，是否年检通过，勘察、设计人员是否符合按规定执业；审查建设工程在勘察、设计环节是否符合基本建设程序的要求，是否符合批准文件规定的要求；施工图设计文件中有无违反强制性标准的内容；设计交底和签发设计变更情况，有无为减轻或转移质量责任进行不正当设计变更的行为；参加工程质量问题处理情况；有无非法指定材料、设备生产厂家的行为等。

对勘察、设计成果文件的审查如下：是否符合工程建设强制性标准以及工程所在地的特定规定；是否符合地基基础和主体结构的安全性；是否符合民用建筑节能强制性标准；执行绿色建筑标准的项目，是否符合绿色建筑标准；与类似工程进行对比分析等。

勘察、设计的记录和评价如下：对工程的勘察、设计成果文件进行备案，对成果文件的质量情况进行评估和记录；对勘察、设计单位的行为进行记录；对由于勘察、设计的原因导致的索赔和投诉进行记录；进行勘察、设计单位及工程勘察、设计情况的数据收集、整理、分析和评价。

3）施工环节。

在工程项目的施工环节，工程保险技术主要工作如下：对合同及相关资料的评估；对参建单位行为的监管；对工程实体的检查；对施工过程的记录和评价。

对施工合同的评估如下：工程范围；建设工期；中间交工工程的开工和竣工时间；工程质量条款；工程造价及计价方式；技术资料交付时间；材料和设备的供应责任；拨款和结算；竣工验收的范围和内容、验收的标准和依据、验收人员的组成、验收方式和日期等；质量保修范围和质量保证期；相互协作条款等。

相关资料的审查如下：开工前资料；施工过程资料；竣工资料；材料、产品、构配件等合格证资料；实验资料；质量验收资料等。

开工前资料如下：中标通知书；施工许可证；施工图审查批准书及施工图审查报告；岩土工程勘察报告；施工图会审记录；经监理（或业主）批准所施工组织设计或施工方案；开工报告；质量监督登记书；质量监督交底要点及质量监督工作方案；质量管理体系；施工现场质量管理检查记录；技术交底记录；测量定位记录等。

施工过程资料如下：设计变更、洽商记录；工程测量、放线记录；预检、自检、互检、交接检记录；建（构）筑物沉降观测测量记录；新材料、新技术、新工艺施工记录；隐蔽工程验收记录；施工日志；砼开盘报告；砼施工记录；砼配合比计量抽查记录；工程质量事故报告单；工程质量事故及事故原因调查、处理记录；工程质量整改通知书；工程局部暂停施工通知书；工程质量整改情况报告及复工申请；工程复工通知书等。

对建设单位行为的监管如下：施工前办理监督注册、开工报告手续情况；按规定委托监理情况；按规定发包工程情况；组织图纸会审、设计交底和设计变更工作情况；有无明示或暗示承包商违反工程建设强制性标准，降低工程质量或使用不合格的材料、构（配）件、设备的行为；按规定参加工程质量事故处理情况；组织工程质量验收情况；对原设计有重大修改、变更的工程，施工图设计文件审批情况；有无不按照合同约定压缩工期的行为；有无垫资、拖欠工程款的行为；有无非法转包、违法分包的行为。

对施工单位行为的监管如下：施工单位资质，有无转包或违法分包行为；项目管理人员的资格、配备及到位情况；主要专业工种操作上岗资格、配备及到位情况；施工组织设计和施工方案审批及执行情况；施工现场仪器设备，有关标准、规范和施工操作技术规程的配备情况；质量保证体系运行情况（包括关键特殊工序质量控制，材料检验与试验，工序交接，质量三检，成品保护，最终检验，不合格品的控制、预防和纠正，施工记录的建立等）；工程技术标准、施工图设计文件及工艺纪律执行情况，有无偷工减料、弄虚作假、擅自修改工程设计、使用不合格材料、构（配）件、设备和违反工艺纪律的行为；按规定向监理进行工程报验和对监理指令的执行情况；检验批、分项、分部（子分部）、单位（子单位）工程质量的检验评定情况；质量问题的整改和质量事故的处理情况；技术资料的收集整理情况。此外，对于意外伤害保险、安全生产责任险、建筑工程一切险、安装工程一切险等险种，还需要对施工安全方面进行检查，包括查安全思想、查安全责任、查安全制度、查安全措施、查安全防护、查设备设施、查教育培训、查操作行为、查劳动防护用品使用和查伤亡事故处理等。

对监理单位行为的监管如下：监理单位资质，有无转让监理业务的行为；项目监理机构人员资格、配备及到位情况；项目监理机构仪器、设备配备及到位情况；监理规划、监理细则的编制、审批和执行情况；对分包单位资质审核、签认情况；对设计交底记录、工程变更的审核、签认情况；对施工单位报送的施工组织设计和开工报审资料的审核、签发和报审情况，对施工单位报送的质量管理体系、技术管理体系、质量保证体系等报验资料的审核、签认情况；对进场的材料、构（配）件、设备使用安装资料审核情况，对进场实物进行平行检验或见证取样情况；对施工单位报审的测量放线控制成果及保护措施资料，隐蔽工程和工序报验资料的审核、签认和现场抽查情况；对施工单位试验室考核、签认情况；对监管计划中停（必）监点的报验情况和对重点部位、关键工序实施旁站情况；质量问题处理通知单签发及质量问题整改复查情况；组织检验批、分项、分部（子分部）质量验收、参与单位（子单位）工程验收情况；监理资料收集整理情况。

对工程实体的检查主要采取抽查施工作业面的施工质量，和对关键部位重点检查相结合的方式。重点检查结构质量、环境质量和重要使用功能，其中重点监督地基基础工程、主体结构和其他涉及结构安全的关键部位；检查材料、构配件和设备的出厂合格证、试验报告、见证取样送检资料及结构实体检测报告；对涉及结构安全和使用功能的主要材料、构配件和设备进行质量抽查检测；检查结构混凝土及承重砌体施工过程的质量控制情况。

对工程材料、结构件等的抽检如下：对涉及结构安全的试块、试件和材料进行抽检；对已完成的结构件进行抽检；对防水等功能进行功能性抽检；将抽检结果与原检查数据进行对比，分析其中差异，并提出解决措施。

对地基基础工程主要对下列内容进行重点抽查：对施工现场的安全生产状况进行预先检查，且必须达标；桩基、地基处理的施工质量及检测报告、验收记录、验槽记录；防水工程的材料和施工质量；核查地基基础工程强制性标准的执行情况；地基基础、分部、分项的质量验收情况。

对主体结构工程主要对下列内容进行重点抽查：对施工现场的安全生产状况进行预先检查，且必须达标；钢结构、混凝土结构等重要部位及有特殊要求部位的质量及隐蔽验收；核查主体结构工程强制性标准的执行情况；主体结构、分部、分项工程的质量验收资料；对涉及结构安全、使用功能、关键部位的实体质量或材料进行检测，一般包括承重结构混凝土强度，要受力钢筋数量、位置及混凝土保护层厚度，浇楼板厚度，砌体结构承重墙柱的砌筑砂浆强度，安装工程中涉及安全及功能的重要项目，钢结构的重要连接部位等。

对装饰装修、安装工程主要对下列内容进行抽查：幕墙工程、外墙黏（挂）饰面工程、大型灯具等涉及安全和使用功能的重点部位施工质量的监督抽查；安装工程使用功能的检测及试运行记录；工程的观感质量；分部、分项工程的施工质量验收资料。

对工程使用功能和室内环境质量主要对下列部分内容进行抽查：有环保要求材料的检测资料；室内环境质量检测报告；绝缘电阻、防雷接地及工作接地电阻的检测资料，必要时可进行现场测试；屋面、外墙和厕所、浴室等有防水要求的房间及卫生器具防渗漏试验的记录，必要时可进行现场抽查；各种承压管道系统水压试验的检测资料。

对施工过程的记录和评价如下：对工程的合同及相关资料进行整理归档；对相关单位的行为进行记录；对违约行为进行记录，并进行原因分析；进行工程施工情况的数据收集、整理、分析和评价。

4）竣工验收环节。

工程项目竣工验收环节的工程保险技术主要工作如下：对竣工资料的检查；工程实体的抽查；对工程整体的评价。

竣工资料如下：施工单位工程竣工报告；监理单位工程竣工质量评价报告；勘察单位勘察文件及实施情况检查报告；设计单位设计文件及实施情况检查报告；建设工程质量竣工验收意见书或单位（子单位）工程质量竣工验收记录；竣工验收存在问题整改通知书；竣工验收存在问题整改验收意见书；工程的具备竣工验收条件的通知及重新组织竣工验收通知书；单位（子单位）工程质量控制资料核查记录（质量保证资料审查记录）；单位（子单位）工程安全和功能检验资料核查及主要功能抽查记录；单位（子单位）工程观感质量检查记录（观感质量评定表）；定向销售商品房或职工集资住宅的用户签收意见表；工程质量保修合同（书）；建设工程竣工验收报告（由建设单位填写）；竣工图等。

对工程实体的抽查可参考施工环节对工程实体的抽查。

对工程整体的评价需要整合工程从开始到竣工所有的资料，从工程可行性研究、勘察、设计，到施工过程中材料及结构件的抽查、各分部分项工程的验收、功能性抽查等，直到工程竣工，综合为工程进行风险评估，同时，依据工程参建各方在工程建设过程中的行为，对参建各方进行综合评价，此评价将记入企业和从业人员的诚信数据库，对参建各方在后续工程项目的招投标、购买保险，以及政府的监督管理等活动中起到积极作用，实现工程领域的"两场联动"和保险领域的事前预防。

（3）使用阶段的保险技术

在工程竣工和交付后，工程进入使用阶段。在使用阶段，工程保险技术机构通常在竣工后1～2年内，对工程质量进行跟踪，定期和不定期地进行回访，将工程竣工后的实际情况进行记录。

当工程在竣工后发生质量问题时，保险技术运用专业的人才、知识、技术、设备，对原因进行分析，对责任进行界定，对损失进行核算，提高建设工程保险的理赔服务水平和效率。同时，运用信息化保险技术，对运营使用阶段的出险索赔及鉴定形成数据记录，对建设工程形成后评价，完善行业评价体系。

对于四川、云南、广东、福建等易遭受地震、飓风、洪水、海啸等自然灾害的地区，一旦发生巨大自然灾害，将可能造成巨大财产损失和严重人员伤亡。例如，"5·12"汶川大地震造成直接经济损失达到 8400 多亿元，其中财产损失超过 1400 亿元。而由于当时我国对保险的认识尚不成熟，投保财产损失不到 70 亿元，赔付率只有 5% 左右，远低于国际 36% 的平均赔付率水平。因此，工程保险技术将结合国际巨灾风险评估模型和我国本土的实际情况，对这类地区进行专业地巨灾风险分析评估，帮助政府完善巨灾风险防范和保障机制，更好地保障社会。

4.3　建设工程保险全流程保险技术

4.3.1　建设工程保险全流程概述

建设工程保险的全流程包括设计、销售、核保、承保、再保险、防灾减损、理赔鉴定等多个环节直至保险到期，如图 4.4 所示。

建设工程保险的设计环节主要是保险公司针对建设工程领域的风险和相关利益单位关于风险转移的需求，结合我国的法律法规和保险经营的性质和特点，对保险项目的种类、内容及规则进行设计和规定的过程。保险公司想要承接某险种的保险业务，需要首先进行保险设计开发，或者参考其他保险公司已设计开发的险种，将保险条款向保监会报批或报备。

建设工程保险的销售环节是保险公司或保险中介公司将建设工程保险产品的功能充分向工程参建单位或相关利益主体进行说明，并引导工程参建单位或相关利益主体与保险工程达成保险合同的一种行为。

建设工程保险的核保环节是保险公司对工程参建单位或相关利益主体的投保申请进行审核，决定是否接受承保这一风险，并在接受承保风险的情况下，确定保险费率的过程。在核保过程中，核保人员会按标的物的不同风险类别给予不同的费率，保证业务质量，保证保险经营的稳定性。核保环节又是保险公司控制风险、提高保险资产质量最为关键的步骤之一。

建设工程保险的核保环节通过后，保险公司进行承保，收取保费并出具保险单。保险单是保险合同成立的正式书面证明，必须完整地记载保险合同双方当事人的权利义务及责任，是合同双方履行的依据。由于建设工程风险高、金额大等特殊性，保险公司在承保后通常会将这部分保险业务的一部分转移给再保险公司。这种风险转嫁方式是保险公司对原始风险的纵向转嫁，即第二次风险转嫁。当发生保险事故并进行赔偿时，再保险公司按比例进行赔偿。

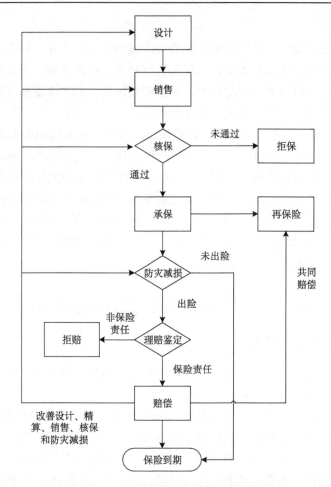

图 4.4　建设工程保险全流程

　　建设工程保险的防灾减损指保险公司在承保后通过多种措施防止保险事故的发生，以及在保险事故发生后采取相应的措施防止损失扩大。防灾减损是提高保险人经济效益的重要途径，但是，随着近年来保险主体的增多，市场竞争日趋激烈，业务争夺逐渐成为各家保险公司的工作重心，对保险防灾减损的重视程度迅速削弱。不少保险公司为了抢占市场盲目承保，不求质量，核保时的风险评估流于形式，承保后不加强风险管理，不注重灾前防范，不对投保企业进行日常检查等，结果出险率居高不下，经营成本不断攀升。

　　建设工程保险的理赔鉴定指保险公司专业理赔人员对建设工程保险的赔案进行审核，确认赔案是否应该赔、应该怎样赔或应该怎样拒赔的业务行为。建设工程保险的理赔鉴定通常包括现场勘查、检测鉴定、定责、定损、赔偿金额理算等内容。做好理赔鉴定可以迅速、准确、合理地处理赔案，充分发挥保险的补偿职能。理赔鉴定的一系列工作将反过来促进保险公司的设计、精算、销售、核保和防灾减损等工作的改进，以降低保险公司未来的赔付率，改善经营状况。

4.3.2 建设工程保险全流程保险技术的内容

（1）设计环节的保险技术

建设工程保险产品设计是保险经营过程中最基础的环节，目前我国财产保险公司的险种非常多，但许多产品推广比较困难。究其根源，其一，这些新险种几乎都统一开发、全国使用，地区和企业特色不强，不能很好地满足地方需要。其二，各财产保险总公司之间保险产品大多相互模仿，同质化严重，个性化不足，既无法体现自身优势，又使各保险公司在一种低水平上"重复建设"，非理性价格竞争将导致保险定价失去意义。其三，财产保险标的种类繁多，风险源和风险点位也千差万别。风险源是承保风险的来源或者是产生风险的原因，是诱发保险标的导致事故的根源所在。风险点位是保险标的的范围内最容易发生保险事故的环节、地点或位置，如高楼建工险的地基工程、高速公路建工险的护坡等。但保险公司在产品设计中往往以利润作为第一考虑要素，在自身缺乏建设行业专业知识和人力资源的同时，忽视建设工程保险技术的运用，对各种风险源和风险点位确认不够准确，从而导致保险责任范围不明晰，甚至无端扩大保险责任。

另外，对于设计过程中非常重要的一环——精算，随着时代的发展也渐渐无法满足社会的需求。精算理论体系的主要特点如下：一是数据处理更多的是以掌握与业务、风险暴露相关的结构化数据为工作重心，二是以大数法则为依据，通过样本抽样对"过往"的"同质"风险进行均衡定价，然后通过展业、核保累积相当规模的"同质"风险，以确保在一定概率下获得预期的承保利润。其本质是通过样本研究、抽样调查来掌握"规律"，用过去预测未来。这个方法缺乏对消费者个体信息及行为信息的重视，倾向于将个体抽象化、一般化来把握整体趋势。只从整体上看趋势。这与现代社会大数据更强调个体的思维完全不同。

建设工程保险技术强调对产品风险要进行早期的辨识和控制，将风险消灭在萌芽状态，这样不仅可以很好地提高风险管理效果，而且在时间、成本上也非常有利。在方案设计阶段，建设工程保险技术主要体现在两个方面。

一是做好方案设计。方案设计的原则是遵循"可保风险"，要充分做好建设工程领域的市场需求调查分析，按照市场有需求、经营有效益的原则，加大产品设计与创新力度，着重改变保险产品的全国统一性以及不同保险公司之间产品设计的同质性风险。针对不同地区、不同保险对象、不同销售渠道设计差异化的保险产品，进而满足不同地区、不同投保主体、不同投保层次的保险需要。

二是化解定价风险。将建设工程保险技术融入精算，由传统的精算方法打底，大数据方法融合在其中或其上。改变的一种可能性就是以个体的全量数据与群体的样本数据一起进行保险产品开发与定价，即出现从一般性到兼容个体全量信息的新型产品定价模式。在为某一建设工程风险确定保险费率时，需将保险公司产品定价与投保人、被保险人个体特征、产品保障范围、标的风险程度紧密相连。特别是针对较大型的保险标的，要采取表定费率与浮动费率相结合的定价机制，做到风险与费率的对应性。

（2）销售环节的保险技术

目前的建设工程保险销售环节依然采用非常传统的方式,严重依赖个人的关系维护,缺乏客户数据以及对客户的深层次分析,这也导致社会上很多企业投了保,但等到出险理赔时才发现很多内容并没有涵盖在保险责任范围内。

建设工程保险技术基于建设领域的大量数据信息,可以为保险公司提供建设领域各类企业更全面的信息画像,以解决保险公司对于建设领域信息不对称、对企业情况知之甚少的问题。在有了企业信息画像以后,保险公司可以根据用户企业的特征,做到比用户企业自己更加了解它们的需求,深度开发用户企业,有针对性地制定销售策略。

此外,建设工程保险技术可以协助保险公司,利用建设领域的大量数据信息发现销售线索,跟进销售。例如,通过项目的批准立项信息,及时跟进建设单位,协助其进行保险方案设计;根据各地的招标公告,迅速跟踪下载、购买招标文件的企业,开展销售;通过建设领域各类企业一定时期内的行为,推测企业的需求,进行跟进沟通和销售。

（3）核保环节的保险技术

当前很多保险公司经营中缺乏必要的建设工程风险管理意识,为了扩大业务量,片面看待保险核保过程,盲目承保,这虽然扩大了承保的数量,但是却忽视了承保的质量问题,忽视了对建设工程风险的控制,导致承保标的风险大增。

核保环节的保险技术首先要对保险标的进行风险评估,风险评估主要包括风险识别、风险分析和风险评价三个步骤。在实践中,风险识别、风险分析和风险评价绝非互不相关,而常常相互重叠,需要反复交替进行,风险分析的内容可以用图4.5表示。

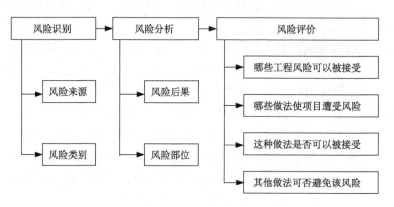

图4.5　风险分析的内容

在此阶段可以利用风险分析矩阵（RAC）方法,通过保险标的风险的可能性和严重性来表征其风险,进而建立起相应的评价矩阵,给出核保的建议。RAC方法将风险的严重性划分为4级,可能性划分为5级,其中按风险严重性分为4级,即灾难性的、严重的、轻度的、可忽略的;风险可能性分为5级,即频繁、很可能、偶然的、可能性极少的、不可能的。按风险可能性与严重性两个因素建立一个二维的矩阵,矩阵的每一个元素都对应一个可能性和严重性等级，并用一个数值或代码表示，成为"风险评价指数"，表示风险的大小，如表 4.2 所示。

表 4.2　风险评价矩阵

可能性 ＼ 严重度	灾难性的	严重的	轻度的	可忽略的
频繁	1	3	7	13
很可能	2	5	9	16
偶然的	4	6	11	18
可能性极少的	8	10	14	19
不可能的	12	15	17	20

通过分析，得出不同保险标的的不同风险评价指数，即 1～5 级属于不可接受的风险，为此给出拒保的建议；6～9 级属于不希望风险，需要经过决策，为此可以提出整改建议，重新核保；10～17 级属于可接受风险，但需审评，为此给出依据审评结果，采用特约承保或加费方式承保的建议；18～20 级属于不需评审即可接受风险，为此给出正常承保建议。具体情况如表 4.3 所示。

表 4.3　依据风险评价指数所给出的核保结论及承保建议

风险指数	核保结论	承保建议
1～5 级	不可接受风险	拒保
6～9 级	不希望风险，需要经过决策	提出整改建议，重新核保
10～17 级	可接受风险，但需审评	依据审评结果，采用特约承保或加费方式承保
18～20 级	不需评审即可接受	正常承保

（4）防灾减损环节的保险技术

防灾减损是建设工程保险技术的重要环节。由于建设工程通常规模较大、投资高、周期长、工程专业技术要求比较复杂，所以要做好防灾减损的保险技术工作。其主要工作包括风险防范基础性工作、损失发生前的防灾、损失发生时的减损和损失发生后的整改。防灾减损服务的具体内容可以用图 4.6 表示。

在上述防灾减损服务的内容中，风险核查与管理是一项非常重要的工作。一个建设工程项目涉及的信息和资料的体量非常庞大，涉及的风险也非常多。风险核对表是风险核查最常用的方法，通常根据过去的经验，对照目前情况进行逻辑联系，将项目中可能存在的问题、需要鉴别的内容或需要注意的事项，列成表格，在实施过程中进行对照检查，对风险进行识别和检查。除此之外，还可以采用专家评定和风险识别流程图法针对工程项目的类型、特征、规模和企业管理水平等情况，通过查阅资料、现场会议和现场勘查等方式查找本工程项目特有的危险源，即在本工程项目中使用特殊技术引起的潜在风险因素。为了保证成功实施风险核查并得出正确结论，必须要在事先制订详细的核查计划，核查完成后要向责任方提出明确的风险防范建议，制定出严格的技术控制措施和组织措施。防灾减损服务中风险核查方式的工作流程和具体内容如图 4.7 所示。

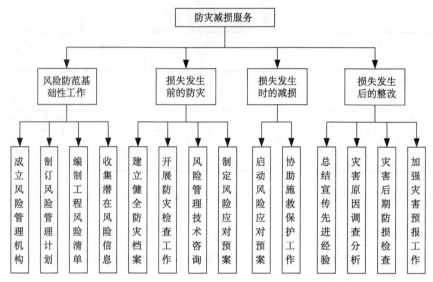

图 4.6　建设工程保险技术防灾减损服务的具体内容

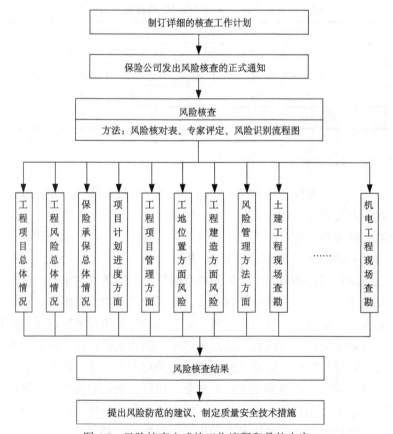

图 4.7　风险核查方式的工作流程和具体内容

（5）理赔鉴定环节的保险技术

理赔鉴定环节保险技术的目标是依法理赔，维护保险双方的合法利益，此阶段的工作要以建设工程保险产品的具体内容及承保过程中的风险管理信息为主要依据。建设工程保险理赔鉴定环节保险技术工作见图4.8。

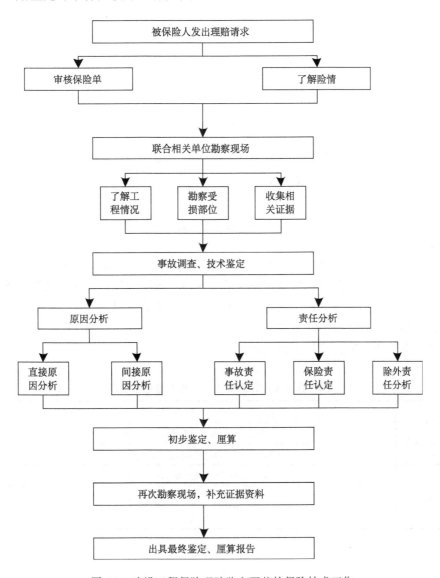

图 4.8　建设工程保险理赔鉴定环节的保险技术工作

理赔鉴定环节的保险技术服务主要是受保险合同当事人一方或双方委托，运用科学技术手段和建设行业的专业知识，通过检验、鉴定、评估、理算等程序，对保险标的进行合理、公正、科学的证明，具有非常重要的作用。该环节要求保险公司具备调查取证能力、责任确定能力、评估定损能力、赔款理算能力、险损赔付能力、摊回赔款能力、代位追偿能力和团队协作能力，在保险公司专业技术服务能力不足的情况下，可以委托专业技术机构提供这方面的技术服务。

通过理赔鉴定可以验证保险方案设计、保险费率、保险金额的设定是否得当，同时也可以对保险防灾减损环节的工作质量进行相应的检验，并将此部分信息反馈到下一轮建设工程保险设计、核保和防灾减损环节中。具体如图4.9所示。

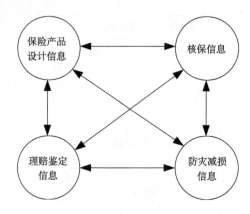

图4.9　保险流程各环节之间的信息传递

建设工程保险全流程是一个营业链模式，如果其中某一环节有缺陷，将会影响整体链条。因此，保险公司在运用建设工程保险技术进行风险管理时，还需要注意各阶段的接口问题，即信息的通畅问题，从而实现建设工程保险整体最优，而不是部分最优。而所有的这一整套系统和流程，最终构成了动态工程风险管理过程的闭循环系统。建设工程保险业务全流程保险技术的内容如表4.4所示。

表4.4　建设工程保险业务全流程保险技术的内容

内容	具体事项
设计	个性化的产品和方案设计；提高精算水平
销售	用户画像；用户行为需求分析；改进销售策略；信息跟踪
核保	专业咨询；风险调查和评估；厘定保险费率
防灾减损	风险检查；风险分析和评估；制定风险对策
理赔鉴定	责任鉴定；损失鉴定；赔偿金额理算

4.4　建设工程信息化保险技术

4.4.1　建设工程信息化概述

（1）建筑行业信息化

在中国经济发展步入"新常态"的大环境下，为走出一条具有核心竞争力、资源集约、环境友好的可持续发展之路，建筑业迫切需要在科技进步的引领下，以新型建筑工业化为核心，通过信息化与工业化的深度融合，对建筑全产业链进行更新、改造和升级。

我国建筑行业的信息化总体来说经历了 4 个阶段。第一阶段是 1981～1990 年，是解决以结构设计为主要内容的工程计算问题，主要使用的是 CAE；第二阶段是 1991～2000 年，主要解决计算机辅助绘图问题，使用的是 CAD；第三阶段是 2001～2010 年，主要解决计算机辅助管理问题，包括电子政务、电子商务、企业信息化（ERP）等；第四阶段是 2011 年至今，主要发展建筑信息模型（BIM）。随着 BIM 在国内的普及以及应用在多个大型项目中，一些企业已经不满足于 BIM 的单项应用，开始尝试 BIM 的深度应用；同时，大数据、移动应用还有云计算这些新技术也在不断地成熟以及发展。建筑业信息化的历程如图 4.10 所示。

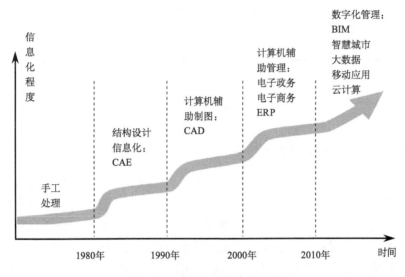

图 4.10　建筑行业信息化历程

（2）保险行业信息化

保险企业是金融体系的重要组成部分，其经营的商品是一种无形商品——保险单。从信息技术角度看，在保险单的整个生命周期，保险企业与客户之间的所有交互都是围绕信息而发生的，因此，保险业是信息密集型产业，信息化作为重要的生产力，将逐步渗透到保险价值链的各个环节，成为提升保险业竞争力的重要因素，成为推动保险企业科学发展、业务创新和管理创新的强大动力。

我国保险行业的信息化历程如下：第一阶段是 1985～1995 年，一些保险公司开始利用信息技术将复杂的保险业务输入电脑；第二阶段是 1996～2000 年，以首家大型商务保险网站"网险"的推出为标志，意味着我国的保险电子商务正式开始起步，同时，数据储存软件和管理加速发展；第三阶段是 2000～2010 年，保险公司的企业内部基本实现了信息化，实现了全险种、全流程的业务系统；第四阶段是 2011 年至今，信息技术（IT）

与保险业务从理念、战略、价值链、行动等方面均进行了深度的融合创新。建筑业信息化的历程如图 4.11 所示。

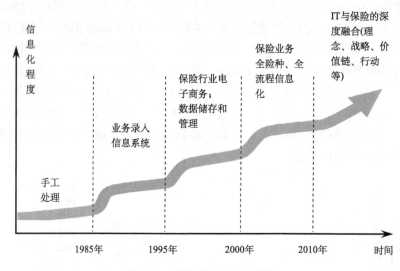

图 4.11　保险行业信息化历程

4.4.2　建设工程信息化保险技术的内容

信息化能够全面实现建设工程信息的全方位、自动化管理，可以实现各参建方在整个建设工程项目全寿命周期的信息共享和交流，提高建设工程信息的有效利用程度，从而提高整个建设工程项目的工作效率。建设工程保险同样需要信息化，以更好地进行建设工程风险管理，使建设工程发挥出更大的经济效益和社会效益。

建设工程通常是一个系统项目，具有组织规模大、所处环境复杂、建造运维周期长、参与方众多、生产工艺复杂、占用资金体量大、多行业多学科交叉作业、专业性强以及一次性完成不可逆转等特点。在建设工程的全寿命周期内，这些因素或单独、或共同地导致了建设工程的多种风险源，决定了建设工程风险的多样性、普遍性和频发性。另外，在建设工程的整个建设运维周期内，会产生海量的信息数据资源，如工程项目本身的"全量数据"、项目所处环境的"全量数据"、建设工程各参与企业的"全量数据"、建设运维过程中产生的"全量数据"以及建设工程风险的"全量数据"等，这些多种多样的"全量数据"共同形成了建设工程的"大数据"资源。同时，为了能对建设工程风险有更加科学合理的认识和管控，从而有效减少工程风险发生的概率和自身的风险损失，以大数法则作为立业之本、以数理统计和概率预测作为基本方法而又缺乏建设行业知识、技术、人力与经验的建设工程保险人（保险公司），正是这些建设工程"大数据"资源的迫切需求者。

综上所述，建设工程信息化保险技术通过运用知识管理的理念和方法，以大数据技术为基本手段，构建"建设工程全量信息（数据）管理"的新型工程风险管理的理念和模式，从而科学、合理、有效地解决建设工程保险人所面临的上述两方面的棘手问题，并进一步为政府机构、工程参与各方、相关行业协会和裁决机构提供建设工程信息（数据）服务，为建设行业的大数据建设作出贡献。

在将知识管理的理念和方法融入大数据保险技术之后，建设工程信息化保险技术主要包括四个方面的内容：数据获取与信息不对称；数据资产化与数据变现；数据运维与数据服务；大数据征信与客观信用评价体系。

（1）数据获取

数据获取是应用大数据技术首先要解决的问题。所以，建设工程信息化保险技术要重视工程建设过程中各方面"全量数据"的抓取问题。因为对于运用大数据技术来讲，如果没有数据这一基本资源，后面所有的分析、所有的应用都只是一句空谈。所以，首先得有数据资源，然后才可以进行后面的数据资产化、数据变现、数据运维以及数据服务等工作。

数据获取是指获取信息的过程，可分为数据采集、数据传输和数据预处理。首先，由于数据来自不同的数据源，如包含格式文本、图像和视频的网站数据，数据采集是指从特定数据生产环境获得原始数据的专用数据采集技术。其次，数据采集完成后，需要高速的数据传输机制将数据传输到合适的存储系统，供不同类型的分析应用使用。再次，数据集可能存在一些无意义的数据，将增加数据存储空间并影响后续的数据分析。因此，必须对数据进行预处理，以实现数据的高效存储和挖掘。建设工程信息化保险技术可以通过多种渠道来获取大量的建设工程信息（数据）资源，如图 4.12 所示。

通过对大数据技术手段的运用，对建设工程"全量数据"的分析，建设工程信息化保险技术可以有效地解决建设工程保险的信息不对称问题。例如，对于保险合同双方而言，投保人（建设工程参与各方）对保险行业、险种属性以及保险业务流程等并不了解，而保险人（保险公司）则缺乏对建设行业、土木工程专业知识和技术以及工程建设运维流程等的认识，双方对于对方所处行业的数据无从获取，即使获取，也将面临较高的数据管理成本。因此，建设工程信息化保险技术可以通过"多源化"的数据采集渠道，为建设工程保险合同双方提供一个更加开放、平等、透明、分享、高效的信息环境，促使各方互通有无，协作共赢。

更值得一提的是，建设工程信息化保险技术可以促进金融保险在建设行业中的"角色转变"。

首先，建设工程保险会从"更制度"的平台走向"更技术"的平台。传统建设工程保险更多的是基于制度建立的平台，而未来要走向一个"更技术"的平台。其次，保险公司的经营模式将从"差价模式"走向"服务模式"。建设工程保险企业的盈利模式将从通过价差实现，过渡到通过提供服务并收费实现。再次，建设工程保险产品的定价模式也将从以"前定价"为主走向"前定价"与"后定价"结合的模式，从保险公司定价走向消费者自主定价时代。最后，建设工程风险控制模式将从过程和事后的风险管理模式，逐步走到事前安排和对冲的风险管理模式，从一种外在模式走向内涵模式。

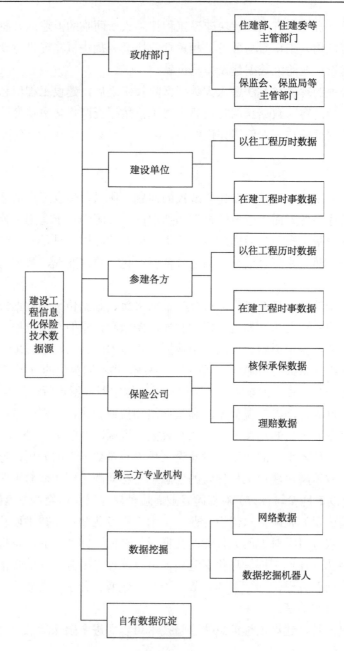

图 4.12　建设工程信息化保险技术的数据源

（2）数据资产化与数据变现

"大数据"被认为是信息时代的新"石油"，但并不能简单地就可以理解为"数据多、流量大"就是"大数据"，即上述所获取的建设工程的"全量数据"仅仅是一种数据资源，其中存在大量的冗余数据，而不是数据资产。

在采集到与建设工程有关的大量数据以后，并不是所有的数据资源都能为我所用，首先要有一个去冗从简、去伪存真的过程。所以，建设工程信息化保险技术在获取建设工程相关数据以后，会对它们进行搜集、分类、归纳、整理、清洗、分析等工作，最后把这些数据资源加工成可以使用的数据，此时的数据才是真正有用的数据资产。而这个对数据资源进行加工的过程就称为"数据资产化"，目的就是要把数据资源形成数据资产。

建设工程信息化保险技术可以把与建设工程有关的海量数据资源进行资产化，指出这些数据的价值，这样才能实现数据变现。也就是说，大量的数据资源都隐藏在建设行业和保险行业中，如果不把它们提取出来，制定相应的法规、制度，那么这些数据根本就没有价值，这也是数据变现的一个思路。但是，数据变现有一个更重要的问题：那就是标准。所以，建设工程信息化保险技术还需要进行建设工程数据标准化的工作，即用数据的标准化来体现出数据的价值。

此外，从某种意义上讲，整个世界都是由数据构成的。而每一家机构或企业、每一项建设工程，同样是由多维度的数据组成的。这些数据资源每天都在"新陈代谢"，不断地产生新的数据，而企业或工程的这些数据之间的关联性特征，形成了"企业 DNA"或"工程 DNA"，这就像是一个有生命的企业个体或工程个体。为了了解每一个分析对象的健康状况，建设工程信息化保险技术从数据的视角，来解读该对象生命体的存在特征。

所以，在建设工程的大数据时代，解构和重构数据是一种重要的能力。如何将现有的工程数据和保险数据进行解构，同时根据需求进行重构，创造出一个新的商业模式。这种解构和重构的背后是一种数据资源价值的发现与实现。同时，解构与重构能力的根本是计算能力，而这种计算能力提升的关键是对数据的"追随"，即需要改变数据"迁就"计算的思维模式，而让计算"追随"并"服务"数据，并在服务中成就计算自我。

建设工程信息化保险技术正是将每个企业（来自生产、销售等多个经营环节）或每项建设工程（来自工程建设运维的全寿命周期）的所有数据信息进行采集，对这些数据资源进行解构、重构以及数据标准化的工作，通过目标企业或目标工程周边的一些数据，来展现该企业、该工程的一个全量的状况，变现数据并形成"企业 DNA"或"工程 DNA"，从而为后续开展的诸多工作奠定坚实的基础，更好地为建设工程保险领域服务。

（3）数据运维与数据服务

数据资产化以后，就可以通过数据运维，提供相应的数据服务。而数据运维的关键则是对大数据应用能力的建设。

长期以来，建设工程保险领域已经积累了大量的高价值数据，但与此同时，当前多元化结构的数据正在海量爆发，需要从大数据中创造出不同于传统数据挖掘的价值。

面对这样的形势，一是要建立敏捷的数据运用机制，进而可以快捷地发现机会，实现数据到价值的转换；二是要重视非结构化数据的应用，未来随着客户画像的应用，发现并截取数据、解构数据和重构数据将是关键能力；三是加快建设行业和保险行业基础设施的建设，提升行业整体的数据能力。建设工程信息化保险技术能够促使保险公司从行业内的竞争走向更大的舞台，凝聚建设行业和保险行业的力量，不断增强影响力，拓宽行业外延。可以从以下方面进行相应的设置。

1）建立企业数据信息库。

建立公司内部局域网络，建立建设工程和企业的数据信息库，为进行数据运维管理打好硬件基础。数据库系统的功能如下：存放经过整理、归类的信息；提供获取各种专家的个人经验的工具；为应付信息数据的更新提供必要的维护手段。其目标就是最大限度地实现数据资源的共享和交流。构成信息管理系统的基本要素，如数据库、文件管理系统、人工智能、电子邮件、群件技术的开发应用等都是信息管理的重要内容和硬件基础。

2）建立首席数据官制度。

设立专门的首席数据官或由公司高层经理人员代执行。首席数据官的职责包括从整个公司的角度对这些部门所拥有的信息数据进行管理、发展、共享和保护，致力于员工数据服务能力的提高。

3）与相关单位建立信息数据联盟。

信息数据联盟将比产品联盟更紧密，具有更大的战略潜能，它可以帮助组织扩展和改善自己的基本能力，从战略上创造新的核心能力。企业能通过信息数据联盟更好地提高自己的学习能力，在组织之间进行学习和知识共享，使组织能够开展系统思考，自己也能够获得其他公司的技术能力，并且可以与它们合作，开发产品创新等。

4）加强大数据人才的培养。

企业领导人应该首先摆脱传统的思维束缚，转变思维方式，学会用数据思维思考问题和管理企业，及时适应形势，推动变革，只有这样才能建立企业新的思维方式和运行模式。从这个意义上讲，企业的领导人应该是大数据的关键人才。其次，要培养大数据时代的复合型人才。如果没有建立大数据体系是不可能培养大数据人才的，从传统结构化数据挖掘应用到建立大数据平台，这个过程本身就是培养人才的一个过程。

建设工程信息化保险技术通过良好的大数据运维，可以为建设工程保险领域产生积极的影响并提供更好的服务。

（4）大数据征信与客观信用评价体系

保险天然就具有大数据的特征，一是保险行业是经营风险的行业，要利用风险模型或概率论和数理统计技术等对标的物的风险进行评定；二是保险公司的利润主要来源于收取的保费和未来的赔付支出的差额，保险公司先要对这些风险发生的概率进行预测，而大数据的一个关键核心就是预测；三是保险经营的每个过程都和大数据密不可分，业务系统中的保单数据与保单维持数据及核保理赔数据、保费投资经营的投资理财数据、精算部门定价数据、各类风险管理数据、财务乃至宏观管理数据。从信息量来看，保险行业的大数据时代已经提前到来。随着信息技术的发展，保险公司每时每刻都要积累大量的数据信息，数据量的级别呈现爆炸式的增长。

建设工程信息化保险技术在经过对企业和建设工程的数据特征进行多种方式的分析提炼，对与建设工程有关的海量数据进行资产化处理，变现数据并形成"企业DNA"或

"工程 DNA"之后，可以把这些个体 DNA 特征与建设工程保险领域中群体的 DNA 特征进行不同维度的比较，能够得到某个企业在行业中的地位以及某个建设工程的风险属性，从而生成该企业或该建设工程的多维度、可视化的动态健康报告。同时，每一个企业和建设工程都在不断变化，建设工程信息化保险技术会对企业和建设工程不断产生的新数据进行监测分析，所有企业和建设工程数据的波动，都会及时传递给该可视化健康报告，这样可以让保险公司更便捷地监控企业和建设工程的实时健康状况，通过"大数据征信"，达到减少建设工程风险发生概率、降低工程风险损失的目的。大数据征信的工作流程以及客观信用评价体系分别如图 4.13 和图 4.14 所示。

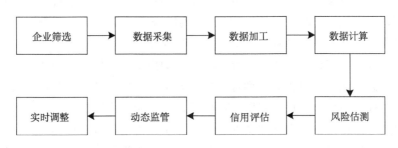

图 4.13　建设工程信息化保险技术大数据征信的工作流程

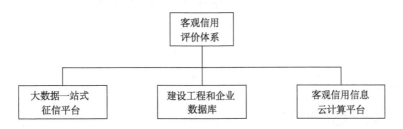

图 4.14　建设工程信息化保险技术客观信用评价体系

此外，在大数据世界里，每个建设工程或企业都具有独一无二的数据特征，由于建设工程信息化保险技术可以使建设工程保险领域具有多个工程或企业的数据健康报告，所以，可以从更多维度来划分更多建设工程或企业的风险属性，运用数据思维来帮助政府机构进行建设工程或企业的群体管理，乃至更大范围的社会治理。

4.5　建设工程保险技术机构

4.5.1　建设工程保险技术机构的概念

工程保险技术机构，是指具有工程建设和保险领域的专业技术，专门从事工程保险技术工作的专业机构。

工程保险技术机构可以为保险公司提供建设工程险种设计、风险评估、核保、防灾减损、理赔鉴定等咨询评估、风险管理和技术支持。同时，工程保险技术机构还可以为政府主管部门和行业协会提供全国、地区或行业等宏观层面的统计分析、咨询评估等服务。

4.5.2　建设工程保险技术机构存在的必然性

（1）逆向选择与道德风险催生建设工程保险技术的诞生

建设工程保险市场由于信息的不对称，在发展中主要受到两类问题的困扰。

一是逆向选择。高风险的企业比低风险的企业更可能申请保险，因为高风险的企业从保险的保护中收益更大。尽管保险公司知道，高风险的企业更加愿意投保以转移风险，但风险的高低不是简单地通过企业资质进行评估，而是要综合考虑企业管理能力、技术水平、人员配置等方面，也要考虑工程项目本身的水文地质气象情况、工艺技术的复杂程度等方面，以及当地的政策环境、周边居民情况等。保险公司由于信息的不对称，无法区分高风险企业和低风险企业，也无法监测投保企业的风险行为，更难以对建设行业整体的风险进行预测和评估。因此，高风险企业的出险使得保险公司在进行费率厘定时费率发生了偏离，保费费率提升；而保费的提升更加降低了低风险企业的投保积极性，使得低风险企业的投保数量进一步降低；由于低风险企业占比的降低，保险公司的出险率和赔付率进一步提升，使得保费费率进一步发生偏离，形成恶性循环，导致市场资源配置发生扭曲，出现"劣剩优汰"或者"劣币驱逐良币"现象。因此，当市场受到逆向选择困扰时，亚当·斯密所说的"看不见的手"将可能无法发挥效力，如图4.15和图4.16所示。

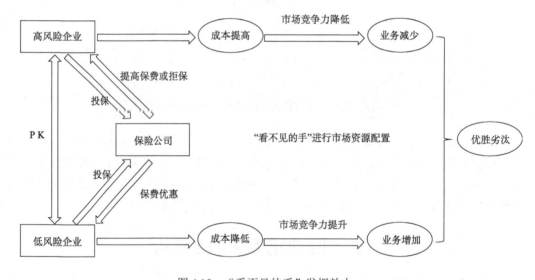

图4.15　"看不见的手"发挥效力

二是道德风险。投保人在购买保险以后，对自身谨慎工作以规避风险的激励减小，因为保险公司将会补偿损失的大部分。例如，工程参加方购买相应保险后，部分投保人的质量安全意识降低，行为变得随意，增大了风险发生的概率。而保险公司缺乏建设工程领域的背景知识和专业技术，并且工程建设过程中无法了解工程各方的行为和客观风险情况，使得保险公司对于投保人的道德风险处于赌概率的状态。例如，原建设部和财

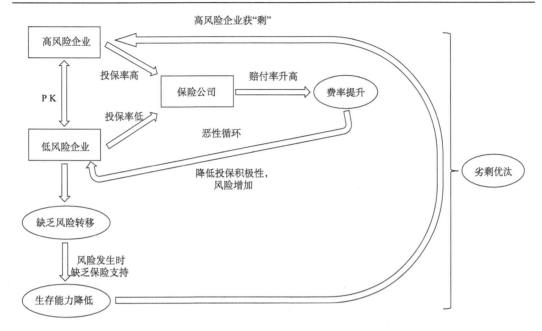

图 4.16　逆向选择导致"劣剩优汰"

政部联合发文《建设工程质量保证金管理暂行办法》（建质[2005]7 号）第四条第二款中："采用工程质量保证担保、工程质量保险等其他保证方式的,发包人不得再预留保证金"。若实施工程质量保证担保、工程质量保险,则承包商不再预留质量保证金作为约束手段,并且有了保证担保或质量保险为其的质量行为买单,必然会导致承包商质量意识的下降,保险公司承担的道德风险极大地提高。

究根结底,建设工程保险的逆向选择和道德风险的根源在于信息的不对称;信息不对称导致的市场需求也催生了建设工程保险技术。通过建设工程保险技术,保险公司可以科学地、动态地分析各工程参加单位的风险状况、工程项目本身的风险状况,以及建设行业整体的风险状况,并对投保人进行动态的风险监测与评估,在降低风险事件的同时,更加科学、准确地进行保费厘定,降低逆向选择和道德风险的发生概率。因此,建设工程保险技术必将随着建设工程保险市场的逐步扩大而诞生并发展。

（2）机会成本和比较优势促使贸易的发生

机会成本是为了得到某种东西而必须放弃的东西。因此,当保险公司要开展工程保险技术工作时,其必须花费一定的精力或费用,即保险公司必须花费一定的人工进行技术工作,或者花费一定的费用委托专业技术机构。

若保险公司自身无能力开展建设工程保险技术工作,则其只能委托专业技术机构开展,故建设工程保险技术机构应运而生。

若保险公司自身具备建设工程的相关知识和技术,有能力开展建设工程保险技术工作。此时保险公司自身和专业技术机构的生产可能性见表 4.5。

表 4.5　保险公司自身和建设工程保险技术机构的生产可能性

机构	每人·天产值	
	保险展业及相关工作	工程保险技术工作
保险公司自身	X_1	Y_1
专业技术机构	X_2	Y_2

比较优势是指一个生产者以低于另一个生产者的机会成本生产一种物品的行为。由于保险公司自身和专业技术机构各自的专业方向、熟练程度不同，必然呈现：

$$X_1 > X_2$$

$$Y_1 < Y_2$$

故保险公司在从事保险展业等相关工作上具有比较优势，而专业技术机构在从事工程保险技术工作上具有比较优势。

保险公司自身和专业技术机构各自的生产可能性边界如图 4.17 和图 4.18 所示。

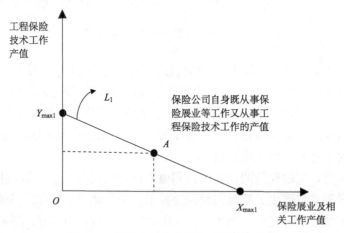

图 4.17　保险公司自身的生产可能性边界

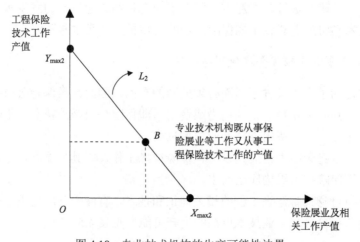

图 4.18　专业技术机构的生产可能性边界

如图所示，保险公司自身全部精力投入保险展业及相关工作时，其产值为 X_{max1}；其全部精力投入工程保险技术工作时，产值为 Y_{max1}。根据经济学十大原理之一的人类面临取舍原理，保险公司投入更多的精力或成本开展一种工作时，其投入另一种工作的精力必然降低，其产值也必然下降。因此，保险公司既从事保险展业又从事工程保险技术工作时，其产值 A 在 L_1 上变动，L_1 为保险公司自身的生产可能性边界。同理，L_2 为专业技术机构的生产可能性边界，其产值 B 在 L_2 上变动。

当保险公司愿意花费 n 个人·天的费用来开展工程保险技术工作时，其产值为

$$A = X_{max1} - n \times X_1 + n \times Y_1$$

而当保险公司委托专业技术机构时，若保险公司花费 n 个人·天的费用委托专业技术机构，其产值为

$$A^* = X_{max1} - n \times X_1 + n \times Y_2$$

比较 A 和 A^*，由于 $Y_1 < Y_2$，故 $A < A^*$。因此，保险公司与专业技术机构发生贸易时，其生产可能性边界外移，即保险公司花费相同的精力或成本，其得到的价值增加，如图 4.19 所示。

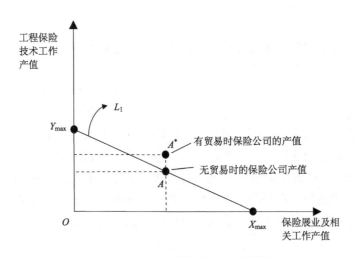

图 4.19　有贸易时保险公司的产值增加

当 n 取所有可能的数值时，保险公司的生产可能性边界从 L_1 外移到 L^*_1，并且斜率发生了变化，如图 4.20 所示。

同理，专业技术机构的生产可能性边界也发生了外移。

可见，贸易可以使保险公司和专业技术公司都获益，因为它使双方各自从事它们具有比较优势的活动。因此，机会成本和比较优势促使了贸易的发生，即促使了保险公司委托专业技术机构来开展工程保险技术工作，而不是自身开展。

（3）解决行业顽疾，符合发展趋势

建设工程保险技术机构的存在，解决了过去所有工程参建单位均由建设单位聘任的

模式缺陷，通过引入保险机制和保险技术机构，真正运用市场手段解决了行业中监理等单位无法做到独立公正第三方的行业问题，形成了建设单位、承包单位、保险公司（及其委托的保险技术机构）三方相互制衡的博弈关系，顺应了国际潮流，也符合社会发展趋势。

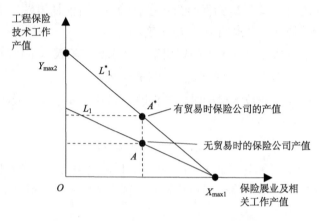

图 4.20　有贸易时保险公司的生产可能性边界

多年前我国政府就发现了监理行业的问题，试图进行改革，取消强制监理，并准备2014 年在深圳率先展开试点。深圳试点取消强制监理的消息一经曝出，立即引发了全国监理行业的恐慌。2014 年 5 月 9 日，15 家区域建设监理协会联合向住房和城乡建设部相关职能部门呼吁，"慎重调整强制监理范围"。据了解，其他省市对于取消强制监理的改革也遭到监理行业的强烈抵制。究其根本原因，是取消强制监理后，意味着监理市场的大幅缩水，监理行业恶性竞争加剧，大批的监理单位面临破产倒闭，大批人员失业也将存在社会隐患。而工程保险技术机构则有效解决了这一难题，监理行业中有实力、有远见的单位将转型成为工程保险技术机构，既有了新的业务来源，又解决了监理目前无法独立公正、承受建设单位和施工单位"夹板气"的问题，还为广大的监理从业人员找到了新的归属。

因此，工程保险技术机构的诞生和发展是必然的。

4.5.3　建设工程保险技术机构的选择和培育

工程保险技术机构需要具备针对建设工程保险险种承保的风险进行风险分析、风险评价和风险控制的能力，也需要具备施工图审查、工程造价、施工现场的检查、建材和结构件的检测鉴定的专业技术能力，以及具备建立工程参建主体、技术人员的数据信息库，并能够进行动态更新、统计、分析、评价的能力。最为重要的，是工程保险技术机构不应当同建设单位、施工单位等工程参建主体有任何业务往来，以保证工程保险技术机构的独立公正性。

（1）设立新机构或原有机构转型

1）设立新的工程保险技术机构。

成立新的工程保险技术机构，新机构可以对监理单位、图审单位、检测单位、工程造价单位等进行整合，优化资源配置，也可以聘任相应的专业从业人员，组成自己的专业技术团队，开展工程保险技术工作。

这条路径的优点是，新机构完全独立，从根本上实现了独立公正的地位，避免了重蹈监理单位受建设单位聘任的覆辙。不足是，新机构需要有很强的资源整合能力，在实际操作时有一定的难度。但正是这种难度的存在，可以在一定程度上避免大批量新机构的诞生带来的恶性竞争，有利于企业的做大做强，也有利于行业整体的持续健康发展。

2）现有机构的转型升级。

现有的监理单位、图审单位、检测单位、工程造价单位分别具备监理、施工图审查、检测鉴定、工程造价的能力，由这些机构中的部分机构进行转型升级，变更为工程保险技术机构，以自身已经具备的专业力量为主，整合其他专业技术机构，从而满足工程保险技术需要的综合能力。

这条路径的优点是，机构在转型升级前已经具备了一项专业技术能力，整合资源的成本极大地降低。不足是，转型的机构与其他工程参建主体存在千丝万缕的联系，尤其是多年来持续开展的业务，无法一次斩断，使其在开展工程保险技术工作时，必然还同建设单位等参建主体存在着其他的业务往来，影响其独立公正地开展工程保险技术工作。

而现有的这些机构是否会下决心转型，也同样值得怀疑。如果仅从会计学的角度看，会计师衡量企业的会计利润是用企业的总收益减去企业的显性成本。而企业的决策层往往不仅仅关注企业会计账面的利润，而更关注企业的经济利润。经济利润是企业的总收益减去企业的总机会成本（隐性成本与显性成本之和）。获得正经济利润的企业将继续经营，因为它弥补了所有机会成本，并且留下一些收益给企业所有者，如图 4.21 所示。

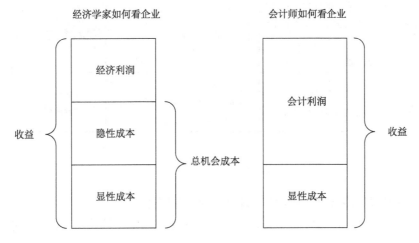

图 4.21　企业利润计算图

通过以上可知，工程保险技术机构最为重要的一点是同建设单位、施工单位等工程参建主体无任何业务往来以保证其独立公正第三方的地位，而当现有的监理、图审、质量检测机构在决策是否转型时，它们需要深入思考和测算其损失的机会成本。因此，在未取消强制监理制度之前，现有的监理等机构中除了个别具有远见和抱负的机构和已经出现经营不善面临破产倒闭的机构，恐怕很少有机构会下决心进行转型。

3）路径比选。

当前我国已经启动新的《建筑法》修订，预计新的《建筑法》会调整强制监理的模式。在新的《建筑法》出台前，由于监理单位仍然强制由建设单位聘任，此时若其接受保险公司的委托，从事工程保险技术工作，将造成"一仆二主"的局面；即使其在接受保险公司委托开展工程保险技术工作的工程项目中，不再接受建设单位的委托从事监理工作，监理单位仍然可能在其他工程项目中同此建设单位产生业务往来；同时，保险公司委托其开展工程保险技术工作的费用，远低于其监理费的收入，监理单位的主营业务收入仍然将是监理业务收入，使得当前阶段监理在从事工程保险技术工作中，难以真正起到独立公正地进行风险管控的作用。检测鉴定机构、施工图审查机构在现阶段从事工程保险技术工作的问题与以上监理的分析基本一致。

因此，在新的《建筑法》出台前，建议以第一条路径为主，建立新的工程保险技术机构，由完全独立的机构来开展工程保险技术工作。在新的《建筑法》出台后，若取消了强制监理制度，必然导致一部分监理单位进行转型升级，在转型升级的单位中，一部分单位将剥离掉越来越少的监理业务，整合其他图审、检测等单位，组成新的工程保险技术机构。

工程保险技术机构的比较如表4.6所示。

表4.6　工程保险技术机构比较

	优点	不足	选择
设立新的工程保险技术机构	真正的独立公正第三方；资源整合的难度有利于减少行业恶性竞争；为监理的转型找到出路	有一定的资源整合难度	优先选择
现有机构进行转型升级	资源整合成本较低；为监理的转型找到出路	新的《建筑法》出台前无法真正独立公正地发挥作用；现有机构难以下决心进行转型	新的《建筑法》出台后，或者取消强制监理后可以选择

（2）采用国内机构还是国外机构

建设工程保险技术机构建议采用国内机构，原因如下。

1）建设工程保险社会影响面大，关乎国计民生，需要长期稳定、持续的参与者，应当由国内公司实施。

2）建设工程非常特殊，工程中的基础结构、人防、管网、市政工程、政府办公楼、军队项目等，可能涉及国家机密，外资如果主导，会全面掌握我国建筑的各项基础数据，容易造成信息泄漏，一旦发生恐怖袭击或战争，危及国家安全。

3）中国市场是国内公司的主战场，而不是很多外资公司认为的机会市场。外资只注重利润，且长久性有待观察，若其撤资或者破产，将对我国建筑行业、保险行业，甚至社会造成难以弥补的严重影响，损害人民群众的切身利益。

4）避免大量资金流向国外，防止资金流失。

5）国内公司扎根于国内市场，熟悉中国的保险市场和建筑市场，容易沟通，可以提供稳定、持续的承保能力、技术支持与全过程跟踪服务。

6）无论是总体规模，还是近年来的发展速度，欧洲诸国与中国建筑行业均不在一个量级上。在数据积累上，由于体量的因素，欧洲数据不能反映近年来中国的建筑行业的发展趋势；同时，管理制度和设计规范与标准，均与国内的现存体制存在巨大差异。2013年我国建筑安装一切险保费收入同法国、西班牙保费收入比较如图 4.22 所示。

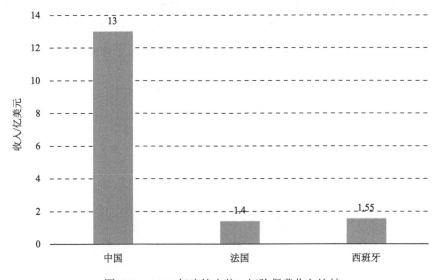

图 4.22　2013 年建筑安装一切险保费收入比较

如图所示，中国的工程险规模是法国的近 10 倍，如果考虑费率及投保率（30%）等因素，中国的领先优势更为明显。

因此，过于依赖"非样本数据"，可能会产生更多的噪声而非信号。研究认为，合理的方式应该是洋为中用，以中为主。

7）我国建筑和保险行业技术均处于较为领先的水平，国家应该培育本土企业承担相关工作，而不是拱手相让。只要流程合理，制度得当，完全可以做好这项工作。

（3）建设工程保险技术机构的培育

1）政策引导。对于关系国计民生、质量安全的建设工程保险险种，在政策文件中引导市场引入工程保险技术机构，完善风险管理机制。保险合同中应当约定工程保险技术的内容及要求。工程参建主体应当按照保险合同约定，配合工程保险技术工作，并提供便利条件。

2）充分试点。在部分地区或者部分险种开展试点，由于暂无完全符合要求的机构，试点阶段建议不对工程保险技术机构进行门槛要求，只要能够满足保险公司需求的机构，都可在试点范围内充分发挥优势，扩大选择面，避免用现在的眼光将未来潜在的优秀工程保险技术机构排除在外。试点结束后，可依据经验总结，对工程保险技术机构提出相关要求，或者进行名录管理。

3）总量限制。为了避免同类机构过多带来的恶性竞争等一系列不利后果，参考国外对此类机构均有数量限制，建议试点结束后对工程保险技术机构设置数量限制，即进行名录管理；同时，结合实施负面清单制度，对有不良行为或不符合要求的机构，进行警告或者清出，清出一家方可再进入一家，保持总量稳定。

4）人才培养。培养工程与保险的交叉科学研究人才，支持相关研究，建立适合我国国情的培训机制。除了出版相关专业书籍、请建设领域和保险领域一些经验丰富的专家讲授关键课程，还可以在现行的相关认证考试中加入建设工程保险的相关内容，也可以通过全国统一考试的形式颁发执业资格证书，进一步规范工程保险技术从业人员。

第5章　建设工程质量保险制度的论证

5.1　分析模型的选择及构建

5.1.1　层次分析法

层次分析方法（AHP）是一种决策方法，它是将半定量、半定性问题转化为定量问题行之有效的分析方法，在 20 世纪 70 年代是美国运筹学家萨蒂（Saaty）等提出的解析递解过程（通常意译为"层次分析"）。它将各种因素逐层层次化，再比较互相关联因素，为决策提供依据，适用于那些不易完全用定性分析、不易量化，结构较繁杂的复杂决策问题。层次分析法把问题看作一个整体的系统，综合考虑系统所处的环境和系统各组成部分的相互关系，在此基础上进行比较和决策，这种思维方式使复杂的评价问题决策比较有效、更加明朗化。

5.1.2　SWOT 模型

哈佛安德鲁斯（Andrews）1971 年在《公司战略概念》中提出 SWOT 分析方法。SWOT分析方法结合企业内外部环境和自身资源条件，分析企业优势（Strength）、劣势（Weakness）、机会 （Opportunity）、风险（Threat）。传统的 SWOT 分析都是一种以定性方法论为主要指导的技术方法。SWOT 定性分析比较直观、简便，但缺少明确的目标和准确清晰的分析过程。在确定工程质量保险制度的可行性时，对各因素的罗列表现出明显的主观性，在实践中存在的突出问题表现为随意性太大，科学性和精确性不够。本章应用的 SWOT 分析模型是一种以定量方法论和定性方法论相结合的技术方法，它在SWOT 定性分析的基础上，对 SWOT 各要素的重要性和概率采用专家评估等方法，进行定量评价，同时对 SWOT 分析的每个阶段进行决策性评估，在极坐标体系中，构建一个包括战略方位角和战略强度的战略向量，从定量分析的角度描述工程质量保险制度的竞争态势和市场地位，从而归纳生成战术策略，为工程质量保险制度战略的制定和实施提供一个可操作性的平台。

5.1.3　PEST 模型

美国学者 G.Johnson 与 K.Scholes 于 1999 年提出了 PEST 模型，PEST 模型是指宏观环境的分析，P 是政治（Politics），E 是经济（Economy），S 是社会（Society），T 是技术（Technology）。在分析一个行业所处背景的时候，通常通过这四个因素来分析行业所面临的状况。

在进行 PEST 模型的定量分析与计算中，确定各个结构要素的权重时，以层次分析法中判断矩阵来求得各竞争结构要素中的竞争力和抗衡力的相对权重，并对 PEST 的每个结构要素进行判断矩阵分析，最后进行机会分析，分析得到工程质量保险制度在这四个方面的竞争力与抗衡力，从而得到主要影响因素及机会分析。

5.2　SWOT 模型分析

5.2.1　SWOT 模型的定性分析

（1）工程质量保险制度的优势分析

1）通过市场制约机制提升工程质量。

由于目前所有工程参建单位为了快速收回房款、进度款、服务费等所有费用，或者为了在某一时间节点完成工程以便"献礼"，现行模式下工程参建单位将工程质量放在成本和进度之后，而没有一家单位真正以质量为第一要务。引入工程质量保险后，由于保险公司对最终质量承担经济赔偿责任，故保险公司和其委托的工程保险技术机构成为工程建设过程中真正关注质量，并且仅关注质量的一方，形成了建设单位、工程承包单位、保险公司（工程保险技术机构）三方制衡的关系。通过保险公司委托的工程保险技术机构对工程质量进行风险管理以及保险公司的制约手段，有利于保证和提升建设工程的质量。

2）通过经济手段促进行业优胜劣汰。

实行工程质量保险后，保险公司为维护自身利益，出具保单时必然要对投保企业的技术能力、管理水平、诚信记录，以及历史参建工程质量情况等进行全面审核，采用差异化浮动保费，对实力强、信誉好的单位予以保费优惠，对实力弱、信誉差的单位提高保费甚至拒保，充分发挥保险费率杠杆的激励约束作用。这种通过运用经济手段来净化建筑市场的做法，必将对提高建筑业的整体素质起到积极作用。

3）保障最终用户合法权益，促进社会和谐。

房屋作为一种特殊商品，其本身是人民群众最重要的财产和生活保障，房屋质量的优劣，直接关系广大民众的切身利益。因此，房屋工程质量已成为当前社会关注的焦点。当房屋质量出现问题时，由于赔偿机制不健全，业主始终处于弱势地位。在业主得不到合理赔偿的情况下，只有选择投诉或上访。在当前"大闹大解决、小闹小解决、不闹不解决"的信访怪圈中，不少维权业主采取"串联""集结"等方式，有意将事态闹大以引起政府的关注，从而使问题得到更好更快地解决，于是"群访集访"事件日益增多。通过实施工程质量保险制度，完善了工程质量保障体系，充分发挥了利用保险化解矛盾纠纷的功能作用。一旦发生质量问题，业主即可直接向保险公司提出索赔。这种做法快捷、可靠，更重要的是消除了因责任主体消失或难以履职而导致的业主权益得不到保障的情况，维护了社会的和谐稳定。

4）落实质量主体经济赔偿责任。

《建筑法》和《建设工程质量管理条例》对参与工程建设的主体，包括建设单位、勘察单位、设计单位、施工单位、监理单位等的责任进行了严格规定，除了必要的行政责任、刑事责任，也规定了民事赔偿责任。但我国建设单位是项目公司的运作模式，项目出售后即"工完场清"，找不到责任主体；勘察、设计、施工、监理单位长期以来实行的是低价格、低利润政策，行业自身累积严重不足。发生事故或违约后，由于建设单位的合法消失，大部分参建企业不具备经济赔偿能力，致使受害方的权益得不到保证。甚至一些工程质量事故发生后，政府不得不出资承担善后工作。实施建筑工程质量保险制度，有利于法律法规所规定的质量责任落到实处。

　　5）有利于促进政府职能的转变。

　　目前，我国的工程质量监管方式主要依靠行政手段，这在改革开放初期，对我国建筑工程的质量控制和行业发展都发挥了重要作用。但近年来，随着建筑业的快速发展，建筑业产值和施工面积均成倍增长，政府对工程质量安全监督力量明显不足，无法保证对每个工程都实现全过程监管，只能采取随机抽查。这种方式本质上是合理的，但也在一定程度上助长了违法者的侥幸、投机心理，从而给工程质量安全埋下了隐患。一旦发生较大工程质量安全事故，行政主管部门只能依托现有的监督力量开展集中执法。这种做法固然"轰轰烈烈"，可以在短期内收到较好的效果，但由于这种执法行动本身所具有的"时效性"，无法实现长久之效。久而久之，形成了"运动式执法"的怪圈。归根到底，是政府对于工程各方质量责任主体缺乏切实有效的经济制约手段。实施工程质量保险后，可以使政府的管理职能向服务型政府转变，实现由完全依赖行政手段的管理模式向市场调节为主的管理模式转变，运用市场的力量和手段促进工程质量管理机制的改革，从而逐步实现政府职能的转变。

　　6）促进新技术、新工艺、新材料的运用。

　　实施工程质量保险有利于工程领域的风险转移，促进技术发展。改革开放以来，我国建筑业生产力得到迅速发展，完全依靠自己的力量建成了一大批大型工程项目。其中，相当一部分工程突破现行技术标准，超大、超长、超高、超深、异型结构不断涌现，新技术、新工艺层出不穷，技术风险也随之凸显。各类风险时刻伴随建设工程的全过程，对工程质量提出了全新的挑战。保险是在做好"避免风险、控制风险"等环节的基础上，进行有效"风险转移"的重要措施。因此，实施工程质量保险，可以有效促进新技术、新工艺、新材料的运用。

　　（2）工程质量保险制度的劣势分析

　　1）参建单位投保后可能降低质量意识。

　　部分工程参加单位投保工程质量保险后，可能会因出现质量问题有保险公司承担，而降低自身的质量意识，尽管有保险公司委托的专业技术机构，但由于专业技术机构无法每时每刻对工程的每个部位和环节的质量进行管控，故可能出现投保单位因质量意识降低导致的工程质量下降，质量通病上升。

　　2）可能发生逆向选择。

　　由于我国保险业起步晚，保险公司的风险识别技术和风险管理体系与西方国家相比还有较大差距，而它们在相互竞争中为了争取客户也忽视了对风险的有效识别和管理，这都使得我国的投保人更容易进行逆向选择。由于保险双方的信息不对称以及建设工程实体质量具有隐蔽性，保险人难以合理判断投保人和保险标的的风险程度，保险人难以根据风险程度制定适合投保人的保费。当保费处于一个较平均的水平时，那些高风险的投保人更愿意购买保险，而低风险者则往往不愿意投保，就可能会引发投保方的逆向选择，出现高风险客户驱逐低风险客户的现象。

3）工程建设成本增加，保险费用没有科目列支。

现行的标准定额中的工程造价不包括工程质量保险费，保险费没有列入工程成本，使得工程质量保险在具体实施时操作难度加大，尤其是对于财政投资类项目，在未明确保费列支科目前更加难以实施。

4）缺乏工程质量长周期险种的经验和数据，费率难以厘定。

由于我国与长周期工程质量保险相关的统计数据的匮乏和封闭，工程质量保险费率还难以科学厘定，之前试点项目只是借鉴国外的保险费率，是否合理还有待实践检验。而费率的合理与否直接关系保险公司的盈亏状况，法国、澳大利亚在工程质量保险开展之初由于保险费率偏低导致此项业务普遍亏损，但过高的费率又很难为投保人所接受。如何合理确定保险费率，在缺乏基础出险数据的初期，是工程质量保险这个长周期险种实施的一个难题。

5）缺乏既懂工程又懂保险的复合型专业人才。

目前我国保险行业竞争很不规范，经常把降低或变相降低承保费率作为其竞争手段，盲目压价，导致保险费率降低，一旦出险，保险公司就将承受巨额赔偿的压力。工程质量保险属于长周期、高技术性险种，若某一环节的风险管理没有做好，很可能会导致保险公司在长期的保险责任期限内赔钱。工程质量保险是一个涉及工程技术、经济、保险、法律等各专业的交叉领域，对综合技术、复合型人才储备要求高，目前国内无论是工程还是保险行业中均缺乏此类复合型教育培训机制，导致我国严重缺乏既懂工程又懂保险的复合型专业技术人员。

6）出险后理赔鉴定存在一定难度。

建设工程质量具有隐蔽性，且工程建设参建方众多，影响因素复杂，同时工程质量可能还与小业主是否野蛮装修、是否正常使用等有关，因此，当工程在使用过程中出现质量问题时，对责任和金额的鉴定存在一定的难度，并且鉴定难度随着时间的流逝而增加。为了保障小业主的合法权益，对于严重质量安全隐患和影响正常生活的质量问题，政府通常会要求保险公司先行赔付。而保险公司赔付后，尽管有代位追偿的权利，但却由于鉴定的困难，以及保险公司对于鉴定、追偿花费成本的评估，某些时候代位追偿难以有效实施。

（3）工程质量保险制度的机会分析

1）国家支持实行工程质量保险，部分地方政府已有开展意愿。

2005年，原建设部和保监会联合发布的《关于推进建设工程质量保险工作的意见》提出了建设工程质量保险制度的基本框架。2015年，住房和城乡建设部开启了新一轮的建设工程质量保险的研究。2016 年 2 月 6 日，《中共中央国务院关于进一步加强城市规划建设管理工作的若干意见》中明确指出，"实行施工企业银行保函和工程质量责任保险制度。"据悉，新的《中华人民共和国建筑法》在修订中也在考虑将工程质量保险纳入其中。在此之前，会出台相关的政策文件进行试点。同时，部分地方政府有强烈的开展意愿。例如，上海于 2006 年出台了《关于推进建设工程风险管理制度试点工作的指导意见》；于 2011 年颁布的地方性法规《上海市建设工程质量和安全管理条例》中规定了质量保证保险作为替代物业保修金的一种选择性的保险品种；于 2012 年出台了《关于推行上海市住宅工程质量潜在缺陷保险的试行意见》；于 2016 年 6 月 22 日发布了《关于本市推进商品住宅和保障性住宅工程质量潜在缺陷保险的实施意见》。北京于 2015 年 9 月 25 日通过的《北京市建设工程质量条例》中明确了北京市推行建设工程质量保险制度，要求从事住宅工程房地产开发的建设单位在工程开工前，按照规定投保建设工程质量潜在缺陷保险。除此以外，浙江、江苏、重庆、广东、广西、山东等地均有开展工程质量保险的意愿。

2）社会对工程质量关注度的日益提升。

随着互联网的普及，人们接收并传播信息的数量和速度呈几何指数增长，其中关于人民群众"衣、食、住、行"中的"住"的关注度也日益提升。尤其是当"住"发生质量问题时，如 2015 年接二连三的倒楼事件，成为了当时舆论的风口浪尖。实施工程质量保险后，相当于给房屋质量安上一把"放心锁"，保障人民群众的利益，为构建和谐社会起到积极的推动作用。

3）政府和开发商花费大量时间处理质量投诉。

由于房屋建筑工程的特殊性，小业主在购房的当时很难发现隐蔽和潜在的质量问题，只有在使用之后，经过一定的时间才能暴露出来。当房屋质量问题暴露后，经常发生分不清责任、找不到责任方，使小业主蒙受很大的经济损失和精神压力。在商品房的投诉中，质量的问题一直居高不下，某些地区关于工程质量的投诉一年达到几千起。中国消费者协会 2007 年对北京、天津等 12 个城市进行的商品房满意度调查结果显示，近 1/3 的消费者反映过商品房问题，其中，房屋质量问题反映的次数最多。质量监督机构和部分开发商花费了大量的时间来处理质量投诉，使得其迫切地希望能够出现一种运行机制将其从处理投诉中解脱出来。引入建设工程质量保险正是这样一种机制。

4）部分参建单位渴望实行工程质量保险。

对于施工单位来说，投保工程质量保险中的施工责任险或者工程质量保证保险后，建设单位不再预留质量保证金。这对于我国利润微薄的施工企业来说是绝对利好。对于监理单位来说，行业的恶性竞争和较低的社会认可度使得它们期望能够转型升级，尤其是对于某些有志的监理企业来说，期望能够获得真正的独立、公正、第三方的地位，不再承受建设单位和施工单位的"夹板气"，摆脱"吃了原告吃被告"的不良印象。这些工程参建单位的积极性对开展工程质量保险是一项利好。

5）开拓建设工程保险市场，保险公司积极响应。

国际上，工程质量保险是一项非常重要的险种，部分保险公司的业务中，工程质量保险已占有相当大的比例。在我国，由于城镇化建设、"一带一路"等政策，工程质量保险将会有巨大的市场。据测算，全国实施工程质量保险后，总保费收入将达到上千亿的规模，这对于我国的财产险行业来说是个巨大的蛋糕。因此，在之前的研究和试点过程中，我国的几大保险公司积极响应、全力配合，希望此项政策能够尽快在我国开展实施。

6）国际化战略的实施，与国际接轨。

从我国加入世界贸易组织（WTO）到实施"一带一路"，我国不断地与国际接轨，实施国际化战略。工程质量保险在国际上已经是非常成熟的险种，已经发展了几十年，我国企业要走出国门，在国际上参与项目，就需要熟悉当地的法律法规和运行规则。例如，我国在非洲的援建项目，就顺应当地的需要，实行了工程质量保险。国际社会对工程质量保险的认可以及我国国际化战略的实施，都是我国实行工程质量保险制度的机遇。

（4）工程质量保险制度的威胁分析

1）相关法律制度不健全。

目前，《中华人民共和国建筑法》《建设工程质量管理条例》等相关法律和部门规章都没有明确规定建设工程质量保险，虽然部分地区曾经进行过试点，但由于缺乏配套法律法规和规章制度，其实施起来阻力很大，尤其是对于工程质量保险这样一种投保人与被保险人不一致的险种，若无法律法规强制实施，其真正全面开展是非常难的。

2）缺乏强制措施，难以有效实施。

尽管专家学者、保险公司、行业主管部门等多方已经普遍认识到强制实施的必要性，但若没有和施工许可证、竣工验收、土地招拍挂、银行贷款等进行关联，其强制力难以保证，无法真正有效实施。

3）财政部门支持力度不够。

尽管建设工程质量保险以建安工程造价为基数，其保费增加额相对于土地成本、房屋售价来说，几乎可以忽略不计，但财政部门作为政府财政的管家，其考虑问题的出发点和思路与其他单位是完全不同的，只要增加了费用，财政都难以通过。这样的利益藩篱不打破，财政类投资项目就难以开展。而依照以往我国政策发文的管理，通常一项政策的实行，首先由财政类项目带头实施，社会投资类项目方可参照执行。

4）大部分地方政府处于观望状态。

我国很多中央的政策在地方落实时时常会出现一些落实不了的问题，工程质量保险也同样面临这样的问题，尤其是目前的阶段，大多数的地方政府处于一种观望态度。一是"看"，不是积极落实贯彻，而是按兵不动，等着其他省市先落实，看看其他省市是如何落实的，或者等中央一再催促之后再落实。二是"拖"，相关部门拖着不办、不落实。不少部门都抱着"拖"字决，能拖一天是一天，实在拖不下去了，再应付性地调控一下。这样的状态和方式非常不利于我国的改革发展。

5）建设单位的认识和投保意愿不足。

对于工程质量保险中最为重要的险种——工程质量潜在缺陷保险，投保人（建设单位）与被保险人（最终用户）的不一致，以及建设单位交付使用后合法的注销，无法进行追责的现状，导致建设单位对于工程质量保险的认识不到位，投保意愿更是不足。在之前的试点过程中，由于利益集团的干预，过去的试点难以有效开展，挫伤了民众对改革的热忱和积极性。

6）保险公司对长周期险种的顾虑。

虽然保险公司对实施工程质量保险制度是欢迎的，但这个险种的长周期却是保险公司的一项顾虑。首先，我国缺乏建设工程领域长周期的质量数据，保险公司对于风险的预测和保费的厘定存在困难，在未来承担了长时间的风险。同时，保监会对于这种长周期的险种，尚没有调整其偿付能力监管规定和准备金提取规则，使得保险公司在操作上有一定难度。

工程质量保险制度 SWOT 定性分析如表 5.1 所示。

表 5.1　工程质量保险制度 SWOT 定性分析

优势	通过市场制约机制提升工程质量 S_1
	通过经济手段促进行业优胜劣汰 S_2
	保障最终用户合法权益，促进社会和谐 S_3
	落实质量主体经济赔偿责任 S_4
	有利于促进政府职能的转变 S_5
	促进新技术、新工艺、新材料的运用 S_6
劣势	参建单位投保后可能降低质量意识 W_1
	可能发生逆向选择 W_2
	工程建设成本增加，保险费用没有科目列支 W_3
	缺乏工程质量长周期的经验和数据，费率难以厘定 W_4
	缺乏既懂工程又懂保险的专业人才 W_5
	出险后理赔鉴定存在一定难度 W_6
机会	国家支持实行工程质量保险，部分地方政府已有开展意愿 O_1
	社会对工程质量关注度的日益提升 O_2
	政府和开发商花费大量时间处理质量投诉 O_3
	部分参建单位渴望实行工程质量保险 O_4
	开拓建设工程保险市场，保险公司积极响应 O_5
	国际化战略的实施，与国际接轨 O_6
威胁	相关法律制度不健全 T_1
	缺乏强制措施，难以有效实施 T_2
	财政部门支持力度不够 T_3
	大部分地方政府处于观望状态 T_4
	建设单位的认识和投保意愿不足 T_5
	保险公司对长周期险种的顾虑 T_6

5.2.2　SWOT 定量模型的构建

本书在借鉴国内外相关学者研究成果，采取适当的统计调查分析工具（包括外部评估的方法、专家打分的方法等），对已经识别出的内外环境要素的重要性或概率开展评估，并通过四维坐标体系进行量化处理。具体的步骤如图 5.1 所示。

根据 5.2.1 节的讨论与总结，最终确定了工程质量保险制度的 SWOT 模型的各影响因素。根据李克特量表法确定各因素的强度，将强度分为 10 级，分别为–5,–4,–3,–2,–1,1, 2,3,4,5,其正值表示机会或优势，负值表示威胁或劣势；绝对值越大，强度越大。采用 12 人专家组对各因素强度进行评分，得到 S、W、O、T 的强度分析表，然后运用 AHP 计算各因素的相对重要性，对各因素进行两两比较，建立比较矩阵。判断矩阵的元素 a_{ij} 用 Santy 的 1～9 标度法给出。a_{ij} 的值一般取 1,3,5,7,9 以及它们的倒数 $1,1/3,1/5,1/7,1/9$。它们的含义为: $a_{ij} = 1$，表示 A_i 与 A_j 同样重要；$a_{ij} = 3$，表示 A_i 比 A_j 略微重要；$a_{ij} = 5$，表示 A_i 比 A_j 重要；$a_{ij} = 7$，表示 A_i 比 A_j 明显重要；$a_{ij} = 9$，表示 A_i 比 A_j 极端重要。$a_{ij} = 1/3$ 表示 A_j 比 A_i 略微重要，$a_{ij} = 1/5,1/7,1/9$ 的含义类似。根据式（5.1）～式（5.4）计算各因素力度，其中 P 代表强度平均值，I 代表重要性平均值。根据式（5.5）～式（5.8）计算总优势 S_z、总劣势 W_z、总机会 O_z 和总威胁 T_z。SWOT 定量分析模型流程如图 5.1 所示。

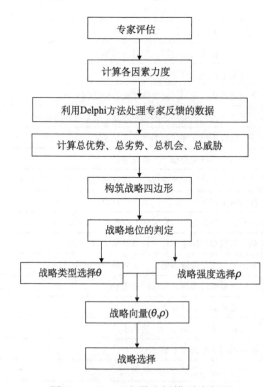

图 5.1　SWOT 定量分析模型流程图

$$S_i = P_i \cdot I_i \qquad i = 1, 2, \cdots, ns \tag{5.1}$$

$$W_j = P_j \cdot I_j \qquad j = 1, 2, \cdots, nw \tag{5.2}$$

$$O_k = P_k \cdot I_k \qquad k = 1, 2, \cdots, no \tag{5.3}$$

$$T_l = P_l \cdot I_l \qquad l = 1, 2, \cdots, nt \tag{5.4}$$

$$S = \sum_{i=1}^{ns} S_i \qquad i = 1, 2, \cdots, ns \tag{5.5}$$

$$W = \sum_{j=1}^{nw} W_j \qquad j = 1, 2, \cdots, nw \tag{5.6}$$

$$O = \sum_{k=1}^{no} O_k \qquad k = 1, 2, \cdots, no \tag{5.7}$$

$$T = \sum_{k=1}^{nt} T_l \qquad l = 1, 2, \cdots, nt \tag{5.8}$$

以总优势力度 S、总劣势力度 W、总机会力度 O 和总威胁力度 T 等四个变量各为半轴，构成四半维坐标系，在四半维坐标系上分别找出总优势力度 S、总劣势力度 W、总机会力度 O 和总威胁力度 T 的对应点 S_z、O_z、W_z、T_z，并用线段依次连接四点即可得到战略四边形 $S_z O_z W_z T_z$，如图 5.2 所示。

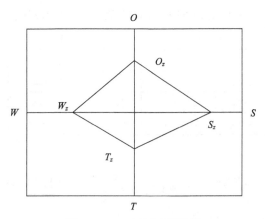

图 5.2　SWOT 战略四边形

在四维平面中，战略四边形 $S_z O_z W_z T_z$ 的重心是项目进行战略类型的选择依据，即根据战略四边形重心坐标所在的象限确定战略类型。战略四边形 $S_z O_z W_z T_z$ 的重心坐标为 P（X，Y），在计算其重心时，按传统数学的重心计算公式计算，X 和 Y 的坐标公式如式（5.9）和式（5.10）所示，其中面积的计算公式如式（5.11）所示。

$$X = \frac{1}{A_k} \iint_{\Omega_k} x \mathrm{d}x \mathrm{d}y \tag{5.9}$$

$$Y = \frac{1}{A_k} \iint_{\Omega_k} y \mathrm{d}x \mathrm{d}y \tag{5.10}$$

$$A_k = \frac{1}{2} \oint_{\partial \Omega_k} x\mathrm{d}y - y\mathrm{d}x \tag{5.11}$$

在此基础上，引入战略方位角θ（$0 \leqslant \theta \leqslant 2\pi$），有 $\tan\theta = Y/X$，利用反三角函数求出$\theta = \arctan(Y/X)$，根据θ大小确定战略类型，如表 5.2 所示。

对同一战略类型，既可以采取积极开拓的态度，也可以采取求稳保守的态度。因此，对于相同的战略类型，还应确定战略强度。

战略正强度定义为$U = O_z \cdot S_z$，其中O_z、S_z分别表示机会和优势，即战略正强度是外部机会与内在优势两因素共同作用的结果。战略负强度是外部威胁与内在劣势两因素共同作用的结果，其计算公式为$V = T_z \cdot W_z$，其中T_z、W_z分别表示威胁与劣势。

究竟应该采取何种强度，需要综合考虑战略正强度和战略负强度。为此，可以通过计算战略强度系数进行判断。将战略强度系数ρ定义为$\rho = U/(U+V)$，ρ的大小反映了战略类型的实施强度，$\rho \in [0, 1]$。随着U值的增大，战略强度系数增大，表明战略强度增强；随着V值增大，战略强度系数减小，表明战略强度减弱。一般以 0.5 作为临界点，当$\rho > 0.5$时，采取开拓型战略；当$\rho < 0.5$时，应采取保守型战略。

在 SWOT 模型分析中，以战略方位角θ识别战略类型，以战略强度系数ρ判断战略强度，作出战略类型与战略强度示意图，如图 5.3 所示。

表 5.2　战略类型方位角θ与战略类型的对应关系

第一象限		第二象限		第三象限		第四象限	
开拓型战略区		争取型战略区		保守型战略区		抗争型战略区	
类型	方位域	类型	方位域	类型	方位域	类型	方位域
实力型	$[0,\pi/4)$	进取型	$[\pi/2,3\pi/4)$	退却型	$[\pi,5\pi/4)$	调整型	$[3\pi/2,7\pi/4)$
机会型	$[\pi/4, \pi/2)$	调整型	$[3\pi/4,\pi)$	回避型	$[5\pi/4,3\pi/2)$	进取型	$[7\pi/4,2\pi)$

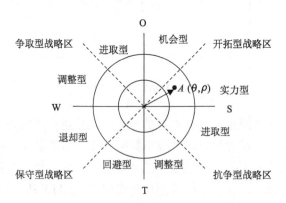

图 5.3　战略类型与战略强度示意图

在图 5.3 中，极坐标与四半维平面相结合，HS为极轴，H为中心形成一族同心圆。坐标轴及各象限的角平分线把同心圆分成各个扇区，各扇区确定战略类型，方位角所在扇区识别战略类型。随着同心圆半径的增大，战略强度加大，应采取更加积极开拓的战略措施;同心圆半径减小,企业战略强度趋于保守而采取更加稳重保守的战略措施。图中 A 点极坐标为(θ, ρ),即形成了方位角为 θ、模为 ρ 的战略向量,进而可以判断出战略类型和战略强度。

SWOT 分析法最终会生成四种备选战略,分别是开拓型战略区(与 SO 战略对应)、抗争型战略区(与 ST 战略对应)、争取型战略区(与 WO 战略对应)、保守型战略区(与 WT 战略对应)。

1)SO 战略:开拓型战略区,这是最理想的,强调利用优势、把握机会,所有行业都希望能借助行业自身优势资源来最大限度地利用好外部环境所提供的多种发展机会。

2)ST 战略:抗争型战略,在这种情况下强调利用优势回避威胁,即行业需要做的是充分利用好自身的优势来应对外部环境中的威胁。对一个行业而言,即使其再强大也没有必要用自身的实力正面应对外部威胁,明智的选择是谨慎而有限地利用行业自身的优势同时尽量规避威胁。

3)WO 战略:争取型战略区,在该种条件下强调克服弱点、利用机会。当行业自身处于劣势,对识别出的外部机会没有能力把握时,行业应该尽量利用外在的方式去弥补行业自身劣势并最大限度地利用外部环境提供的机会,如果不采取任何行动,那么实际上则是将机会拱手让给了竞争对手。

4)WT 战略:保守型战略区,此种条件强调克服弱点、回避威胁。这对于行业来说是最不希望面对的状况,但是如果行业真的处于该状况的话,在制定战略的时候应该降低威胁和劣势的影响。行业为了生存必须要奋斗,否则只能退出历史舞台。

SWOT 分析矩阵如表 5.3 所示。

表 5.3　SWOT 分析矩阵

外部环境		内部环境	
		优势 S_1　S_2　S_3　S_4　S_5　S_6	劣势 W_1　W_2　W_3　W_4　W_5　W_6
机会	O_1 O_2 O_3 O_4 O_5 O_6	可充分利用制度的优势和外部市场环境的优越性,抓住机会,发挥优势。考虑市场环境的多变性,当合理决断出制度优势与当前市场环境相契合时,应及时推行制度,最大程度发挥出制度潜力,达到期望效果	当前制度状况不适应市场的发展,或者说市场提供的机会与制度的优势不相适合,制度的优势也得不到发挥。就需要把握机会,克服劣势,分析制度存在问题,制定改进方案,以促进制度劣势向优势方面转化,从而适时迎合外部机会
威胁	T_1 T_2 T_3 T_4 T_5 T_6	表明当前市场环境对制度的优势构成了威胁,制度优势的强度在随之降低,优势得不到充分发挥,在这种情形下,政策制定者应发挥制度优势,迎接挑战,克服当前市场的不良状态,通过市场调节机制或其他手段引导市场转向良性状态,为制度优势的发挥创造外部条件	这种情况说明当前行业发展面临双重严峻挑战,制度本身出现严重问题,市场环境又十分恶劣,制度劣势与不良市场环境相遇,制度推行的风险大。此时,决策者应采取规避市场风险、克服制度劣势甚至颠覆已有制度体系的方式来寻求行业发展

5.2.3　SWOT 定量模型的分析

首先，请 12 位专家对各因素进行评分，经过收集意见和信息反馈，优势和劣势因素强度以及机会和威胁因素强度结果如表 5.4 和表 5.5 所示。

表 5.4　优势和劣势因素强度评分

因素	优势（S）因素						劣势（W）因素					
	S_1	S_2	S_3	S_4	S_5	S_6	W_1	W_2	W_3	W_4	W_5	W_6
强度（P）	3.75	3.5	4.25	3.5	3.5	2.5	−3	−3.25	−3.25	−3.5	−3.5	−3.5

表 5.5　机会和威胁因素强度评分

因素	机会（O）因素						威胁（T）因素					
	O_1	O_2	O_3	O_4	O_5	O_6	T_1	T_2	T_3	T_4	T_5	T_6
强度（P）	4.5	4	4	3	3.5	2.75	−4.5	−4.5	−4	−4	−3.75	−2.5

其次，运用 AHP 计算各因素相对重要性。请专家对各因素进行两两比较，建立判断矩阵，得到每个因素的比较矩阵，并对其进行归一化处理，得到每个因素的重要性如表 5.6 所示。

表 5.6　SWOT 的重要性分析表

因素	优势（S）因素						劣势（W）因素					
	S_1	S_2	S_3	S_4	S_5	S_6	W_1	W_2	W_3	W_4	W_5	W_6
重要性	0.208	0.159	0.298	0.185	0.110	0.039	0.225	0.209	0.176	0.167	0.074	0.149
因素	机会（O）因素						威胁（T）因素					
	O_1	O_2	O_3	O_4	O_5	O_6	T_1	T_2	T_3	T_4	T_5	T_6
重要性	0.378	0.141	0.158	0.150	0.115	0.058	0.254	0.303	0.116	0.149	0.121	0.057

根据式（5.5）～式（5.8）计算得到总优势 S_z 为 3.733、总劣势 W_z 为−3.291、总机会 O_z 为 3.909 和总威胁为 T_z 为−4.163，对应的战略强度系数 ρ 为 0.516，因此应采取开拓型战略。战略四边形 $S_zO_zW_zT_z$ 的重心坐标为 P（0.1972，−0.0846），战略方位角 θ 为 1.871π，根据如表 5.2 所示的战略类型方位角 θ 与战略类型的对应关系可得，属于抗争型战略区的进取型，故应采取的战略为抗争型战略即 ST 战略。

以上的分析结果显示，工程质量保险本身具有很大的优势，然而外部环境是其发展的最大威胁。具体而言，对于工程质量保险的发展，政府要担当起责任，必须大力宣传工程质量保险技术带给保险领域的机会，带给工程领域的益处，并借助此制度转变政府在工程领域的尴尬地位，克服工程领域对工程质量保险制度的误解及保险公司对其的顾虑。保险公司应尽快学习国外的成功经验，争取配合政府和建筑市场制定符合我国国情的具有中国特色的工程质量保险制度。

5.3　PEST 模型分析

5.3.1　PEST 模型的定性分析

（1）政治因素

政治因素中的竞争力主要包括有利于促进政府职能的转变；国家支持实行工程质量保险，部分地方政府已有开展意愿；避免了政府花费大量时间处理质量投诉。抗衡因素主要包括相关法律制度不健全；财政部门支持力度不够；大部分地方政府处于观望状态。

（2）经济因素

经济因素中的竞争力主要包括开拓建设工程保险市场，保险公司积极响应；通过市场制约机制提升工程质量；通过经济手段促进行业优胜劣汰；国际化战略的实施，与国际接轨。抗衡因素主要包括工程建设成本增加，保险费用没有科目列支；保险公司对长周期险种的顾虑。

（3）社会因素

社会因素中的竞争力主要包括保障最终用户合法权益，促进社会和谐；社会对工程质量关注度的日益提升；部分参建单位渴望实行工程质量保险。抗衡因素主要包括建设单位的认识和投保意愿不足；参建单位投保后可能降低质量意识。

（4）技术因素

技术因素中的竞争力主要包括落实质量主体经济赔偿责任；促进新技术、新工艺、新材料的运用。抗衡因素主要包括可能发生逆向选择；缺乏强制措施，难以有效实施；缺乏工程质量长周期的经验和数据，费率难以厘定；缺乏既懂工程又懂保险的专业人才；出险后理赔鉴定存在一定难度。

5.3.2　PEST 定量模型的构建

根据 5.2 节中对各因素的强度和重要性判定，重新进行分类计算。并对各结构要素重要性进行确定，对专家进行调查，采用两两比较，获得判断矩阵，通过判断矩阵，求得各结构要素的权重矩阵。

竞争力和抗衡力的计算公式如式（5.12）和式（5.13）所示。式（5.12）中，J 为竞争合力；B_i 为第 i 个竞争结构要素的竞争力的强度评定值；W_i 为第 i 个竞争结构要素的重要性评定值。式（5.13）中，K 为抗衡合力；A_i 为对于第 i 个竞争结构要素的抗衡力的评定值。

令 $K_i = W_i A_i$（对第 i 个竞争结构要素的抗衡力），$J_i = W_i B_i$（对第 i 个竞争结构要素的竞争力），则第 i 个竞争结构要素的机会指数 L_i 为式（5.14），总机会指数 L 为式（5.15）。

$$J = \sum_i^4 W_i B_i \quad i = 1, 2, 3, 4 \tag{5.12}$$

$$K = \sum_i^4 W_i A_i \quad i = 1, 2, 3, 4 \tag{5.13}$$

$$L_i = K_i - J_i \quad i = 1, 2, 3, 4 \tag{5.14}$$

$$L = \sum_i^4 L_i \quad i = 1, 2, 3, 4 \tag{5.15}$$

若 $L_i>0$，说明抗衡力大于竞争力，表示有机会存在，且 L_i 越大，则机会越有利。反之，若 $L_i<0$，则抗衡力小于竞争力，表示存在威胁，且 L_i 越小，则威胁越严重。

5.3.3　PEST 定量模型的分析

根据 5.3.2 节的方法，得到竞争力与抗衡力的评定值计算结果如表 5.7 所示；根据问卷统计的数据，整理可得表 5.8 竞争合力计算结果和表 5.9 抗衡力计算结果；最后统计得到表 5.10 机会指数计算结果。

表 5.7　竞争力与抗衡力的评定值计算结果

	政治因素	经济因素	社会因素	技术因素
要素的竞争力评定值 B_i	2.7180	1.8985	2.2805	0.7450
对要素的抗衡力评定值 A_i	−2.2030	−1.0258	1.1288	3.4078

表 5.8　竞争合力计算结果

	政治因素	经济因素	社会因素	技术因素	合力
权数 W_i	0.39110	0.22090	0.32770	0.0603	
要素的竞争力评定值 B_i	2.7180	1.8985	2.2805	0.7450	
要素的竞争力 J_i	1.0630	0.4194	0.7473	0.0449	2.2746

表 5.9　抗衡力计算结果

	政治因素	经济因素	社会因素	技术因素	合力
权数 W_i	0.39110	0.22090	0.32770	0.0603	
要素的抗衡力评定值 A_i	2.2030	1.0258	1.1288	3.4078	
对要素的抗衡力 K_i	0.8616	0.2266	0.36996	0.2055	1.6635

表 5.10　机会指数计算结果

	政治因素	经济因素	社会因素	技术因素	总机会指数
J_i	1.0630	0.4194	0.7473	0.0449	2.2746
K_i	0.8616	0.2266	0.36996	0.2055	1.6635
机会指数 L_i	0.2014	0.1928	0.37734	−0.1606	0.6111

表 5.10 的结果表明，政治、经济和社会因素对工程质量保险制度发展的影响最大，而且其机会指数都为正，说明工程质量保险制度在这三方面都有很大的优势和机会，而技术对其影响最小，且机会指数为负，制约其发展，但通过技术的调整和时间的推移，会突破技术壁垒；总的机会指数为正，说明工程质量保险制度在克服自身劣势，得到发展后，其优势会逐渐显现。

5.4　分析结论与建议

5.4.1　分析结论

目前工程质量保险制度的优势和其积极作用是显而易见的，因此，针对工程质量保险制度的现状，我国应该在学习国外已经成熟的理论和经验的基础上，结合我国国情进行创新，不断地改善和完备建设工程质量在我国相关领域的内容。

工程质量保险作为工程质量保证体系的一个重要环节，必须得到加强，这是一个复杂的系统工程，需要政府、企业和社会各界的共同努力，对工程质量的保证手段要由过去的行政手段、法律手段，逐渐过渡为以法律手段、经济手段为主，而目前工程质量保险作为主要经济手段，力量还很薄弱，还有很大的发展空间。

推行工程质量保险制度的战略重点主要集中在以下方面：宏观层面积极推行建设工程质量保险；建立工程质量保险配套机构；积极稳妥地开展工程质量保险的试点工作；建立一套符合我国国情的理赔管理系统。

5.4.2　建议

（1）宏观层面积极推行建设工程质量保险

1）建立完善工程质量保险制度的相关法律法规。

在《建筑法》《建设工程质量管理条例》和相关法律规章中明确建筑工程质量保险制度，确定工程质量责任，加强各方质量、风险意识，促使通过相关保险手段来化解风险，维持建筑市场秩序稳定。

2）建立健全诚信体系。

我国已从计划经济迈入了市场经济，随着经济全球化的快速发展，我国的建筑业想要在世界舞台上占有一席之地，重中之重就是诚信体系的完善。通过对建筑行业主体和保险行业主体的诚信行为进行记录、公示，发挥社会监督力量，可以有效地促进参与主体的优胜劣汰，促进行业持续健康发展。

（2）建立工程质量保险配套机构

1）设立工程保险专业协会（分会）。

通过专业的协会（分会），把企业的利益诉求和权利主张传递到政府决策过程中，同时也把政府决策过程中的信息反馈给会员企业，形成政府与企业之间的桥梁。同时，协助政府部门进行政策制定和监督管理，促进行业自律。此外，还为政府和企业提供各种市场信息与法律方面的咨询、从业人员的业务培训、组织学术研讨等服务，将有利于保险行业和建筑行业的融合发展。

2）发展工程保险技术机构。

想要保证建设工程质量保险的顺利实施，不能只靠提高工程参建单位的质量意识，更重要的是健全质量管理体系，发挥市场经济的调节作用。通过引入专业的、独立的工程保险技术机构，代表保险公司，对工程从勘察设计到工程竣工进行全过程的质量检查，并将其检查结果与保费、竣工验收等挂钩，实现运用市场手段来保证和提升工程质量。

（3）积极稳妥地开展工程质量保险的试点工作

1）试点推行。

选择条件较为成熟、积极性高的地区作为试点，积极探索、先行先试。政府制定出台具体实施办法，指导各地开展工程质量保险试点工作。试点地区要制定试点方案，明确责任，分解任务，确保试点工作科学、有序实施。试点地区可以根据区域特点、工程类别分阶段开展试点并及时总结经验，加快相关地方性法规的制定修订工作。试点期间，政府主管部门要及时指导调研，帮助解决试点过程中遇到的问题，在试点中总结经验和成果，让工程质量保险在我国全面推行做好充分的准备。

2）宣传培训。

各地、各相关部门加强对工程质量保险相关知识、理念的宣传、培训及时响应广大群众和投保单位的述求，增强全社会的保险意识，为工程质量保险实施营造良好的社会氛围。

（4）完善配套鼓励政策

1）保费列入工程成本。

保费未计入成本，这是投保主体执行这项制度积极性不高的重要原因。故建议住建房和城乡建设部联合财政部、发展和改革委员会等相关部委，对此予以明确，将工程质量保险费用列入工程成本及工程概预算。

2）取消质量保证金（保修金）。

实施工程质量保险后，不论政府投资还是社会投资项目，只要施工单位投保工程质量保险，建设单位不得再预留质量保证金。

3）调整偿付能力监管方式和准备金提取规则。

工程质量保险产品周期长、占用资本金大，建议保监会调整此保险产品偿付能力监管方式和准备金提取规则，保障保险企业的可持续性经营能力，从而保障该险种的市场覆盖面，以最大限度地发挥工程质量保险参与社会管理、完善工程质量管理体系、惠及民生的效用。

4）减免此险种相关税费。

工程质量保险不仅关乎建筑行业的规范、健康发展，也关乎广大社会民众的根本利益，更有利于国计民生和社会和谐稳定。因此，对此险种也应减免相关税费，以降低企业的经营成本，从而使企业更有条件回馈于民。

5）优先评奖。

投保工程质量保险的工程，在鲁班奖等国家级、地区级的工程评奖中，予以优先评奖。

附录 1 法国 IDI 保单主要内容

（1）保单特点

1）承保的是内因造成的损害。与一般的财产保险不同，一般的财产保险承保的是由外界因素或外力造成的财产的物质损坏，例如，由于火灾、爆炸、雷击、空中运行物体坠落、各类自然灾害等造成的财产损坏，而工程质量潜在缺陷保险承保的是由潜在质量缺陷造成的物质损坏。

2）投承保程序较为特殊。与一般的财产保险不同，一般的财产保险可以随时投保，然后直接签订保险合同，但工程质量潜在缺陷保险的保险人在工程建设期间的设计阶段就与工程建设单位签订保险意向书，并在工程建设期间对工程设计和施工进行检查的基础上进行承保。

3）保险期限长。与一般的财产保险不同，一般财产保险的保险期限为 1 年，而工程质量潜在缺陷保险的保险期限通常为 10 年，属于典型的长尾保险，而且保单在保险期限内不可撤销，保单所有人随着工程建筑所有权的转让而变更。

（2）关键词解释

1）潜在质量缺陷（Inherent Defect）。指由设计缺陷、规范缺陷（Specification Defect）、施工工艺缺陷或原材料缺陷造成的在签发工程实际完成证明时尚未显现的、在保险期限内发现后通报给保险人的结构工程（Structural Works）的任何缺陷。

2）构件失效（Component Failure）。指由于设计缺陷、规范缺陷、施工工艺缺陷或原材料缺陷造成的、没有达到设备说明书或批准证明规定的预期寿命。

3）建筑物（Premises）。包括结构工程（Structural Works）、附属设施（Service Installations）、内部构件或设施（Internal Components and Fittings）和外部构件（External Works）。

结构工程包括所有内部和外部的承重梁结构，这些结构对于建筑物的稳定性和强度是至关重要的，结构工程包括但不局限于基础工程、柱、梁、墙和地板。所有其他形成外墙或屋顶的构件，但不包括附属设施和内部构件。

附属设施属于建筑物的所有非承重部分，包括但不局限于电线和电线线路，燃气、给排水、采暖、通风以及排污设备和管路系统，以及所有永久性机械和电器仪表，包括锅炉和其他包含在建筑合同里的类似设备，不管这些非承重构件是被固定在结构工程上，还是被安装在结构工程内。

内部构件和设施属于建筑物的非承重部分，包括但不限于隔墙、内窗、抹灰、瓷砖、地板遮盖物、门、表面抛光，以及所有包含在建筑合同内的构件和设施，不管这些非承重构件和设施是被固定在结构工程上，还是被安装在结构工程内。

外部构件是被保险人拥有的、建筑合同包含的所有外部非承重构件，包括但不限于人行道、斑马线、铺砌区域、人行道与车行道的景观工程，以及所有外部排水沟、下水道、管道、电缆、电线及其他服务设施。

4）建筑规范（Output Specifications）。指那些在建筑合同中列明的且被包含在批准证明内的建筑规范，这些规范与技术检查机构检验工程质量有关。

5）完工修理工作（Finishing Operations）。工程合同中规定的、签发实际完工证明之后为了完成工程所进行的任何工作。

6）实际完工证明（Certificate of Practical Completion）。指由被保险人的建筑师、工程师以及工程监管机构签字认可的实际完工证明文件。

7）建筑合同（Building Contract）。包括设计合同和施工合同。

8）技术检查机构（Technical Inspection Service）。指由被保险人支付费用、代表保险人对设计和施工进行检查的机构。

9）批准证明（Certificate of Approval）。技术检查机构提供给保险人的质量检查证明书，该证明书将作为 IDI 保单的一部分。

（3）保险责任

保单提供的保障可以概括为以下三个方面。

1）保险人负责赔偿被保险建筑物在保险期限内显现出来的潜在质量缺陷或构件失效造成以下情形时，被保险人花费的修理、重置和/或加强费用：

①建筑物破坏（Destruction of the Premises）。

②或建筑物的物质损失（Physical Damage of the Premises）。

③建筑物出现即将倒塌的潜在危险（此潜在危险需要立即采取维修措施以便阻止在保险期限内可能马上发生的倒塌）。

2）保险人负责赔偿被保险人在结构工程和/或附属设备失效情况下为符合或遵守建筑规范而产生的修理、重置和/或加强费用。

3）保险人还负责赔偿：

①被保险人承担的与上述第一项责任中提到的建筑物破坏、物质损失或潜在倒塌危险相关的建筑物受损部分的拆除费用和/或残骸清理费用。

②被保险人承担的与上述第一项责任中提到的建筑物破坏、物质损失或潜在倒塌危险相关的法律费用、专业费用或咨询费用，如设计师、检验师及工程咨询师费用；但保险人不负责赔偿被保险人为了准备 IDI 保单项下索赔所发生的费用。

③被保险人为遵守当地政府或立法机构发布的建筑规范、法令或条例而承受的，由设计变更、使用改良材料、改良或变更施工工艺产生的，与上述第一项责任中提到的建筑物破坏、物质损失或潜在倒塌危险相关的额外的修理、重置和/或加固费用（或称为受损工程修复费用的超额部分）。

关于受损工程修复费用的超额部分的解释：工程修复费用经常由于通货膨胀和修复方案变更而超出受损工程原造价。通胀引起的受损工程费用增加很容易理解，这里的"修复方案变更"是指修复工程并非照原样对受损工程进行修复或重建，而是采取了与原受损工程设计方案不同的修复方案，此修复方案满足原设计的承载能力和功能，但超出了受损工程原造价。

④被保险人承担的、经过保险人同意的、为使修复工程正常进行而必须进行的分解、移动、临时储存和重新安装任何建筑物构件或装置的费用。

⑤在建筑物或部分建筑物由于维修而不能使用的情况下，被保险人承担的、经过保险人同意的、在维修期间发生的、为提供替代性住所而发生的额外费用。

（4）除外责任

IDI 保单不承保以下原因造成的建筑物破坏、建筑物物质损失以及建筑物出现潜在的倒塌或失效危险。

1）保险期限内对工程进行的结构改造、修理、变更或添加，除非被保险人将上述情况通知给了保险人，而且这些工程变更是必需的，并且向保险人支付了额外的保费。

2）工程维护不当、使用不当、强加了超出设计规定的荷载，或者擅自改变了保单明细表中列明的工程用途。

3）被保险人的故意行为或过失行为。

4）火灾、闪电、爆炸，地震、风暴、暴雨、洪水、霜冻，蓄水池、水管或其他设施爆裂或溢出，自动喷水装置泄漏，飞机或其他航空器的压力波，飞机或其他航空器坠落以及其他交通工具的影响。

5）核辐射。

6）战争、暴动。

7）被保险人或其承包商或其代理人没有进行本该进行的完工修理工作。

8）任何由技术检查机构通报给保险人的，且在满意证明或在实际完工证明中作为保留项目的事项，除非已经实施了经过保险人书面认可的矫正。

9）非内在缺陷造成的沉降或崩塌。

10）被保险人的专业顾问或承包商的责任造成的，在实际完工证明签发之前被识别出来并通知给被保险人的缺陷，除非经过矫正并获得了保险人的书面同意。

11）在一个合理期限内或者在保险人书面同意的一段期限内，被保险人在实施 IDI 保单同意赔偿的工程修理、重置或加固过程中发生的失效或疏忽。

保险人对以下损失也不负责任。

1）免赔额以内的部分。

2）任何颜色、纹理、不透明性或色泽方面的变化，表面着色，表面退化、老化。

3）实际完工证明或满意证明签发后 12 个月之内发生的工程进水。

4）任何间接经济损失。

5）由于资产增值引起的任何税收和费用。

（5）保险金额以及保险金额调整

1）保单规定。

总保险金额（Total Sum Insured）是指建筑物在工程移交日（Date of Inception）计算的完全重建成本。总保险金额是计算保费的基础。

在保险期限内，被保险人可以向保险人请求，随时增加明细表中列明的总保险金额，在被保险人支付了相应保费的情况下，保障额度自动调整。在保险人同意增加保额之前，保险人有权要求被保险人安排一次技术检查，检查费用由被保险人承担。

2）调整的原因。

IDI 保单的保险期限长达 10 年，在 10 年内，肯定会发生通货膨胀，还可能发生建筑规范的修改，还可能发生建筑业税收政策的调整，这些因素都会影响被保险工程的重建费用。通货膨胀很容易理解，就是建筑材料、人工费用、专家费用等的涨价，而建筑规范的修改是指国家对建筑规范进行的定期修订或在重大事件发生后进行的修订，例如，汶川地震发生后，我国提高了当地建筑物的设计抗震等级，从而提高了同类建筑物的造价。建筑业税收政策，如对建筑业增值税率进行调整，也会影响同一工程的建筑造价。上述因素会使得受损工程的修复费用超出工程完工时界定的重建成本。如果不对保险金额进行调整，就会在保险期限内出现不足额的情形，被保险人得不到足额赔偿。而且，随着时间的推移，不足额的问题会越来越严重。

（6）被保险人的义务

被保险人应该遵守以下义务。

1）在实际完工证明颁发一个月内将证明复印件提交给保险人。

2）自费或要求租房者付费，采取合理预防措施预防建筑物破坏、物质损失和潜在的倒塌威胁，遵守各类相关法律法规。

3）不要就质量检查服务的任何活动或过失向保险人提出任何直接或间接的法律权利要求。

（7）索赔理赔

1）索赔程序。

一旦发现破坏、物质损失或潜在倒塌威胁，或者其他任何可以引发索赔的情形，或者发生了不属于 IDI 保单保险责任范围的损失但该损失威胁到了结构工程的稳定性，被保险人必须自费采取如下行动：①尽快向保险人书面告知；②采取所有合理措施避免损失扩大；③发现上述情形的 60 天内，向保险人提交详细的索赔报告；④提供或帮助获取有关的报告、证明、图纸、规范、损失数量等信息，以及满足保险人提出的其他合理要求。

2）索赔金额。

当内在缺陷导致破坏或物质损失时，索赔金额是工程受损部分的修理成本，或者工程受损部分的更新、重置和/或加固成本。修理、更新、重置和加固后，工程品质不应该好于新工程，而是与工程当时的品质相当，除非是为了去除内在缺陷的影响而必须实施的结构工程改变。

当出现即将到来的倒塌威胁时，索赔金额应该是为阻止倒塌发生而采取的矫正、加固措施所发生的费用。

当出现结构工程和附属设施不符合建筑规范时，索赔金额应该是将工程改建得符合建筑规范而必须发生的补救费用。

可能会出现一些暂时性的修理费用，如果这些修理获得了保险人的同意，而且这些修理是最终修理项目的一部分，或者可以降低工程的进一步损失，那么，这些暂时性修理费用就可以获得保险公司的赔付。

任何改造、增加和/或改善工程的费用都不会获得赔付，除非是为了遵守当地政府或立法机构发布的建筑规范、法令或条例而承受的由设计变更、使用改良材料、改良或变更施工工艺产生的与上述第一项责任中提到的建筑物破坏、物质损失或潜在倒塌危险相关的额外的修理、重置和/或加强费用。

3）仲裁。

如果对理赔金额存在争议，可以将该争议提交给仲裁人，仲裁人按照法律规定由双方共同指定。

4）其他保险。

保险人不负责赔偿任何其他以 IDI 保单的被保险人作为被保险人或为了被保险人利益投保的保单所承保的损失，除非是在假定 IDI 保单未生效的前提下，其他保单应该赔但超出了赔偿限额的部分。

5）代位追偿。

保险人在赔偿索赔人后，可以取代索赔人的地位向第三方索赔。在保险人的请求或保险人付费的条件下，IDI 保单下的任何索赔人应该配合保险人采取一切必要的行动，以便从第三方获得赔偿。

6）保额恢复。

在保险人每次理赔之后，总保险金额就降低了。被保险人可以选择按照合同向保险人书面要求恢复总保险金额，但需要支付相应的保费。

附录 2　上海《关于本市推进商品住宅和保障性住宅工程质量潜在缺陷保险的实施意见》

第一条（目的和依据）

为建立完善建设工程的风险保障机制，提升工程的质量水平，切实维护工程所有权人的合法权益，依据《中华人民共和国建筑法》《中华人民共和国保险法》《上海市建设工程质量和安全管理条例》《上海市建筑市场管理条例》等法律法规，制定本实施意见。

第二条（定义）

本实施意见所称建设工程质量潜在缺陷保险（以下简称"工程质量潜在缺陷保险"）是指由住宅工程的建设单位投保的。保险公司根据保险条款约定，对在保修范围和保修期限内出现的由于工程质量潜在缺陷所导致的投保建筑物损坏，履行赔偿义务的保险。

前款住宅工程，包括商品住宅和保障性住宅工程在同一物业管理区域内其他建筑物。

本实施意见所称工程质量潜在缺陷，是指因设计、材料和施工等原因造成的工程质量不符合工程建设性强制性标准以及合同的约定，并在使用过程中暴露出的质量缺陷。

本实施意见所称被保险人，是指建设单位。

本实施意见所称业主，是指住宅或者其他建设工程所有权人，为保险合同的受益人和索赔权益人。

第三条（适用范围）

本市在保障性住宅工程、浦东新区范围内的商品住宅工程中，推行工程质量潜在缺陷保险。前述范围的住宅工程在土地出让合同中，应当将投保工程质量潜在缺陷保险列为土地出让条件。

鼓励本市其他区县的商品住宅工程逐步推进工程质量潜在缺陷保险。

第四条　（住宅工程基本承保范围和期限）

住宅工程质量潜在缺陷保险的基本承保范围和保险期限为：

（一）整体或局部倒塌；

（二）地基产生超过设计规范允许的不均匀沉降；

（三）阳台、雨篷、挑檐等悬挑构件和外墙面坍塌或出现影响使用安全的裂缝、破损、断裂；

（四）主题和承重结构部位出现影响结构安全的裂缝、变形、破损、断裂；

（五）围护结构的保温工程以及屋面防水工程，有防水要求的卫生间、房间、门窗、外墙面防渗漏处理工程。

以上第（一）至（四）项保险期限为十年，第（五）项保险期限为五年。

保险期限从该工程质量潜在缺陷保险承保的建筑竣工备案两年后开始起算。建设工程在竣工备案后两年内出现质量缺陷的，由施工承包单位负责维修。

上述第（五）项保险期限届满后交房的，建设单位应当在交房前15日通知保险公司共同验收，若存在质量缺陷，由建设单位承担赔偿责任。业主应在交房之日起六个月内，对承保范围内的建筑质量进行自查，若存在质量缺陷，由保险公司承担赔偿责任。

建设单位提出需求的，保险公司可对以下项目以附加险的方式提供保险服务：

（一）墙面、顶棚抹灰层工程；

（二）电气管线、给排水管道、设备安装；

（三）装修工程（包括全装修）；

（四）供热和供冷系统工程。

以上第（一）至（四）的保险期限为两年，保险期限从该工程质量潜在缺陷保险承保的建筑竣工备案两年后开始起算。

建设单位发生过重大质量事故，或者因质量投诉产生重大社会影响的，在投保基本险时，应当同时投保附加险。

第五条（保险除外责任）

因使用不当或者第三方造成的质量问题，或者不可抗力造成的质量问题，不属于本实施意见规定的保险责任。

第六条（保费计算）

工程质量潜在缺陷保险的保险费计算基数为建设工程的建筑安装总造价。投保建设工程质量缺陷保险的建设单位应当在建设工程概预算组成中，列明该保险费。

工程质量潜在保险的具体承包费率，应当根据建设工程风险程度和参见主体资质、诚信情况、风险管理要求，结合再保险市场状况，在保险合同中具体约定。对资质等级高和诚信记录优良的，保险公司可以给予费率优惠。

第七条（保险条款及费率核准）

保险条款及费率应当经保险监管部门核准，其中住宅工程保险条款应当向市住房和城乡建设管理委报告。

在本实施意见有效期内起保的工程质量潜在缺陷保险免赔额为零。

第八条（投保模式）

投保建设工程潜在缺陷保险的建设单位，应当在承发包合同中予以明确。

建设单位已经投保工程质量潜在缺陷保险的，可按照规定免予缴纳物业保修金。

鼓励施工单位投保建设工程施工责任险。

施工单位投保建设工程施工责任险,并且保险责任涵盖竣工验收备案后两年保修义务的,建设单位不再设立施工单位的建设工程质量保证金。

第九条　(承保模式)

工程质量潜在缺陷保险的承保采取共保模式。

共保牵头的保险公司必须符合下列条件:

(一)保险公司的注册资本金达到 50 亿元;

(二)近三年赔付能力充足率不低于 150%;

(三)风险管理能力强、机构健全、承保理赔服务优质;

(四)具有建设工程质量潜在缺陷保险承保经验。

共保应当遵守统一条款、统一费率、统一理赔服务、统一信息平台的共保要求。

参加共保的保险公司由市住房和城乡建设管理委、市金融办通过公开招标方式确定。

第十条(保险合同)

投保工程质量潜在缺陷保险的建设单位,应当在办理施工许可手续时间节点前,与保险公司签订工程质量潜在缺陷保险合同,并一次性支付合同约定的保险费(含不高于 30%的风险管理费用)。

第十一条(风险管理)

工程质量潜在保险合同签订之后,保险公司应当聘请建设工程质量安全风险管理机构(以下简称"风险管理机构")和其符合资格要求的工程技术专业人员对保险责任内容实施风险管理。施工单位和监理单位应当配合提供便利条件,不得妨碍风险管理工作。

风险管理机构及工程技术专业人员应当根据保险责任内容实施检查。每次检查后应当形成检查报告,内容包括检查发现的质量缺陷、处理意见和建议。

风险管理机构及工程技术专业人员应当在工程完工后形成最终检查报告,最终检查报告应当明确发现的质量缺陷问题及整改情况,并给出保险责任内容的风险评价。

风险管理机构及工程技术专业人员的检查报告和最终检查报告应当提供给保险公司和建设单位。

建设单位接到检查报告和最终检查报告后,应当责成施工单位及时整改质量缺陷问题。

建设单位应当督促施工单位开展质量缺陷整改,施工单位拒不整改或者整改不力的,监理单位应当报告建设单位。在施工单位完成整改前,监理单位不得同意通过相关验收。

设计、施工单位与风险管理机构就工程质量缺陷的认定发生争议的,可委托双方共同认可的工程质量鉴定机构进行鉴定。

第十二条（保险合同解除）

保障性住房工程、浦东新区范围内的商品住宅工程投保建设工程质量潜在缺陷保险，且已办理了免于交纳物业保修金手续的，依约不得解除保险合同。

保险公司在最终检查报告中指出建设项目存在严重质量缺陷，且在竣工时没有得到实质性整改的，建设单位不得通过竣工验收。

本市其他区县的商品住宅工程建设单位在业主共有的房地产和公益性公共服务设施房地产的认定前，选择缴付物业保修金提出解除保险合同的，保险合同可以解除，保险公司退还相应的保险费，但已支付的用于风险管理部分的费用和保险公司的管理成本不再返还。

第十三条（权益转让）

在保险期限内住宅或者其他建设工程所有权转让的，保险标的的受让人继承被保险人本保单下的权益。

第十四条　（免予交纳物业保修金审核）

建设单位凭工程质量潜在缺陷保险合同和保费支付凭证，到区、县房屋行政管理部门办理免予交纳物业保修金的手续。

第十五条　（入户告知）

保险公司应当编制《住宅工程质量潜在缺陷保险告知书》，其中应列明保险责任、范围、期限及理赔申请流程。

在业主办理入户手续时，建设单位应当将《住宅工程质量潜在缺陷保险告知书》，随同《新建住宅质量保证书》《新建住宅使用说明书》一起送交业主。

第十六条（理赔流程）

保险公司应当建立便捷的理赔流程，受理业主的理赔申请，组织现场勘查和维修。

保险公司可委托物业服务企业等专业服务机构统一受理业主的理赔申请、现场勘查和组织维修。

第十七条（索赔申请）

业主在工程质量潜在缺陷保险期内认为住宅工程存在质量缺陷的，可向保险公司或者保险公司委托的物业服务企业等专业服务机构提出索赔申请。

第十八条（核定赔偿）

保险公司或保险公司委托的物业服务企业等专业服务机构收到索赔申请后，应当在两日内派员现场勘查。保险公司或保险公司委托的物业服务企业等专业服务机构应当在收到业主索赔申请后的七日内作出核定；情形复杂的应当在三十日内作出核定，并将核定结果通知业主。

对属于保险责任的，保险公司应当自与被保险人达成赔偿协议之日起七日内履行赔偿义务。

对不属于保险责任的，保险公司应当自作出核定之日起三日内，向业主发出不予赔偿通知书，并说明理由。

保险公司应当制定充分保护被保险人权益的理赔操作规程，并向保险监管部门报告。

第十九条（争议鉴定）

业主对是否属于保险责任存有异议的，可与保险公司共同委托有资质的第三方鉴定机构进行鉴定。

鉴定结果属于保险责任的，鉴定费用由保险公司承担；鉴定结果不属于保险责任的，鉴定费用由申请方承担。

第二十条（应急维修）

对于影响基本生活且属于保险责任范围内的索赔申请，保险公司或保险公司委托的物业服务企业等专业服务机构应当在收到索赔申请后的约定时限内先行组织维修，同时完成现成勘查。

第二十一条（代位追偿）

因法律法规或合同约定应由设计单位、施工单位、社保材料供应商等责任方承担的法律责任，并不因单位投保工程质量潜在缺陷保险而免责。

建设单位应当通过与保险公司签订协议的方式，约定彼此之间的权利义务。

保险公司对工程质量潜在缺陷保险约定的质量缺陷损失负有赔偿义务，保险公司有权依法对质量缺陷的责任单位实施代位追偿，被保险人与相关责任方应予配合。

第二十二条（信息平台）

保险公司应当建立工程质量潜在缺陷保险信息平台，所有承保工程质量潜在保险的保险公司应将承保信息、风险管理信息和理赔信息等录入该信息平台，并对风险管理、出险理赔情况进行统计分析，定期向住房建设行政管理部门、保险监管部门报告。

第二十三条（中介机构）

建设工程相关行业协会等社会中介机构在实施住宅过程质量潜在缺陷保险和其他建设工程保险过程中，应当发挥作用。

第二十四条（其他）

其他建设工程投保建设工程质量潜在缺陷保险的，可参照本意见执行。

　　鼓励工程质量潜在缺陷保险与建筑安装工程一切险、参建方责任险等工程类保险综合实施，全面降低工程质量风险。

　　第二十五条（施行日期）

　　本实施意见自 2016 年 7 月 15 日起施行。

附录3 建设工程质量保险条款（示例）

此条款非保险公司正式条款，仅作为条款研究的示例参考。

总 则

第一条 本保险合同由保险条款、投保单、保险单、保险凭证以及批单组成。凡涉及本保险合同的约定，均应采用书面形式。

第二条 凡获得中华人民共和国（不含港澳台地区，下同）境内建设主管部门资质认可的工程建设参建单位可作为本保险合同的投保人，于工程开工前就其参建的建设工程投保本保险。

第三条 本保险的被保险人为对本保险所承保的建设工程具有所有权、管理权的个人、法人或其他组织。

第四条 建设工程在通过工程竣工验收，且经保险人委托的工程保险技术机构确认，并出具认定该工程质量符合国家有关质量标准的评估报告后，保险人予以承保。

保 险 责 任

第五条 在保险期内，保险合同中载明的建设工程在正常使用条件下，因下列部位、设施设备存在工程质量缺陷造成保险工程损坏的，保险人按照保险合同约定负责赔偿修理、加固或重置的费用：

（一）基础设施工程、房屋建筑的地基基础工程和主体结构工程；

（二）屋面防水工程、有防水要求的卫生间、房间和外墙面的防渗漏；

（三）供热与供冷管道系统；

（四）电气管线、给排水管道、设备安装和装修工程。

保险期间自竣工验收合格之日起计算，并按下列予以确定：

第（一）项为设计文件规定的该工程的合理使用年限，但最长不超过五十年；

第（二）项为五年；

第（三）项为两个采暖期和供冷期；

第（四）项为两年。

当上述第（二）项的保险责任期限自保险工程内首套单元交房之日起剩余不足3年的，自保险工程内首套单元交房之日起顺延3年；第（三）、（四）项的保险责任期限自保险工程内首套单元交房之日起剩余不足1年的，自保险工程内首套单元交房之日起顺延1年。

第六条 因第五条所述质量事故导致需要拆除该保险工程（或其相关部分）或从该保险工程中清理残骸所需支出的合理必要的费用，由保险人负责赔偿，并以保险单载明的限额为限。

第七条　对与第五条所述质量事故有关联的、单独而特别地为满足或履行有关法律法规规定要求而引起的更改设计或使用改进型的材料、改进或更改施工作业方法所致的修理、更换或加固的附加费用，由保险人负责赔偿，并以保险单载明的限额为限。

责 任 免 除

第八条　下列原因造成的建设工程的损坏，保险人不负责赔偿：

（一）投保人、被保险人的故意行为；

（二）战争、敌对行动、军事行动、武装冲突、罢工、骚乱、暴动、恐怖袭击或恐怖活动；

（三）行政行为或司法行为；

（四）核辐射、核裂变、核聚变、核污染及其他放射性污染；

（五）雷电、暴风、台风、龙卷风、暴雨、洪水、雪灾、海啸、地震、崖崩、滑坡、泥石流、地面塌陷等自然灾害；

（六）火灾、爆炸；

（七）外界物体碰撞、空中运行物体坠落；

（八）被保险人使用不当或改动结构、设备位置和原防水措施；

（九）建设工程附近施工影响。

第九条　对于下列各项，保险人不负责赔偿：

（一）签发竣工报告后，由于工程质量风险管理机构在竣工检查评估报告上所做的不符合承保标准的评注，保险人拒绝承保的建设工程；

（二）竣工检查评估报告上所指出的，而且未及时纠正，未得到保险人书面认可的工程质量问题以及由此导致的损失；

（三）在对建设工程进行修复过程中发生的功能改变或性能提高所产生的额外费用；

（四）竣工验收报告签发后，被保险人在室内新增的装饰、装修以及其他财产的损失；

（五）自然磨损、折旧、物质本身变化或其他渐变原因造成的损失和费用；

（六）被保险项目在维护、维修、改建、安装及其他工程施工过程中发生意外事故导致的损失；

（七）人身伤亡

（八）任何性质的间接损失；

（九）本保险合同中载明的免赔额或按本保险合同载明的免赔率计算的免赔额。

第十条　其他不属于本保险责任范围内的损失、费用和责任，保险人不负责赔偿。

保险金额与免赔额（率）

第十一条　保险金额根据下列方式确定，并在保险合同中载明。

　　　　总保险金额=工程竣工决算的总建造成本（不含土地成本）

单位建筑面积保险金额=总保险金额/建筑物总面积

每张保险凭证的保险金额=被保险人所购买单元的房屋建筑的建筑面积×单位建筑面积保险金额

对于投保人尚未出售的房屋建筑的保险金额也按照本条每张保险凭证的保险金额的约定计算。

对本条款第五条所述保险工程中的四个部分，将分别按照竣工决算报告显示的对应部分的建造成本确定各相应部分的分项保险金额，并在保险合同明细表中逐一载明。本保险对每一部分的最高赔偿金额不超过对应部分的分项保险金额。

第十二条 本险种免赔额为 0 元。

保险人义务

第十三条 本保险合同成立后，保险人应当及时向投保人签发保险单或其他保险凭证。

第十四条 保险人依据第十九条所取得的保险合同解除权，自保险人知道有解除事由之日起，超过三十日不行使而消灭。自保险合同成立之日起超过二年的，保险人不得解除合同；发生保险事故的，保险人承担赔偿责任。

保险人在合同订立时已经知道投保人未如实告知的情况的，保险人不得解除合同；发生保险事故的，保险人应当承担赔偿责任。

第十五条 保险事故发生后，保险人认为被保险人提供的有关索赔的证明和资料不完整的，应当及时一次性通知投保人、被保险人补充提供。

第十六条 保险人收到被保险人的赔偿保险金的请求后，应当及时作出是否属于保险责任的核定；情形复杂的，应当在三十日内作出核定，但保险合同另有约定的除外。

第十七条 保险人应当将核定结果通知被保险人；对属于保险责任的，在与被保险人达成赔偿保险金的协议后十日内，履行赔偿保险金义务。保险合同对赔偿保险金的期限有约定的，保险人应当按照约定履行赔偿保险金的义务。对不属于保险责任的，应当自作出核定之日起三日内向被保险人发出拒绝赔偿保险金通知书，并说明理由。

第十八条 保险人自收到赔偿保险金的请求和有关证明、资料之日起六十日内，对其赔偿保险金的数额不能确定的，应当根据已有证明和资料可以确定的数额先予支付；保险人最终确定赔偿的数额后，应当支付相应的差额。

投保人、被保险人义务

第十九条 订立保险合同，保险人就保险标的或者被保险人的有关情况提出询问的，投保人应当如实告知。

投保人故意或者因重大过失未履行如实告知义务，足以影响保险人决定是否同意承保或者提高保险费率的，保险人有权解除合同。

投保人故意不履行如实告知义务的，保险人对于合同解除前发生的保险事故，不承担赔偿的责任，并不退还保险费。

投保人因重大过失未履行如实告知义务，对保险事故的发生有严重影响的，保险人对于合同解除前发生的保险事故，不承担赔偿的责任，但应当退还保险费。

除另有约定外，投保人应在保险合同成立时交清保险费。未按合同书面约定缴付保险费的，保险人按照已交保险费与保险合同约定的保险费的比例承担赔偿责任。

第二十条　投保人应当在投保时按照约定比例缴纳首期保险费用于保险人委托工程保险技术机构在保险工程建设阶段实施风险管理。待保险工程合格完工保险人正式承保本保险之前一次性交清剩余金额保险费。剩余的保险费交清前本保险合同不生效，保险人不承担保险责任。

第二十一条　投保人应严格遵守有关建设工程质量方面的法律法规，在工程的规划、勘察、设计、采购、施工、竣工验收等各环节尽到应有的质量义务和采取合理的预防措施，尽力避免或减少工程质量事故的发生。

投保人应接受并积极配合保险人委托的工程保险技术机构对投保工程建设全过程进行的质量检查工作。工程保险技术机构向投保人提出的消除不安全因素和隐患的书面建议，投保人应当及时进行书面回复并采取对应措施。

投保人未按照约定履行上述质量义务的，保险人有权要求增加保险费或者解除合同。

第二十二条　保险合同生效时，投保人应向保险人提供竣工验收合格证书、工程使用说明书等文件。

第二十三条　投保人应当以合理方式通知被保险人与保险合同相关的事宜，并让被保险人知悉其应当履行的义务和享有的权利以及保险人的免责情况。

第二十四条　在保险期间内，如改变保险标的的用途或对保险标的进行改建、扩建等重要事项的变更，投保人、被保险人应当按照合同约定及时通知保险人，保险人可以按照合同约定增加保险费或者解除合同。

投保人、被保险人未履行约定的通知义务的，因保险标的的危险程度显著增加而发生的保险事故，保险人不承担赔偿保险金的责任。

第二十五条　本保险合同生效前，投保人向社会公众就投保本保险事宜进行宣传或报道时，其内容必须事先得到保险人的书面认可，不得利用本保险欺骗或误导社会公众。

若投保人违反前述约定擅自进行宣传，保险人对于投保人对社会公众所作的欺骗或误导性宣传不承担任何赔偿责任，同时，保险人有权就因此产生的损失向投保人索赔。

第二十六条　在保险期间内，如建筑工程发生转让的，转让人和受让人应及时书面通知保险人，经保险人在保险凭证上进行批注后，该受让人成为被保险人，享有被保险人在本保险合同下的相应权益。

第二十七条　知道保险事故发生后，被保险人应该：

（一）尽力采取必要、合理的措施，防止或减少损失，否则，对因此扩大的损失，保险人不承担赔偿责任；

（二）及时通知保险人，并书面说明事故发生的原因、经过和损失情况；故意或者因重大过失未及时通知，致使保险事故的性质、原因、损失程度等难以确定的，保险人对无法确定的部分，不承担赔偿责任，但保险人通过其他途径已经及时知道或者应当及时知道保险事故发生的除外；

（三）保护事故现场，允许并且协助保险人进行事故调查。对于拒绝或者妨碍保险人进行事故调查导致无法确定事故原因或核实损失情况的，保险人对无法核实的部分不承担赔偿责任。

第二十八条　当发生被保险人向投保人提出质量缺陷损害赔偿要求时，投保人应立即通知保险人。未经保险人书面同意，投保人对被保险人作出的任何承诺、拒绝、出价、约定、付款或赔偿，保险人不受其约束。对于投保人自行承诺或支付的赔偿金额，保险人有权重新核定，不属于本保险责任范围或超出应赔偿限额的，保险人不承担赔偿责任。在处理索赔过程中，保险人有权自行处理由其承担最终赔偿责任的任何索赔案件，投保人、被保险人有义务向保险人提供其所能提供的资料和协助。

第二十九条　发生保险责任范围内的损失，应由投保人之外的有关责任方负责赔偿的，被保险人应行使或保留向该责任方请求赔偿的权利。

保险事故发生后，保险人未履行赔偿义务之前，被保险人放弃对有关责任方请求赔偿的权利的，保险人不承担赔偿责任。

保险人向被保险人赔偿保险金后，被保险人未经保险人同意放弃对有关责任方请求赔偿的权利的，该行为无效。

在保险人向有关责任方行使代位请求赔偿权利时，被保险人应当向保险人提供必要的文件和其所知道的有关情况。

由于被保险人的故意或者重大过失致使保险人不能行使代位请求赔偿的权利的，保险人可以扣减或者要求返还相应的赔偿金额。

第三十条　被保险人向保险人请求赔偿时，应提交索赔申请、保险单或保险凭证、损失清单、房产所有权证明文件、工程质量保修书等被保险人所能提供的与确认保险事故的性质、原因、损失程度等有关的证明和资料。

被保险人未履行前款约定的索赔材料提供义务，导致保险人无法核实损失情况的，保险人对无法核实部分不承担赔偿责任。

赔 偿 处 理

第三十一条　保险人的赔偿以下列方式之一确定的保险人的赔偿责任为基础：

（一）被保险人提出质量缺陷赔偿请求经保险人确认；

（二）工程质量鉴定机构鉴定；

（三）仲裁机构的裁决；

（四）人民法院的调解或判决；

（五）保险人认可的其他方式。

第三十二条　保险人与被保险人之间就建设工程的损坏是否由于保险责任范围内的质量事故所致，或就损坏的建设工程是否需要加固或重建存在争议时，被保险人可以委托工程质量鉴定机构进行检测鉴定，保险人收到鉴定机构的检测鉴定报告后，按照检测鉴定结果在约定时限内进行赔偿。

被保险人和保险公司对赔偿金额存在争议的，被保险人或者保险公司可以委托房屋质量缺陷损失评估机构或保险公估机构进行评估。

鉴定结果全部或部分属于保险责任的，鉴定费用由保险公司全部或部分承担；鉴定结果不属于保险责任的，鉴定费用由申请方承担。

保险人或被保险人对鉴定结果仍存在异议时，可以提请诉讼或仲裁。

第三十三条　建设工程发生保险责任范围内的质量事故，需要进行修理或加固的，保险人在每张保险凭证的保险金额范围内根据实际发生的修理或加固费用扣除每张保险凭证的每次事故免赔额进行赔偿。在保险期间内，保险人在每一保险凭证项下的赔偿金额不论对于一次事故还是多次事故累计均以每张保险凭证的保险金额为限。

建筑物发生保险责任范围内的质量事故，需要重建的，保险人在每张保险凭证的保险金额范围内根据实际重建费用扣除每张保险凭证的每次事故免赔额进行赔偿。保险人将相当于每张保险凭证的保险金额的赔款支付给被保险人后，保险合同终止。

第三十四条　被保险人对建筑物进行修理或加固必须得到保险人的书面认可。否则保险人不承担赔偿责任。

第三十五条　发生保险事故时，如果被保险人的损失在有相同保障的其他保险项下也能够获得赔偿，则本保险人按照本保险合同的责任限额（赔偿限额）与其他保险合同及本合同的责任限额（赔偿限额）总和的比例承担赔偿责任。

其他保险人应承担的赔偿金额，本保险人不负责垫付。若被保险人未如实告知导致保险人多支付赔偿金的，保险人有权向被保险人追回多支付的部分。

第三十六条　被保险人向保险人请求赔偿保险金的诉讼时效期间为二年，自其知道或者应当知道保险事故发生之日起计算。

争议处理和法律适用

第三十七条　因履行本保险合同发生的争议，由当事人协商解决。协商不成的，提交保险单载明的仲裁机构仲裁；保险单未载明仲裁机构且争议发生后未达成仲裁协议的，依法向中华人民共和国人民法院起诉。

第三十八条　本保险合同的争议处理适用中华人民共和国法律（不包括港澳台地区法律）。

其 他 事 项

第三十九条　若投保工程停工超过二年，或者发生本条款约定可以解除合同的情形时，保险人可解除本保险合同。投保人应当向保险人支付保险人用于工程质量风险管控的费用及相当于保险费 10% 的手续费，保险人应当退还剩余部分保险费。

释　　义

本保险合同涉及下列术语时，适用下列释义。

【正常使用】：指按照建设工程的原设计条件使用，包括但不限于①不改变建设工程主体结构；②不改变使用用途；③不超过设计荷载。

【工程质量缺陷】：指建设工程的质量不符合工程建设强制性标准以及合同的约定。

【修理、加固或重建费用】：指工程维修、加固或重建所需要的材料费、人工费、机械费、专家费、残骸清理费等必要、合理的费用。

【设备安装】：指工程在新建时同时进行的分别与电力和通信线路、燃气、给水、排水、供热等管道系统成系统性使用的各类机械电气设备、装置的安装活动。

【装修工程】：指装修单位在工程竣工验收前按合同约定对建筑物内、外进行以美化、舒适化、增加使用功能为目的的工程施工活动。

参 考 文 献

陈津生, 2011. 建设工程责任保险与案例剖析[M]. 北京：中国建筑工业出版社

陈伟珂, 黄艳敏, 范道津, 2005. 工程风险与工程保险[M]. 天津：天津大学出版社

郭颂平, 赵春梅, 2014. 保险基础知识（2014 版）[M]. 北京：首都经济贸易大学出版社

郭振华, 2010. 工程质量保险：制度建设与具体实施[M]. 北京：经济管理出版社

雷胜强, 2011. 国际工程风险管理与保险[M]. 3 版. 北京：中国建筑工业出版社

李慧民, 盛金喜, 马海骋, 2016. 建设工程保险概论[M]. 北京：科学出版社

刘艳玲, 董力, 2015. 工程保险消费行为影响因素实证研究[M]. 北京：中国经济出版社

曼昆, 2012. 经济学原理[M]. 6 版. 梁小民, 梁砾, 译. 北京：北京大学出版社

施建祥, 2010. 财产保险[M]. 杭州：浙江大学出版社

王绪瑾, 2011. 保险学[M]. 5 版. 北京：高等教育出版社

魏华林, 朱铭来, 田玲, 2011. 保险经济学[M]. 北京：高等教育出版社

项俊波, 2013. 保险原理与实务[M]. 北京：中国财政经济出版社